高职高专新商科系列教材

大学生职业发展与就业指导

蒲波 主 编

王曦 张璐 刘亚平 副主编

清华大学出版社

北京

内 容 简 介

本书根据《大学生职业发展与就业指导课程教学要求》,立足高等职业教育学生对职业发展的需要,结合培养应用型人才的目标,根据高职学生的特点,形成了职业生涯认识、职业生涯规划、就业创业指导、职场生活与发展四部分内容。全书内容共分为十一个模块,包括职业发展导论、职业环境分析、认识自我、生涯决策与管理、就业信息、简历撰写与面试技巧、求职困惑、创业探索、就业权益保护、职场适应、职业发展。每个模块除了阐述学生必须明确把握的相关概念、常识外,还提供了大量的案例及活动与训练,以加深学生对相关知识的理解及应用。

本书适合作为高等职业院校公共课程的教材,也可作为社会人士自身职业生涯规划的参考用书。

图书在版编目(CIP)数据

大学生职业发展与就业指导/蒲波主编.—北京:清华大学出版社,2021.2(2024.8重印)
高职高专新商科系列教材
ISBN 978-7-302-57135-3

Ⅰ.①大… Ⅱ.①蒲… Ⅲ.①大学生－职业选择－高等职业教育－教材 Ⅳ.①G647.38

中国版本图书馆 CIP 数据核字(2020)第 260231 号

责任编辑:刘士平
封面设计:傅瑞学
责任校对:赵琳爽
责任印制:丛怀宇

出版发行:清华大学出版社
    网　　址:https://www.tup.com.cn,https://www.wqxuetang.com
    地　　址:北京清华大学学研大厦 A 座　　　　　邮　编:100084
    社 总 机:010-83470000　　　　　　　　　　邮　购:010-62786544
    投稿与读者服务:010-62776969,c-service@tup.tsinghua.edu.cn
    质量反馈:010-62772015,zhiliang@tup.tsinghua.edu.cn
    课件下载:https://www.tup.com.cn,010-83470410
印 装 者:三河市天利华印刷装订有限公司
经　　销:全国新华书店
开　　本:185mm×260mm　　　印　张:16.5　　　字　数:377 千字
版　　次:2021 年 4 月第 1 版　　　　　　　　印　次:2024 年 8 月第 7 次印刷
定　　价:48.00 元

产品编号:088213-01

前 言

FOREWORD

工作是每个人的安身立命之本。我可以选择什么样的工作,我适合什么样的工作,我可以进入什么样的职场? 作为大学生的你,是否有上述疑问呢? 了解自己的长项,选准人生的职业方向,开展职业生涯规划,已然成为当代大学生的必修课。

根据教育部统计数据,2020 年全国高校毕业生人数达到 874 万。这一庞大的数字背后,我们可以想象当代大学生尤其是高职毕业生面临的就业压力。国家高度重视高校毕业生的就业创业工作,2017 年国务院印发的《"十三五"促进就业规划》(国发〔2017〕10 号)明确指出,继续把高校毕业生就业摆在就业工作的首位,多方位扩宽就业领域。2020 年 3 月,教育部印发的《关于应对新冠肺炎疫情做好 2020 届全国普通高等学校毕业生就业创业工作的通知》要求,创新推进网上就业服务、拓宽毕业生就业和升学渠道、关爱和帮扶就业重点群体,提升就业管理服务水平。

本书在吸收同类教材优点的同时,认真听取行业专家与相关授课教师的相关意见。本书包括职业生涯认识、职业生涯规划、就业创业指导、职场生活与发展四个部分,共十一个模块的内容,涵盖了职业发展导论、职业环境分析、认识自我、生涯决策与管理、就业信息、简历撰写与面试技巧、求职困惑、创业探索、就业权益保护、职场适应、职业发展。各模块内容有效凸显了高等职业教育的技能要求,突出了案例教学和实践能力的培养,理论知识的讲解尽可能深入浅出,具有较强的针对性和可操作性。

本书紧密结合高职院校学生的实际需求,以应用型人才培养为目标,吸收了近年来国内外就业与创业指导的最新研究成果,是一本帮助高职学生科学系统地进行就业创业的启迪用书。本书在编写理念和内容编排方面有以下几个亮点。

(1) 编写理念新颖。本书充分体现了公共课程的思政特点,凸显了对学生社会主义核心价值观的引导,重点培养学生的职业发展与就业能力,积极引导和帮助学生进行职业生涯管理。

(2) 呈现形式新颖。本书打破传统的教材编排形式,探寻职业教育教学认识规律,设计并重构教材。首先,提出学习目标,以增强教学的目标性和学习的有效性。其次,以案例导入方式进入知识的学习,知识讲解过程中穿插案例、知识卡片等。最后,还增加了探索与思考、活动与训练,意在让学生在学中做,在做中学。

(3) 突出实践环节。就业与创业需要学生有较强的实践能力和关键技巧,本书通过大量的求职实际案例以及案例分析,让学生在现实情景中学习相关知识。本书还提供了丰富的活动与训练,以激发学生的学习兴趣,从中体会就业与创业的技巧。

本书的编写团队由从事就业与创业指导多年的一线教师和教育专家组成,编写人员以高度的责任心和严谨的工作态度全力投入编写中,力争保证本书的教学实用价值和编写质量。同时,在编写过程中还得到了学界与业界朋友的大力支持和帮助,特别是借鉴了国内外学者的一些理论研究成果,这为本书的理论知识提供了重要的支撑。由于编者能力有限,本书难免有疏漏和不足之处,恳请广大读者批评指正,使本书更加完善,为推进我国就业和创业教育而共同努力。

编　者

2021 年 1 月

教 学 建 议

教学目标

本课程意在激发高等职业院校学生的职业生涯发展意识,帮助他们树立正确的就业观,促进高职学生理性地规划自身的未来,并在学习中提高就业能力和职业生涯管理能力。本课程的教学,重在从以下三个层面促进学生的全面发展。态度层面,要求学生树立起职业生涯发展的自主意识,树立积极正确的人生观、价值观和就业观,把个人发展和国家需要、社会发展相结合,确立职业的概念和意识,愿意为个人的生涯发展和社会发展主动付出积极的努力。知识层面,要求学生基本了解职业发展的阶段特点,较为清晰地认识自己的特性、职业的特性及社会环境,了解就业形势与政策法规,掌握基本的劳动力市场信息、相关的职业分类知识及创业的基本知识。技能层面,要求学生掌握自我探索技能、信息搜索与管理技能、生涯决策技能、求职技能等,还应该通过课程提高学生的各种通用技能,如沟通技能、问题解决技能、自我管理技能和人际交往技能等。

课时分布建议

教 学 内 容		学 习 要 点	课时安排	案例活动使用建议
模块一 职业发展导论		(1) 理解职业的内涵 (2) 了解职业的分类 (3) 理解职业生涯的内涵 (4) 了解影响职业生涯的因素	2	职业认知比拼 人生之纸
模块二 职业环境分析		(1) 理解职业环境的含义 (2) 了解职业分析的内容 (3) 掌握职业环境分析方法 (4) 了解职业环境分析渠道	2	企业阶段大猜想 填"职业家族树"
模块三 认识自我	3.1　自我认知探索	(1) 了解自我认识的内涵 (2) 认识自我评价的内涵、内容、原则 与方法	2	生存的选择
	3.2　兴趣探索	(1) 了解兴趣的含义 (2) 学习兴趣的相关理论 (3) 认识兴趣与职业生涯的关系	2	霍兰德职业兴趣测试 兴趣岛选择
	3.3　性格探索	(1) 了解性格的内涵 (2) 学习性格的相关理论 (3) 运用性格的测评工具	2	MBTI 性格测试
	3.4　能力探索	(1) 了解能力的相关概念与分类 (2) 认识能力与生涯发展的关系	2	你能够做什么—— 优势能力
	3.5　价值观探索	(1) 了解价值观的内涵 (2) 探索个人的职业价值观	2	职业价值观测试

教学内容	学习要点	课时安排	案例活动使用建议
模块四 生涯决策与管理	(1) 了解职业决策的内涵 (2) 掌握决策的过程与方法 (3) 掌握职业生涯管理理论 (4) 了解职业生涯管理步骤	2	决策类型测试 八十岁生日回想
模块五 就业信息	(1) 了解就业信息的内容 (2) 掌握就业信息的渠道 (3) 学会就业信息的整理 (4) 学习就业信息的运用	2	创建个人职业信息库 就业信息大搜集 制作"防骗宝典"
模块六 简历撰写与面试技巧	(1) 了解简历的特点 (2) 掌握简历的要素 (3) 掌握面试的形式 (4) 了解面试的禁忌	4	个人简历制作 模拟面试——自我介绍
模块七 求职困惑	(1) 了解生涯障碍 (2) 认识求职决策问题 (3) 了解求职的心理障碍 (4) 理解求职中的自我调适	2	吕蒙的案例 我还能做什么？
模块八 创业探索	(1) 理解创业的内涵 (2) 了解创业的影响因素 (3) 了解创业胜任力的内涵 (4) 理解创业的模式	2	创业能力自测 创业能力测评
模块九 就业权益保护	(1) 了解就业陷阱的类型 (2) 理解就业歧视的含义 (3) 了解大学生的就业权益 (4) 学习就业协议相关知识	2	自我保护意识小测试
模块十 职场适应	(1) 了解职场角色转换的内容 (2) 认识职业适应的影响因素 (3) 了解职场形象的内涵 (4) 掌握职场形象的塑造	2	绘制自己的生涯彩虹图 你会微笑吗
模块十一 职业发展	(1) 了解目标管理的内涵 (2) 学习目标管理的实施流程 (3) 了解时间管理的内涵 (4) 掌握时间管理的方法	2	目标搜索 时间管理能力测试
课时总计		32	

说明：(1) 课时安排上,针对高等职业教育学生,安排 32 个学时,也可根据教学安排适当地调整教学内容,缩短或者增加教学课时。

(2) 讨论、案例分析等时间已经包括在课时安排中。

目 录

CONTENTS

第一部分　职业生涯认识

第二部分　职业生涯规划

第三部分　就业创业指导

第四部分　职场生活与发展

第一部分　职业生涯认识

职业发展导论

模块导读

　　职业不仅是一个人立足社会的根本,也是个人价值的重要体现。而职业生涯则是人的一生中的职业历程,是一个人一生中职业、职位的变迁及职业目标的实现过程。

　　人的职业生活是人生全部生活的主体,在其生涯中占据核心与关键的位置。人们一生的职业历程,有着种种不同的可能:有的人从事这种职业,有的人从事那种职业;有的人一生变换多种职业,有的人终身位于一个岗位上;有的人不断追求、事业成功,有的人穷困潦倒、无所作为。而造成人们职业生涯差异的原因,有个人能力、心理、机遇方面的因素,也有社会环境的影响。处于就业风口的我们,应当对职业生涯有全面的认识,为将来从容面对职业生活奠定基础。

　　在本模块中,同学们能够系统地了解职业、职业生涯以及职业生涯规划是什么,了解影响职业生涯及职业生涯规划的因素有哪些。通过对它们的学习,同学们能够对职业、职业生涯及职业生涯规划有更清楚的认知。

1.1 职业认知

名人名言

从伟大的认知能力和无私的心情结合之中最易十产生出思想智慧来。

——罗素

学习目标

1. 理解职业的内涵。
2. 了解职业的分类。

案例导入

优秀的秘书

　　小任,女,25岁,毕业于某高等职业教育院校财务管理专业,通过大学英语三级,现就职于沈阳某商业有限公司,担任办公室负责人。

她大学毕业后便直接应聘到了这家公司，担任秘书，平时的工作主要是负责文件整理和档案管理，虽然这份工作很平凡，但要非常认真负责才行，不能出一点差错。由于表现出色，小任现已被提拔为办公室负责人。她很喜欢这个职业，觉得自己的性格也非常适合这个职业。

她认为，做一名合格的秘书应该有很深的文化底蕴，要不断学习、更新思想、拓宽视点，要具备处理应急事件的能力。做秘书，年龄不是很重要，但是形象很重要，因为秘书对外代表公司的形象，好的形象能够给客户带来良好的第一印象。

分析：小任之所以能够在短短几年内晋升为办公室负责人，很大一部分原因在于她能够清晰地认识到秘书这一职业的特性，从而知道自己是否能够胜任它。职业认知是个人认知发展的一部分，大学生处于职业生涯探索阶段，需要了解自己要变成怎样的人，再将职业自我概念转化为职业特性，从而能够在竞争激烈的社会环境中从容选择个人发展道路。

一、职业概述

职业是指人们为获取主要生活来源和满足社会需求而从事的相对稳定的、有经济收入的、具有一定社会职能的、专门类别的社会劳动。它是一个人社会地位的一般表征，是人们生活方式、经济状况、文化水平、行为模式、思想情操及社会身份的综合反映，也是一个人权利、义务、职责的具体表现。社会的发展进程表明，职业不是本来就有的，它是在人类社会出现分工之后产生的一种社会历史现象，是一种以社会分工和劳动分工为纽带的社会形式和社会关系。

（一）职业要素

职业通常具备以下要素。

（1）职业名称。职业的符号特征，它一般是由社会通用的称谓来命名的。

（2）职业主体。从事一定社会分工活动的劳动者，必须具有承担该职业活动所需要的资格和能力。

（3）职业客体。职业活动的工作对象、内容、劳动方式和场所等。

（4）职业报酬。通过职业活动所取得的各种报酬。

（5）职业技术。劳动者在从事职业活动中所运用的自然技术、社会技术与思维技术。

（二）职业影响因素

1. 大学对职业的影响

大学时期是大学生的世界观、人生观、价值观形成的关键时期，也是职业生涯中最重要的阶段。一个人从幼儿园、小学，到初中、高中，再到大学进行深造，在大学里学会做人，学会为学，提升整体素质，都是在积累个人的资本，为毕业时选择一份职业做准备。在大学阶段准备得越充分，就能越快地找到自己理想的职业，顺利地进入角色。在大学期间不做积极的、充分的准备，便是放弃了自己把握命运的权利，把自己应承担的责任交付给了他人，不能充分运用自己选择的权利，而只能被动地等待社会的挑选。

（1）大学人文环境对大学生的人格熏陶

大学人文环境是一种特殊的学校环境,是学校精神、学校传统和学校作风的综合体现,也是高校师生所共处的环境,它以其深刻持久的潜在作用,影响着校园人的思想、情感。校园人文环境一方面为大学生人文精神的塑造提供了充分的空间,另一方面也促使大学生人文精神得到进一步的升华。良好的校园人文环境,极易对大学生进行思想引导、情感熏陶、意志磨炼和人格塑造,起着环境育人的作用。校园人文环境中的精神文化和制度文化都是高校在长期的办学过程中通过许多人的努力逐步形成的,是智慧的结晶,是学校的本质、个性,是学校良好精神风貌的集中反映。这些优秀文化的品质会渗透到学校的办学理念、管理思想、价值观念、学术氛围、学校精神中,体现在处理人际关系、人事关系、学术流派关系、校内外关系、传统与创新关系的风气中,对学校的各项管理制度及校园内独特的风俗、礼仪、行为规范、准则、纪律等产生根本影响。由于在高校里生活着的是一个知识密集和思想敏锐的群体,如果他们在教学科研管理活动中折射出创新、进取和严谨的理性精神,在思维方式、情感意志、精神风貌和创造潜力上得到积极的影响和正确的引导,那么先进的思想观念、价值观念必将在校园中产生、传播、发展,必将形成知识和思想相结合、极富智慧的高校人文环境。由此产生的高校的精神文化和制度文化对大学生的人格有着直接、明显的引导和规范作用。

（2）大学校园文化对大学生的影响

大学校园文化是社会文化的组成部分,是一所大学在长期办学过程中培育形成并遵循的最高目标、价值标准、基本信念和行为规范。校园文化也是种特殊的社会文化现象,它以中国特色社会主义文化为根基,以学校文化活动为载体,由全校师生共同创造,是充满时代气息和校园特点的人文氛围,是在学校有关部门引导和管理下,由学生根据自己的兴趣、爱好组织起来的群体性文化。它是学校办学思想、校风、学风、教风及管理风格等方面的综合体现,是学校管理的灵魂,是学校优良传统的结晶,是决定一个学校兴衰的重要因素和维系学校发展的精神支柱。大学生在校期间正是科学世界观、人生观、价值观及知识、技能等形成和发展的重要时期,高校校园文化无疑会对大学生产生重要的影响。

第一,校园文化可以帮助大学生初步形成自己的世界观和价值观。大学生可以有意识地通过各种书籍内容的阅读、教师的教学和各种校园活动的开展等途径来引导和培养自己的世界观和价值观。而学校通过精心组织的各种各样的主题活动,激发学生对社会主义祖国和共产党的热爱,坚定其建设中国特色社会主义的信心。第二,校园文化可以使大学生获得学习、生活和工作的技能。校园文化中一些知识性、学术性、科研性的校园文化活动,有助于学生获得一定的科学文化知识。校园文化建设内容的丰富性和其间注入的社会文化活力,都为学校教育和学生知识的全面积累提供了广阔的拓展空间。第三,校园文化对大学生能力的培养作用是多方面的。例如演讲、征文活动锻炼了大学生的口才、表达和写作能力并提高了大学生的思维敏捷程度,校园科技活动和实践改善了大学生被动接受知识、实践机会少、动手能力差、创造力低的状况,使他们的主动创造性得到发挥。第四,校园文化在使大学生获得生活知识和社会经验、适应社会环境方面发挥着重要作用。活跃在校园中的各种文化活动,促使学生自己管理自己,不断提高其独立生活能力,增强自主和自强意识。第五,校园文化能帮助大学生形成良好的心理素质。在校园文化建设中,学校可通过心理课程教育、校园广播、校园内的文学出版物、知识讲座、学生自治组织等多种方式,形成浓厚的心理教育和引导的文化氛围,使学生潜移默化地理解、吸收各种自我心理调节的方法和途径,排除心理干扰,保持健康的心理状态,学校还可以通过开展各种各样的竞争性活动,提高大学生的心理承受能力。另外,校园文化所固有的娱乐性、知识性特点,在很大程度上能丰富学生的精神生活,令学生感到心情舒畅,精神旺盛,使他们的生理和心理得到和谐发展。

2. 专业对职业的影响

大学生的职业选择一般是由所学专业与职业兴趣共同确定的。在社会发展的进程中,不同的知识结构和素质特点,形成了不同形式的社会分工,当专业水平发展到一定程度后,基本上决定了自身的职业方向。职业发展需要达到一定水平的专业知识和专业技能,而职业兴趣可以增加对专业的认同感,触发自己的学习动机,提高自身的专业知识、技能。

美国著名职业教育专家约翰·霍兰德(John Holland)提出的 6 种基本职业类型包括现实型(R)、研究型(I)、艺术型(A)、社会型(S)、企业型(E)、传统型(C),如图 1-1 所示。他认为人的人格类型、兴趣与职业密切相关,兴趣是人们活动的巨大动力,凡是具有职业兴趣的职业,都可以提高人们的积极性,促使人们积极地、愉快地从事该职业,并有助于在该职业上取得成功。

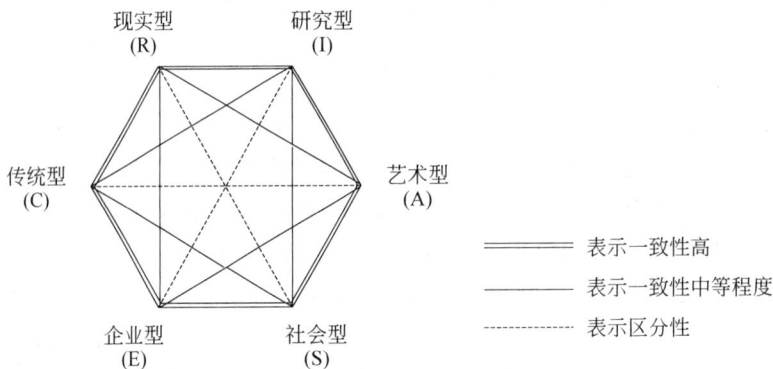

图 1-1　霍兰德职业兴趣理论[①]

霍兰德职业兴趣理论提倡人的兴趣与专业、职业相匹配,认为这样可以最大限度地发挥个人的潜能。由于我国大学生的职业教育起步较晚,大多数大学生在高考填报志愿时对专业并不了解,很少考虑自身的职业兴趣、能力和特长,甚至由父母包办。即使选择的专业碰巧与兴趣相符,毕业的时候,很多大学生也不一定能找到与专业相关的工作。在职业选择中,大学生并非一定要选择与自己兴趣完全相关的职业环境。其原因一是大学生本身是多种兴趣类型的综合体,单一类型显著突出的情况不多;二是影响职业选择的因素是多方面的,不能完全依据兴趣类型,还要参照社会的职业需求及获得职业的现实可能性。因此,在职业选择时大学生要不断地妥协,寻求与自己兴趣相近的职业环境甚至无关的职业环境。另外,根据霍兰德职业兴趣理论,大学生还要不断调整职业兴趣和个性,修正专业定位,逐渐适应工作环境,以使最终实现自己的职业目标。

随着经济的不断发展,社会分工越来越细,对所从事工作的熟练程度和精细程度的要求在逐渐提高,对从业人员专业技能提出了更高的要求。因此,将来无论从事什么职业,都必

---

① 梁达友,韦仕珍.大学生职业发展与就业创业指导[M].2 版.北京:电子工业出版社,2017.

须掌握一定的专业技能,大学生只有构建合理的专业知识结构、积累完善的专业技能,才能适应未来职业对专业需求的更高要求,从而更好地促进职业和专业相吻合,在社会中实现效益的最大化,实现自我职业价值。

3. 学业对职业的影响

学业是大学毕业生获取职业和事业发展的准备,大学阶段的学业越好,准备得越充分,毕业后就能越快地找到自己理想的职业,顺利地进入角色。学生们从小学到大,就是在不断地积累自己的学识,提升自己的整体素质,为大学毕业时选择一份职业做准备。因此,在大学期间对学业进行科学、合理的规划,有助于学子们顺利地走向社会,进入职场,谋求职业发展与事业成功。大学期间的主要任务是学习,如果大学期间不努力提高自己的学业水平,不做积极的、充分的准备,便是放弃了自己把握命运的权利。

大学生在大学期间的学业将会影响终身,所以必须清楚在大学为什么学、学什么、如何学。大学生尽管专业不相同,具体的学习任务也有所差异,今后从事的职业也不一定相同,但结合现代社会对人才的需求,培养良好的职业精神、树立生涯规划意识和职业意识、塑造良好的人格、提高职业素质和职业能力、具备开阔的视野,是大学生在大学阶段必须完成的任务。

1) 培养良好的职业精神

职业精神是人们在从事工作时所表现出来的态度或精神风貌。良好的职业精神对一个人的职业发展非常重要。虽然大学生还没有进入职场,但是在大学里养成的良好行为习惯,将会带到今后的职场中去。

(1) 培养自己的责任意识

责任意识是个人职业化素质的重要组成部分,是衡量一个人成熟与否的重要标准,只有具有强烈责任感的人才能把本职工作做好。用人单位在招聘人才时常常强调敬业精神,其实,敬业精神的深层次来源便是责任意识。一个缺乏责任意识的人,在学习、工作、生活中的习惯行为就是寻找借口,告诉别人自己做不了某事或做不好某事。很难想象,一个没有责任意识的人会有敬业精神。

(2) 培养自己的主动精神

从小到大,无论是生活还是学习,总会有人不断地告诉学生们应该做什么,不应该做什么,逐渐造成了被动性思维。当需要他们自己做决定的时候,总是寄希望于父母或老师告诉他们应该怎样做,这种被动性思维已经不适应现代社会的激烈竞争。大学阶段是青年人社会化的重要时期,大学生作为国家未来的建设者、接班人,要学会由他人导向型转变为自我导向型。

(3) 培养自己的诚实守信精神

诚实守信是为人立身处世之根本,也是社会主义新时期的需要,人人都应以诚实守信为荣,以见利忘义为耻。

2) 树立生涯规划意识和职业意识

(1) 树立生涯规划意识

"有原则不乱,有计划不忙,有预算不穷。"一个人如果有了明确的信念与原则,便可以始终如一,立场坚定;一个人如果有了明确的计划,在面对多变的外在环境时,就不会手忙脚乱;一个人事先如果做好预算,生活就不会落魄。大学生面对多变的外在环境、有限的时间、无限多的事情,为了充分发挥人的潜力,实现人生价值,就必须能够未雨绸缪,事先做好规划。

（2）树立职业意识

职业意识是指人们对自己所从事的职业所持有的认识和理解,是个人的世界观、人生观和价值观的有机构成要素。职业意识的培养过程本身也是一个自身成长的过程,大学生要提前培养自身的职业意识,利用网络收集一些目标职业的信息,通过分析来形成自己对职业的看法;通过参加学术活动,及时了解行业的发展变化,利于职业选择;通过参加各种职业训练活动,提前感受职场氛围。通过培养职业意识,大学生可以不断提高自己分析和解决问题的能力,为将来在职场的发展打好基础。

（3）培养自立意识

学会自立是大学生实现人格独立、开创事业的前提条件。大学生只有树立自立意识,培养自立能力,学会身体自立、行动自立、心理自立、经济自立和社会自立,才有可能赢得职业生涯的发展与成功,开创自己的事业。

3）塑造良好的人格

（1）重视自身修为,学会做人

做人是人们在人际交往中所表现出来的对人、对自己的原则和态度。职场的成功定律显示,做人比做事更重要。学会做人是逐渐积累的过程,它不仅是大学阶段的主要任务,也是整个职业生涯发展过程中的重要方面。因此大学生在大学学习的过程中首先应该学会做人。

（2）重视知识积累,学会学习

在知识大爆炸的时代,学校不可能教给大学生今后需要的所有知识。在大学期间,学习专业知识固然重要,但更重要的还是学习独立思考、解决问题的方法,掌握自修之道。只有这样,面对知识的变更和激烈的竞争,大学生才能游刃有余、得心应手,才能跟上瞬息万变的未来世界。

（3）提高职业胜任能力,学会做事

大学生除了学好专业知识,还要充分利用大学里的优质资源,培养自己的职业胜任能力,比如,学习计算机及网络知识,学会使用办公软件;有目的地辅修、选修感兴趣的其他课程;学会收集信息,猎取一切对自己有用的信息;培养自己的写作能力,尽可能地选修一些要求学生写日志、计划书和评估报告等以论文形式完成的课程;学好英语,能够用英语进行沟通;考取相关职业的职业资格证书,拓宽自身的职业路途。

4）提高职业素质和职业能力

职业素质是劳动者对社会职业了解与适应能力的综合体现,主要表现在职业兴趣、职业能力、职业个性及职业情况等方面。职业能力是指人们从事不同职业活动所必需的共有能力。社会实践是大学生真正了解自我的一种方式,可以帮助大学生不断改造自我,更快地社会化。大学是进入社会的过渡期,是进入社会的预演,是大学生的职前准备期。学校与社会的不同在于,大学教育以知识积累为主要目的,而职业领域更看重能力和素质。因此,大学生应该主动参与社会实践,通过不同的工作环境、工作经历,尽可能多地寻找和获得不同的生活经历,找到自身价值观、兴趣和技能之间的联系,不断挖掘潜能、发挥优势,提高职业素质和职业能力。

5) 具备开阔的视野

"两耳不闻窗外事,一心只读圣贤书"已经不适用于现代的大学生。现代大学生除了学好专业知识,不断提高自身综合素质外,还应具有广阔、全面的国际眼界和正确的国际视角,能够从宏观上把握国际发展形势,洞悉世界风云变幻的实质,清醒地审视和质疑某些西方媒体的强势话语,提出自己的独立见解。

（1）大学生要有自觉的开放意识

青年大学生朝气蓬勃,接受能力强,接受新鲜信息快,求知欲望强,要发挥自身的优势,自觉提高思想认识,积极主动面向世界,让自身走向世界。

（2）大学生要有开阔的国际眼界

思路决定出路,眼界决定世界。面对大千世界,大学生要努力学习,开拓和丰富自己的眼界,开创和成就自己的梦想。要放眼全球,批判性地吸收当今世界各国的先进文化,尽可能通过广泛涉猎和熟悉世界各国的历史、文化、艺术、风俗等来开阔自己的国际眼界。

（3）大学生要有过硬的综合素质

首先,要掌握现代科学技术知识,做到既"专"又"博",在学好专业知识的同时,要努力扩大自己的知识面。其次,要具有良好的国民心态和涵养,要有胸怀天下的非凡气度和风范,要宽容、理性、务实、开放、文明、诚信,展现新时期大学生良好的文明素养。再次,要具有对各种信息的良好分析和辨别能力,要善于从世界文明发展史中汲取智慧和经验,做到为我所用,以人为鉴,以史为鉴,在历史长河的滚滚洪流中找准自己的定位,要善于分析当前国际形势大调整、大变革的错综复杂局势,树立全局观和国际化大视野,把握和平与发展的世界主题。最后,大学生要有坚定的政治立场。放眼全球,当前世界正处在一个思想大活跃、观念大碰撞、文化大交融的时代,先进文化、有益文化和落后文化、腐朽文化并存,正确思想和错误思想、主流意识形态和非主流意识形态相互交织。国际视野下,大学生尤其要保持清醒头脑,认清形势,以社会主义核心价值体系构筑自己的精神支柱。

二、职业分类

职业分类是指采用一定的标准和方法,根据一定的分类原则,对从业人员所从事的各种专门化的社会职业所进行的全面系统的划分与归类,它是一个国家形成产业结构概念和进行产业结构、产业组织及产业政策研究的基础,对于社会各个行业的发展有着十分重要的意义。任何一个国家的职业分类都影响并制约着其国民经济各部门管理活动的成效。我国是人力资源大国,合理开发、利用和综合管理社会劳动力,提高劳动者的素质,对于民族的兴旺、国家的繁荣有重大意义。2015 年,国家人力资源和社会保障部正式颁布了《中华人民共和国职业分类大典(2015 年版)》[①],在我国第一部《中华人民共和国职业分类大典(1999 版)》的基础之上进行了重新修订。修订后的职业分类体系为 8 个大类、75 个中类、434 个小类,共 1481 个职业,并列出了 2670 个工种,标注了 127 个绿色职业,如表 1-1 所示。

---

① 国家职业分类大典修订工作委员会. 中华人民共和国职业分类大典(2015 年版)[M].北京：中国劳动社会保障出版社,中国人事出版社,2015.

表1-1 《中华人民共和国职业分类大典(2015年版)》的职业划分

大类序号	大类名称	中类	小类	细类(职业)
第一大类	党的机关、国家机关、群众团体和社会组织、企事业单位负责人	6	15	23
第二大类	专业技术人员	11	120	451
第三大类	办事人员和有关人员	3	9	25
第四大类	社会生产服务和生活服务人员	15	93	278
第五大类	农、林、牧、渔业生产及辅助人员	6	24	52
第六大类	生产制造及有关人员	32	171	650
第七大类	军人	1	1	1
第八大类	不便分类的其他从业人员	1	1	1
合计		75	434	1481

探索与思考

1. 什么是职业?

2. 如果将来有两份工作摆在你面前,你会综合考虑哪些因素?

活动与训练

职业认知比拼

活动目的:通过本活动,开阔个人思维,对职业有更深刻的认知。

活动过程:

1. 3~4人一组,小组成员开展"头脑风暴",写出自己知道的所有职业。

2. 派一个代表总结小组所写出的所有职业及每个成员最憧憬的职业。

3. 小组成员逐个阐述自己所选职业的特点、需具备的条件。

4. 根据小组列举职业数量及小组成员的阐述,相互评分,选出最优秀小组加以奖励。

活动思考:

1. 活动结束后,你对职业的认知有何改变?

2. 思考某职业为何是你最憧憬的职业?

1.2 职业生涯

名人名言

人无远虑,必有近忧。

——孔子

1. 理解职业生涯的内涵。

2. 了解影响职业生涯的因素。

跳槽的背后

吴小姐,24岁,毕业于某高职院校,在工作的两年期间,她先后跳槽了五次之多,行业涉及房地产、化妆品、教育咨询、传媒等,所从事的具体工作包括服务、营销、策划、编辑等。

吴小姐大学所学的专业是国际贸易,她比较擅长文学,写作能力和口语表达能力很好。在校期间,她担任班长,并且独自寻找到了一个加盟项目,在家乡担任代理商,先期运作比较成功。因为这些经历,吴小姐在毕业时对自己期望较高,不甘心从大公司的基层做起。她想要在一家规模不大但是有发展前途的公司工作,以最快速度成长,然后自己创业。

吴小姐毕业后曾在某知名房地产公司工作,任物业主任,工作非常清闲稳定,福利待遇也比较让人满意,但是她认为该工作没有挑战性,并且发展空间小,便跳槽了。直至现在,她已跳槽多次,但仍没找到心仪的工作,离自己的梦想越来越远。

分析:吴小姐在大学期间的经历非常丰富,对自己期望很高,也清楚自己想要在一家规模不大但是有发展前途的公司工作。但是她在毕业后对自己想要做何种工作并没有清晰的认知,在频繁的工作变动中缺少了全面的考虑,因而茫然无措。就职者应当为自己设计一个职业规划,设定每一阶段的目标。在职业生涯前期,可以进行工作变动,但是每一次的跳槽都应有条清晰的轨迹,确保之前的工作经历能够为今后的职业生涯所用。

一、职业生涯概述

(一)职业生涯

职业生涯就是一个人的职业经历。它是一个人一生中所有与职业相联系的行为与活动,以及相关的态度、价值观、愿望等连续性经历的过程,也是一个人一生中职业、职位的变迁及工作、理想的实现过程。简单地说,职业生涯就是一个人终生的工作经历。

(二)职业生涯规划

职业生涯规划是指在对职业生涯的主客观条件进行测定、分析、总结的基础上,对自己的兴趣、爱好、能力、价值观、职业素质等进行综合分析与权衡,确定最终的职业奋斗目标,并为实现这一目标做出行之有效的安排。简单地说,职业生涯规划就是规划从开始工作到退休的整个职业历程。

二、影响职业生涯的因素

影响职业生涯发展的因素有很多,主要有个体、社会、家庭、环境四类。这四类因素直接关系到一个人能否制定好适合个人发展的职业生涯规划,从而影响到一生的前途。

(一)个体因素

影响职业生涯发展的最重要的因素就是个体因素,个体因素包括性别、年龄、学历、个体特质等。其中个体特质一般是指人在性格、气质等方面表现出来的特性,跟职业生涯关系比较密切的主要是兴趣、意志、能力和人生目标。

1. 兴趣是职业生涯选择的重要依据

当一个人对某种职业发生兴趣时,就能发挥整个身心的积极性,积极地感知和关注该职业知识动态。兴趣可以调动人的全部精力,以敏锐的观察力、高度的注意力、深刻的思维和丰富的想象力投入工作,进而极大地提高工作效率。在其他条件相似的情况下,从事自己感兴趣的职业不但让工作者感到满意,而且能够让工作单位感到满意,并由此导致工作的长期性和稳定性。此外,多方面的兴趣可以使人善于应付多变的环境,如果想变换工作,只要自己感兴趣,就能够很快地学会这门工作技能,能够在新的岗位上很快地熟悉和适应新的工作。人们不仅需要自己有能力从事什么样的工作,而且需要知道自己对哪类工作感兴趣,只有将能力和兴趣结合起来考虑,才能规划好自己的职业生涯并取得成功。

2. 意志是一个人自觉确定目标并达到预期目标的心理状态

意志是一个人对自己行动的目的有着正确、充分的认识,善于明辨是非,能当机立断做出决定并予以执行,有坚韧的毅力、百折不挠的精神,在行动中善于控制自己的情绪,约束自己的言行,干事情有刻苦执着的精神等,有助于职业生涯获得成功。职业生涯规划的自觉性、进行职业抉择的果敢性、为实现长期职业目标而努力的坚韧性、职业规划和决策中的自制性、为完善职业生涯规划做出大量努力的勤奋性等方面,都有益于达到职业生涯规划的科学性和合理性。没有坚强的意志,人就会在顺境中得意忘形,在逆境中消沉颓废,最终不能实现自己的职业生涯规划。意志对于一个人的职业生涯规划来说有着重大的影响作用。

3. 能力是掌握和运用知识技能,使活动顺利完成的个性心理特征

个人能力决定了个人在职业生涯的道路上能够走多远,因为不同职业的不同发展阶段对个人能力的要求都是不同的,所以无论选择了什么职业,向前发展都会受到能力的限制。因此,个人能力比职业选择更加重要,能力足够强的个人,即使选择了非最优的职业道路,一样可以取得理想的结果。

4. 人生目标是一个人终生所追求的、固定的目标

终极目标能激发人们的热情和活力,会给人们带来长久的幸福、安宁和富裕,它是一项人们注定会去做的事情。目标越高,人们的动力就越大,眼界越高,考虑问题越全面;目标越低,人们越易于安于现状,产生惰性。因此,人生目标对职业选择也会产生影响。

(二)社会因素

社会是人才得以活动及发挥才干的舞台,也是影响人们成长与成功的重要条件和因素。社会的政治经济形势、涉及人们职业权利方面的管理体制、社会文化与习俗、职业的社会体系等社会因素,决定着社会职业岗位的数量与结构,决定着社会职业岗位出现的随机性与波动性,从而决定了人们对不同职业的认定和步入职业生涯、调整职业生涯的决策。用人单位

对员工的培养、自身的亲戚朋友交际网、在职业发展过程中所能获得的帮助、提高素质所需的学习机会和图书资料、与职业生涯发展方面有关的制度与政策等,也会对社会职业结构的变迁、个人职业生涯的变动产生影响。

社会因素中还有机遇。机会,是一种随机出现的、具有偶然性的事物,在一个人一生当中会遇到许多偶然的机会,有利的偶然机会就是机遇,如果社会上出现了给个人提供个人发展、向上流动的职业环境,对于职业发展而言,就是出现了机遇,这对一个人的职业生涯规划有积极的推动作用。把握机遇的前提是完善自我、提高素质、具备职业发展的潜质。不具备这种前提,机遇就不会青睐这种人,这种人就会与机遇擦肩而过。具备了这种前提还要善于发现机遇,如果漠视机遇,那种人只能是英雄无用武之地,找不到职业发展的方向。抓住机遇是关键,只有抓住了机遇,才能有一个施展才华、快速成长的机会。机遇对于任何人都是平等的,但总是降临于素质高、有准备的人的身上,因为谁素质高、准备充分,谁就能够抓住机遇,获得机会。

(三)家庭因素

家庭是个体生活的重要场所,一个人的家庭不仅造就了其素质,而且影响着其职业生涯。一般情况下父母对自己的子女会有一种期望,这种期望会在人的幼年时期留下印象,并随时间的推移而强化,比较高的期望会有激励作用。父母所从事的职业是人们观察社会职业的开始,父母对自己的职业的认同与否,对人们将来是否愿意从事这种职业有很大的影响。父母及亲戚平日常出现的行为,人们易于接受并熟悉,这会影响人们职业理想的确立和职业选择的种类和方向。一个人的家庭经济条件好,一般所受教育的程度会更高,职业选择方面空间也就更大;一个人的家庭经济条件差,所受教育培训的机会减少,而且由于肩上沉重的家庭责任,会在是否读书深造、工作单位离家远近及效益好坏方面思虑颇多。

(四)环境因素

环境因素对个人的职业生涯有着直接或间接的影响,它左右着人们所从事的行业、改变着人生的发展轨迹。环境因素一般包括政策环境、经济环境、地理环境、行业环境、组织内部环境。

1. 政策环境

政策环境主要是指就业政策,是国家为实现一定时期的路线、方针而制定的高层次人力资源配置的行动准则,体现了一定时期社会发展的需要,是个人就业过程中所应遵循的基本规范。我国就业政策经历了一个不断发展和改革的过程,不同历史阶段有着不同的政策内容。政策对个人职业选择具有一定的导向性、调控性和约束性。

2. 经济环境

一个国家、一个地区在一定时期内的经济状况,会直接影响该范围内的劳动就业状况。个人选择职业,不可避免地要受到当时的社会经济状况的影响。从整个国家范围来说,经济的发展和科学技术的进步,劳动生产率的提高,职业演化速度的加快,就业岗位的增加,都关联密切。目前,我国经济增长方式的转变、经济结构的调整及科教兴国和可持续发展两大战略的实施,对个人就业的影响已显现出来。

3.地理环境

地理因素对职业生涯的影响经常被大家低估,在经济发展水平高的地区,企业相对集中,优秀企业也比较多,个人职业选择的机会就比较多,因而就有利于个人职业的发展;反之,在经济落后地区,个人职业的发展会受到限制。

4.行业环境

行业环境直接影响着企业的发展状况,进而也影响个人的职业生涯发展。好的行业环境有利于个人选择有发展的行业和职业,有助于个人职业目标的更好实现。行业环境又包含以下内容。

1)行业发展现状

对行业发展现状进行分析,首先应了解自己现在从事的是什么行业,这个行业目前是怎样一个发展趋势,是一个逐渐萎缩的行业还是一个朝阳产业。

2)国内外重大事件对该行业的影响

行业的发展容易受到国际、国内重大事件对该行业的影响,进而影响该行业能否提供较多的职业机会。例如,2008年在北京召开的奥运会,给建筑业、旅游业和服务业提供了较大的发展空间和较多的发展机会;2015年我国发布实施的《推动共建丝绸之路经济带和21世纪海上丝绸之路的愿景与行动》(简称"一带一路"倡议),有力地促进了中国和沿线许多国家的建筑、运输、旅游、贸易等行业的发展和就业。

3)行业发展前景预测

发展前景预测可以从两个方面进行,一方面是评估行业自身的生命力,即是否有技术、资金支持等,另一方面是考虑和研究国家对相关行业的政策。

5.组织内部环境

组织内部环境对个人的职业生涯有直接的影响,所有人都处于组织的小环境之中,个体的发展与组织的发展息息相关。对组织环境进行分析,可以使个人及时地了解组织的实际发展状况与前景,把个体的发展与组织的发展联系在一起,并融入组织之中,有利于个人做出合适的职业生涯规划。

1)组织文化

组织文化决定了组织如何看待其员工,因此员工的职业生涯是为组织文化所左右的。一个主张员工参与管理的组织显然比一个独裁的组织能为员工提供更多的发展机会,一个渴望发展、追求挑战的员工则很难在论资排辈的组织中受到的重用。另外,如果一个人的价值观与组织文化有冲突,难以适应组织文化,也会使他在组织中难以得到发展。所以组织文化是个人在制定职业生涯时要考虑的重要因素。

2)组织制度

组织员工的职业发展,归根到底要靠组织管理制度来保障,包含合理的培训制度、晋升制度、绩效考核制度、奖惩制度、薪酬制度,等等,组织价值观、组织经营哲学也只有渗透到制度中,才能使制度得到切实的贯彻执行。没有制度或者制度定得不合理、不到位的组织,员工的职业发展就难以实现。

3)领导人的素质和价值观

组织的文化和管理风格与其领导人的素质和价值观有直接的关系,组织经营哲学往往就是组织领导人的价值观。组织主要领导人的抱负及能力是组织发展的决定因素。

4）组织实力

组织实力是指组织在本行业中是具备了很强的竞争力，还是处于一个很快就会被并吞的地位，发展前景是什么。在激烈的市场竞争中，不一定是最大、最强的组织就能生存，即不是强者生存而是适者生存。只有适应环境、适应发展趋势的组织才能生存。

探索与思考

1. 思考职业生涯规划对你未来发展的意义？
2. 思考大学对你的重要性，尝试写一份大学学习生涯规划。

活动与训练

人 生 之 纸

活动目的：通过本次活动感受时间的宝贵及合理规划时间的重要性。

活动过程：假设你的生命处于 0～100 岁，准备一张长条纸用笔把它划成 10 份（中间部分刚好每两列一份代表生命中的 10 年，分别写上 10、20 等，最左边的空余部分写上"生"字，最右边的空余部分写上"死"字）。下面我问几个问题，请大家按要求去做。

1. 你现在多少岁？（把相应的部分从前面撕掉）
2. 你想活到多少岁？（如果不想活到 100 岁，请将后面的部分撕掉）
3. 你希望多少岁退休？（请把相应的退休以后的部分从后面撕下来，不用撕碎，放到桌子上）
4. 一天 24 小时你会如何分配？（一般人通常睡觉 8 小时，一天中占了三分之一，吃饭、休息、聊天、看电视、游戏等又占了三分之一，真正能够工作的时间约 8 小时，只剩三分之一。）所以，请将剩下来的纸张折成三等份，撕下其中的三分之二，并放到桌上。
5. 比比看。请用左手拿起剩下的三分之一，用右手把退休的那段纸张和刚才撕下来的三分之二的纸张加在一起，并思考一下用左手的三分之一的时间赚钱如何支撑另外三分之二的吃喝玩乐和退休后的生活。
6. 想一想。你要赚多少钱、存多少钱才能养活自己上述的日子，这还不包括给父母、子女、配偶的。

活动思考：

1. 你现在有何感想？
2. 你会如何看待你的未来？

拓展阅读

比尔·拉福的职业生涯

一个美国小伙子立志做一名优秀的商人。他中学毕业后考入麻省理工学院，没有去读贸易专业，而是选择了工科中最普通、最基础的专业——机械专业。大学毕业后，这位小伙子没有马上投入商海，而是考入芝加哥大学，攻读为期三年的经济学硕士学位。出人意料的是,在获得硕士学位后,他还是没有从事商业活动,而是考了公务员。在政府部门工作了五年后,他辞职下海经商。又过了两年,他开办了自己的商贸公司。20年后,他的公司资产从最初的20万美元发展到2亿美元。这位小伙子就是美国知名企业家比尔·拉福。

1994年10月,比尔·拉福率团来中国进行商业考察,在北京长城饭店接受《中国青年报》记者采访时,他谈到他的成功应感激他的父亲的指导,他们共同制定了一个重要的生涯规划。最终这个生涯设计方案使他功成名就。

我们来看一下这个成功的简图:

工科学习→工学学士→经济学学习→经济学硕士→政府部门工作→锻炼处世能力,建立广泛的人际关系→大公司工作→熟悉商务环境→开公司→事业成功

第一阶段:工科学习

选择:中学时代,比尔·拉福就立志经商。他的父亲是洛克菲勒集团的一名高级职员,他发现儿子有商业天赋,机敏果断,敢于创新,但经历的磨难太少,没有经验,更缺乏必要的知识。于是,父子俩进行了一次长谈,并描绘出职业生涯的蓝图。因此升学时他没有像其他人一样直接选择贸易专业,而是选择了工科中最基础、最普通的机械专业。

评析:做商贸必须具备一定的专业知识。在商品贸易中,工业品占绝对多数,不了解产品的性能、生产制造情况,就很难保证在贸易中得到收益。工科学习不仅是知识技能的培养,而且能帮助建立一套严谨求实的思维体系。清楚的推理分析能力,脚踏实地的工作态度,正是经商所需要的。

收获:比尔·拉福在麻省理工学院的四年,除了本专业,还广泛接触了其他课程,如化工、建筑、电子等,这些知识在他后来的商业活动中发挥了举足轻重的作用。

第二阶段:经济学学习

选择:大学毕业后,比尔·拉福没有立即进入商海而是考入芝加哥大学,攻读为期三年的经济学硕士学位。

评析:在市场经济下,一切经济活动都是通过商业活动来实现的,不了解经济规律,不学习经济学知识,就很难在商场立足。

收获:比尔·拉福掌握了经济学的基本知识,搞清了影响商业活动的众多因素,还认真学习了有关法律和微观经济活动的管理知识。几年下来,他对会计、财务管理也较为精通,已具备了经商的素质。

第三阶段:政府部门工作

选择:比尔·拉福拿到经济学硕士学位后考取了公务员,在政府部门工作了五年。

评析:经商必须有很强的人际交往能力,要想在商业上获得成功,必须深知处世规则,善于与人交往,建立诚信合作关系。这种开拓人际关系的能力只有在社会工作中才能得到提高。

收获:在环境的压迫下,比尔·拉福养成了强烈的自我保护意识,由稚嫩的热血青年成长为一名老成、处事不惊的公务员,并结识了各界人士,建立起一套关系网络,为后来的发展提供大量的信息和便利条件。

第四阶段:通用公司锻炼

选择:五年的政府工作结束之后,比尔·拉福完全具备了成功商人所需的各种素质,于是辞职下海,去了通用公司。

评析：通过各种学习获得足够的知识，但知识要通过实践的锻炼才能转化为技能。

收获：在国际著名的通用公司进行锻炼，比尔·拉福不仅为实践所学的理论找到了一个强大的平台，而且学习到了丰富的管理经验，完成了原始的资本积累。这也是大学生创业应该借鉴的地方，除了激情还应该考虑到更多的现实。

第五阶段：自创公司

大展拳脚两年后，他已熟练掌握了商情与商务技巧，便婉言谢绝了通用公司的高薪挽留，开办了拉福商贸公司，开始了梦寐以求的商人生涯，实现多年前的计划。

评析：时机成熟后，应果断决策，切忌浪费时间，应抓住契机实现计划。

收获：比尔·拉福的准备工作，几乎考虑到了每个细节。拉福商贸公司的成长速度出奇得快，20年后，拉福商贸公司的资产从最初的20万美元发展为2亿美元，而比尔·拉福本人也成为一个奇迹。

比尔·拉福的生涯设计脉络清晰，步骤合理，充分考虑了个人兴趣、个人素质，并着重职业技能的培养，这种生涯设计在他坚持不懈的努力下，终于变为现实。

（资料来源：正能量职业生涯规划.十位名人的职业规划故事——比尔.拉福［EB/OL］.（2014-01-16）［2020-08-07］.http://blog.sina.com.cn/s/blog_dbc0254c0101s1y2.html.）

职业环境分析

人生活在各种环境之中,包括政治环境、经济环境、文化环境、心理环境等。环境对个人的影响从出生开始便持续存在。当人们处于某种阶段时,就面临着职业环境。知己是了解个人的内在世界,知彼是了解工作的外在的工作世界,知己知彼方能获胜。对职业选择和发展的外部环境因素进行合理的分析,是科学规划职业生涯不可或缺的一步。

在本模块中,同学们可以了解职业环境的构成要素,学习职业环境的分析方法及从哪些渠道了解职业环境。通过本模块,相信各位同学能够更好地认识职业环境。

2.1 职业环境分类

名人名言

环境决定着人们的语言、宗教、修养、习惯、意识形态和行为性质。

——欧文

学习目标

1. 理解职业环境的含义。
2. 了解职业环境分析的内容。

案例导入

环境的变换

小张是一个出生在农村的女孩。十岁时,父亲职业的转变让她举家搬迁到了城市。环境的改变对她影响很大,她从山里的活泼开朗的"假小子"变成了沉默的学生。从小学到大学毕业,小张都没有什么业余爱好,缺乏主见,视野也比较狭窄。考大学时,小张报的是审计专业,但她对审计专业并不感兴趣,只是因为父母想让小张以后能在电力系统工作,而这一行业又紧缺审计人才。

毕业后,她听从父母的意见,进入了电力公司,从事审计工作。然而,繁忙的工作让她倍感压力,内向敏感的性格也使她与同事们的关系很生疏。工作的压力与人际关系的淡薄让她无法适应职业生活,整日郁郁寡欢的小张开始后悔自己的选择,她想到了辞职。

　　分析:小张从小便受父母影响,按照父母的想法,一步步进入工作。进入职场后,她在压抑、人际关系淡薄的工作环境中变得郁郁寡欢。小张受家庭环境的影响很大,没有很好地综合各种环境因素来进行职业的选择,这让她倍感后悔。因此清醒地认识职业环境,对于每个人来说都是非常必要的,只有结合自身和社会环境,才能够做出合适的选择。

一、社会环境分析

　　对社会环境的分析一般从四个维度进行,包括社会背景环境、行业环境、组织内部环境和岗位环境。

(一)职业所处的社会背景环境

　　社会背景环境分析就是评估大学生职业发展的宏观环境及其发展变化趋势。

　　1. 区域状况及经济发展水平

　　地域环境不一样,地方的经济水平不同,人才储备、发展空间、竞争状态则不同。选择在经济发达城市或经济落后城市就业各有利弊。大学生应结合自己的实际情况,综合考虑区域的优势,选择适合自己的区域。

　　2. 社会文化环境

　　社会文化环境通常是指在一定社会形态下的教育水平、道德规范、宗教信仰及世代相传的风俗习惯,体现国家或地区社会文明程度的精神财富的总和。在良好的社会文化环境中,个人在工作、学习、生活等方面能得到更好的教育和熏陶,从而为职业发展打下良好的基础。

　　3. 社会职业价值观念

　　目前我国社会职业价值观念的特征为多元并存,新旧交替。了解和分析整体社会职业价值取向,有利于自我职业价值观的确立和调整,有利于明确自己的职业选择方向和制定适合社会发展的生涯规划。

(二)职业所处的行业环境

　　在做选择的时候,要知道自己今后想进入哪个行业,调查行业内人才的基本要求,储备和竞争的状况等。

　　1. 行业发展现状

　　随着经济和社会分工的不断发展,社会行业的数量、种类、结构和要求等也在不断地发生变化。行业发展还将会继续随着社会的发展不断地发生变化,因此要求大学生们在做生涯规划和就业选择的时候,驻足现在,放眼长远,用动态的眼光审视行业的发展方向。

　　2. 行业发展前景

　　在了解目标行业的发展阶段的同时,还需要进一步明确自己的目标行业是属于新兴行业还是传统行业。不能以行业的发展时间长短来判断一个行业的未来前途,而应该看这个行业是否具有较强的生命力,是否有强大的资金技术支持,是否有相关国家政策、法律法规的鼓励和扶持,以及当前国内外形势等因素,结合自身的职业兴趣爱好等做出理性的判断和选择。

（三）职业所处的组织内部环境

一般在分析一个组织内部环境时,要分析组织内部人员状况、实力与规模、组织内部结构和组织文化。

1. 组织内部人员状况

在确定自己的目标单位后,可以通过浏览单位网络、与单位普通员工访谈或到单位实地进行考察等方式,注重观察领导人的领导风格、教育背景、处世方式及员工的工作情绪、工作热情和员工间的默契,分析目标单位的人员状况与工作氛围,与自己的预期值比较,从而做出正确的选择。

2. 组织实力与规模

对组织实力与规模的调查需要对组织的人员规模、设备条件、经济实力、发展前景等进行分析。这些信息一般可以从该组织的网页、一些相关报道和行业排行中获得,也可以进行实地考察。

3. 组织内部结构

组织内部机构组织的基本架构,是资质管理的重要组成部分,关系到员工的能力培养、发展方向和晋升机会。学生要了解目标组织的内部结构特点,并结合自己的工作理想抱负和奋斗目标具体分析,选择适合自己的组织机构单位,确定当下及未来自己在组织中的位置。

4. 组织文化

组织文化是指在一定的社会、政治、经济、文化背景条件下,组织在生产与工作过程中所创造或逐步形成的价值观念、行为准则和团体氛围的综合。企业文化的人文力量,可以为员工创造一个具有和谐人际关系、能够充分发挥各自能力、实现自我价值、具有丰富多彩生活的宽松的工作环境。

（四）职业的岗位环境

每个入职者都有必要在做规划时对岗位职责、工作要求、薪资情况、岗位流动状况等进行了解。所有的工作岗位都有两个最基本的要求,一方面是通用要求,包括基本的知识要求和素质、能力要求,另一方面是特殊要求,包括特殊的专业技能要求等。

二、自身环境分析

人的职业生涯发展有着不同的可能,每个人最终都会有自己的职业归宿。而最直接影响个人职业选择的莫过于自身的生存生长环境。为此,在制定自己的生涯规划时必须考虑和分析自身的环境,分析影响自己生涯规划发展的内在因素。

（一）家庭因素

大学生在做个人职业生涯发展规划的时候,应充分考虑自己的家庭生活背景,分析家庭状况可能给自己提供的机会,以及可能会给自己造成的负担,以免今后产生工作与家庭的冲突。

（二）专业知识

在做职业规划时应该尽量考虑应用自己的专业知识。由于目前就业形势、职业发展趋势和各职业能力要求的变化,通用型人才具有普遍的适应性和更广阔的发展空间。因此应该在学习专业知识的时候,努力学习新知识,特别是一些通用知识,提高自己的实际操作能力,这样才能提高自己的适应能力和工作能力。

（三）个人经历

为了使自己的个人职业生涯规划更加合理、更具有可行性,必须在求学阶段尽可能地增加自己的社会阅历和人生经历。

（四）社会关系

要仔细分析自己周围可利用的社会资源,例如学校的整体环境资源、老师的资源、同学的资源,以及自己的前辈们所能提供的资源。这些资源不仅是一种财力或物力上的支持,更是经验上、智力上和精神上的支持。大学生应该学会如何发现和利用自己周围环境的可利用因素,这也是一种基本的生存技能。

🔍 探索与思考

1. 职业环境是什么,它对个人职业生涯规划有何重要影响?
2. 职业环境分析应从哪些方面进行思考?

✍ 活动与训练

企业阶段大猜想

活动目的:通过该测试,了解自己适合处于什么阶段的企业。

活动过程:请根据你的实际想法,选择以下某一选项:

1. 我希望进入一家薪水普通,但稳定性高的企业。

2. 我希望进入一家能重用年轻人的企业。

3. 我希望进入一家以实力决定待遇的企业。

4. 为了自己将来的创业方便,我希望进入一家能充分学习的企业。

5. 我希望进入一家环境安定、能从事新事业开发工作的企业。

6. 我希望做自己喜欢而且待遇又高的职业。

结果分析:

选项1　适合进入"成熟期"的企业。

选项2　这个愿望恐怕很难在企业中实现,但可以尝试"开发期"或"成长前期"的企业。

选项3　"成长前期"的企业最适合你。

选项4　适合进入"开发期"或"成长前期"的企业,如此才有机会学到所有工作的实务。

选项5　可以考虑"成熟期"企业的企划或开发部门。

选项6　只有一条路——自行创业当老板。

2.2　职业环境分析方法

名人名言

欣赏你目前的环境,爱你目前的生活。在无意义之中去找意义,在枯燥之中去找趣味。

——罗兰

学习目标

1. 掌握职业环境分析的方法。

2. 了解职业环境分析的渠道。

案例导入

纠结的小于

　　小于大学时选择的是财会专业,因为爸爸在当地财税系统工作,妈妈是单位的一名会计,所以当年高考父母替她选择了财会专业。然而学习了诸多专业课程之后,小于开始感到迷茫,对于将来可能要从事的财会行业,小于非常不喜欢。为此,她到学校的生涯辅导咨询室寻求帮助,想了解自己如何规划个人的职业生涯发展之路。

　　分析:小于受家庭环境的影响,选择了自己并不感兴趣的专业,导致对未来职业生涯感到茫然。对此小于应当对自己未来要面临的职业环境进行分析,了解自己的生涯方向。对大学生来说,了解职业环境的最好途径和方法就是实践。实践出真知,只有通过实践,才能形成感性认识,从而指导自己的学习和生活,逐步调整自己的职业生涯规划,使自己的职业生涯规划更加合理。

一、职业环境分析方法——SWOT 法

　　SWOT 法又称态势分析法,最早由旧金山大学的管理学教授海因茨·韦里克(Heinz Weihrich)在 20 世纪 80 年代初提出,主要用于制定集团发展战略与分析竞争情况。SWOT 是英文 strengths(优势)、weaknesses(劣势)、opportunities(机会)、threats(威胁)的缩写。其中,优势与劣势是针对个体自身而言的,而机会与威胁则是针对外部环境而言的。通过这种方式,可以综合自身的优劣,认清周围的职业环境,并做出最佳决策,其分析方式如图 2-1 所示。下面以一个具体实例来说明 SWOT 分析法在大学生职业生涯规划中的应用。

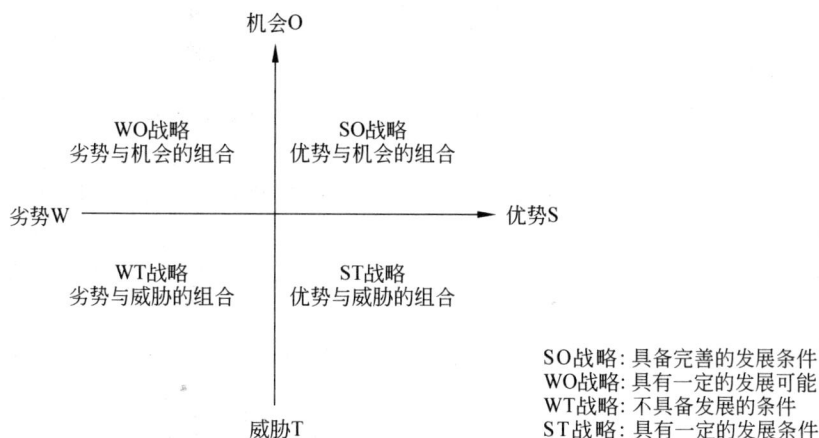

图 2-1　SWOT 分析示意图

（一）个人概况

基本情况：某学生 2017 年 9 月考入某高职院校，将在 2020 年 7 月毕业。为人诚恳，性格温和，有主见，富有创造能力，积极进取，喜欢能让自己静下心来的工作环境。喜欢一切有关计算机方面的知识，结合所学专业及课程，希望从事计算机相关领域的工作。

（二）内外部环境分析

1. 内部环境分析

优势 strengths

（1）做事比较认真、踏实，有浓厚的学习兴趣和一定的实力，尤其对计算机方面有着浓厚的兴趣。

（2）乐观积极的生活态度，善于发现事物和环境乐观积极的一面。

（3）富有极强的责任心、爱心，并且喜欢做相关的工作。

（4）对一切问题有寻根究底的兴趣，一定要将事情想清楚，喜欢思考问题，有一定的分析能力。

（5）有较强的竞争意识，能充分并且主动地利用环境资源，与环境的交互能力强。

（6）有一定的书面表达能力，逻辑思维性和条理性较强。

劣势 weaknesses

（1）性格较内向，不善于与人交往和沟通。

（2）办事不够细腻，有时考虑问题不全面。

（3）做事不够果断，尤其事前做决定的时候老是犹豫不决。

（4）组织和管理人员的能力和经验欠缺。

（5）做事有时拖拉，不够雷厉风行。

（6）工作、学习有些保守，缺乏冒险精神，没有制定长远目标，并且创新能力有待提高。

2．外部环境分析

机会 opportunities

（1）改革开放四十多年来，国家经济飞速发展，对人才的需求也大为增长，大学生的就业前景乐观。

（2）近年来，互联网技术快速发展，结合国家"以信息化带动工业化"的战略，计算机技术人才需求量极大。

（3）身边有很多优秀的同学和朋友，可以向他们学习，并且构建良好的人际关系。

威胁 threats

（1）距离毕业还有不到一年的时间，并且找工作的时候并不是用人单位招聘的高峰期，就业的机会不是很多。

（2）公司及用人单位对毕业生的要求提高，更需要有经验的人才。刚毕业的大学生没有任何工作和实践的经验。

（3）当今优秀的人才很多，而机会不一定是均等的，这时就不单单是知识的比拼，更是对个人发现机会、展示自己并把握机会能力的考验。

（三）SWOT 策略分析

1．SO 战略

（1）现阶段继续在学校努力学习，掌握更多的知识，努力提高自己的竞争力。

（2）多参加各企业的招聘活动，为自己创造更多的机会，积累更多的经验。

2．WO 战略

（1）积极参加一些就业培训和招聘企业的宣讲会，锻炼自己的工作能力，提高自己的自信心。

（2）利用自己乐观积极的工作态度，勇于创新，尝试不同的工作，增加就业机会。

3．ST 战略

现阶段多学习专业知识，特别是自己感兴趣的计算机方面的专业知识，将来可以在此方面有所发展。

4．WT 战略

多参加集体和社交活动，增强与他人的交往和沟通能力，提高自己的自信心，构建良好的人际关系网络。

（四）未来 5 年职业生涯的目标

1．探索阶段：学生

探索阶段的主要目标是发现兴趣，学习知识，开发工作所需的技能，同时也发展价值观、动机和抱负。

2．进入阶段：应聘者

进入阶段的主要目标是进入职业市场，得到工作，成为单位的新雇员，从事自动化、电子、电气设备及计算机控制系统设计、协调、运行等相关领域的职业。

3. 新手阶段：实习生、资历浅的人员

新手阶段的主要目标是了解单位、熟悉操作流程,接受组织文化,学会与人相处,并且承担责任、发展和展示技能和专长,迎接工作的挑战,在某个领域形成技能,开发创造力和革新精神。

4. 发展阶段：任职者、主管

在发展阶段个人绩效可能提高,也可能不变或降低。在这个阶段的主要目标是选定一项专业或进入管理部门,力争成为专家或职业经理,也可以转入需要新技能的新工作,开发更广阔的工作视野。

（五）未来 5 年内的行动计划

1. 探索阶段：学生

加强适应职业要求的专业素质,提高英语能力。多学习有关计算机和电子方面的专业知识,提高自己的专业素养,培养对该行业的浓厚兴趣。

2. 进入阶段：应聘者

积极参加各种招聘活动和各企业的宣讲会,制作一份精美的简历,为各种招聘活动做充分的准备,以便找到一份既能跟个人爱好结合,又能有比较满意待遇的工作。

3. 新手阶段：实习生、资历浅的人员

要学会自己做事、被同事接受、学会面对失败、处理混乱和竞争、处理工作中的冲突、学习自主。根据自身的才干和价值观及组织中的机会和约束进行自我评价,如果不合适,可以重新评估选择,决定去留。

4. 发展阶段：任职者、主管

保持竞争力,继续学习,提高个人绩效,提升技术更新、培训和指导的能力。此时必须承担更大的责任,确认自己的地位,开发长期的职业计划,寻求家庭与事业间的平衡。

二、职业环境分析渠道

可以通过以下几种渠道对职场进行分析,做到早定位,早准备。

1. 充分利用网络资源

利用网络资源不仅是为了获取招聘信息,更多的是要了解职业环境,并为职业生涯规划决策服务。大学生可以通过互联网获取很多信息,例如了解用人单位的基本概况、行业排行、单位的发展状况、用人标准等。

2. 生涯人物访谈

了解职场社会,对职场人士进行访谈,是最直接且最易操作的一种方式。大学生可以根据自己的专业或者兴趣选择不同职业人士进行访谈与调查,借鉴他们的成功经验,吸取他们的教训,避免今后自己走弯路。可以将他们的生涯规划道路与自己的进行比较,不断地调整自己的职业生涯规划。

3. 参观、实习

大学生可以利用寒暑假,主动联系工作单位进行实习,亲身走进企业,将自己的所学运用到实际的工作环境中去,并从实际工作中寻求自身所学与实际能力要求之间的差距,补缺补差,加强自身对职场的认识和理解,从而增加阅历,积累经验,增长才干,用职场中的所学所感指导今后自己的职业生涯规划。

🔍 探索与思考

运用 SWOT 法,对个人所处的职业环境进行分析。

📝 活动与训练

填"职业家族树"

活动目的:通过填职业家族树,了解更多的职业种类,并深刻认识家庭成员的职业观念对个人职业选择的影响。

活动过程:请你将家族中的亲属及他们的职业填写在职业家庭树上,如图 2-2 所示,并将与自己有密切关系的重要人物标上红色。填写完成以后请回答以下问题。

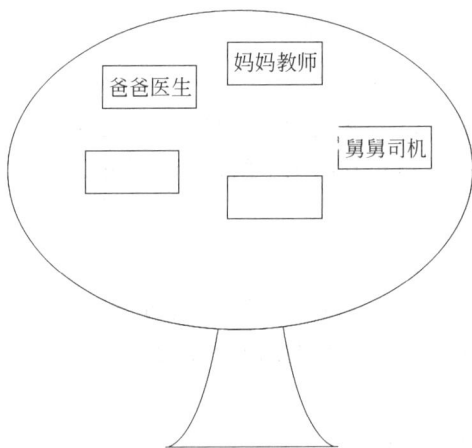

图 2-2 职业家族树

1. 家族中大多数成员从事的职业是什么?我是否想要从事该类职业?为什么?

2. 父母如何形容他们的职业?他们平时会提到哪些职业?对这些职业是怎么评价的?他们的想法对我的影响?

3. 家族中还有谁对职业的想法使我印象深刻?他们怎么说?

4. 家族中对彼此职业感到满意或羡慕的是哪些方面?(如收入高、社会地位高等)我对家族中各人的职业有何感觉?(骄傲、尴尬、羡慕等)

5. 家族中大部分成员羡慕的职业是什么?对他们的想法我自己是怎么想的?

6. 家人对我未来选择职业的影响有哪些?

活动总结:在潜移默化的家庭生活中,家庭成员对个人生涯发展的影响就像雨一样,随风潜入夜,润物细无声。这种细微的渗透可以通过职业家族树的形式,直观地画出来,从而了解自己身边最熟悉的人对个人职业的影响,促进对自我生涯的认知。

拓展阅读

从餐厅侍应生到流行乐坛巨星——周杰伦的职业发展之路

周杰伦是个有点沉默、家世平平的歌手,但他的音乐席卷了整个华语地区。他是流行乐坛巨星,他的音乐风格灵动,开拓了流行音乐新领域,他在流行乐坛引领了"中国风",甚至在某种程度上带动了中国古典文学的复兴。音乐对于他而言,与其说是一种兴趣,不如说是另一个世界。在这个世界里,音乐帮助他抵挡父母离异、成绩不好等所有青春期的常见烦恼,让他自信健康地成长。

在当餐厅侍应生的日子里,周杰伦坚持音乐梦想。在餐厅的工作其实很简单,把厨师做出来的饭菜送给女侍应生,再由女侍应生送给客人。即使是这样,周杰伦也没有离开自己的音乐世界,他带着一个随身听,一边工作一边听歌。在餐厅里打工和弹琴让周杰伦慢慢开始有了公众演奏的机会,也慢慢开始积累起自己的听众。1997 年 9 月,周杰伦参加了当时中国台湾著名娱乐主持人吴宗宪的娱乐节目《超猛新人王》。当时的周杰伦非常害羞,他甚至不敢上台唱自己的歌,只好找了一个朋友来唱,自己用钢琴伴奏。两个人的演出"惨不忍睹"。但主持人吴宗宪路过钢琴的时候,惊奇地发现这个一直连头也没敢抬的小伙子谱着一曲非常复杂的谱子,而且抄写得工工整整!他意识到这是一个对音乐很认真的人。

节目结束以后,他问周杰伦:"你有没有兴趣参加我的唱片公司,任音乐制作助理?"真正让吴宗宪感动的是这个年轻人对自己乐谱的认真程度。打动吴宗宪的,与其说是才气,不如说是认真。很多时候,不管能力有多大,机会往往只选择那些认真对待自己工作的人,这本身是一种最重要的能力。

周杰伦在这半年里,写出来的歌不少,但曲风奇怪,没有一个歌手愿意接受。其中包括拒绝演唱《眼泪不哭》的刘德华和《双截棍》的张惠妹。吴宗宪有些着急,他决定给这个年轻人一些打击。他让周杰伦来到自己的办公室,告诉他写的歌曲很烂,当面把乐谱揉成一团,丢进废纸篓里。这是周杰伦在音乐道路上遭受的重大打击。然而,当吴宗宪第二天早上走进办公室的时候,惊奇地看到这个年轻人的新谱子又放在了桌上,第三天、第四天……每天吴宗宪都能在办公桌上看到周杰伦的新歌,他彻底被这个沉默木讷的年轻人打动了。

1999 年 12 月的一天,吴宗宪把周杰伦叫到房间说,如果他可以在 10 天之内拿出 50 首新歌。自己就从里面挑出 10 首,做成专辑——"既然没有人喜欢唱你的歌,你就自己唱吧"。10 天之后,周杰伦安安静静地拿出 50 首歌,于是就有了周杰伦一举成名的专辑《JAY》。从这张专辑开始,周杰伦的音乐影响力一发而不可收。

周杰伦的职业经历说来传奇,其实也普通。即一直执着于自己的梦想,找一份自己能做的工作,让自己先生存,培养自己适应社会的心态。同时,注意培养进入理想工作的能力,把完美工作作为长期目标来努力。

(资料来源:佚名.周杰伦:从侍应生到乐坛巨星[J].品牌,2009(08):76-78.)

第二部分　职业生涯规划

认识自我

罗曼·罗兰曾言:"每个人都有他隐藏的精华,和任何别人的精华不同,它使人具有自己的气味。"的确,每个人都是不同的个体,有着不同的性格、偏好,适合的东西也有所不同。想要探索个人的职业倾向,就得先认识自我。认识自我是认识外界客观事物的条件,是人的自觉性、自控力的前提。根据自身的特征,了解个体的需求,能够做出更好的职业选择。

职业生涯规划自我探索的内容包括性格、气质和能力等个性特征,以及需要、动机、兴趣、价值观等个性倾向。其中,兴趣和能力是决定职业适应性的两个最主要因素,而性格是具有核心意义的个性心理特征。兴趣决定着个人的职业偏好,性格决定着职业发展的长远、事业的成功与否,能力决定着个人对职业的胜任力。因此,了解它们与职业之间的关系,对于职业选择及发展具有重要的作用。

在本模块中,同学们能够了解兴趣、性格及能力与职业之间的关系,通过学习职业兴趣理论、性格理论等,同学们能够对自己的职业兴趣及适合从事的职业有一个更深刻的认识。

3.1 自我认知探索

名人名言

知人者智也,自知者明也。

——老子

学习目标

1. 了解自我认知的内涵。
2. 认识自我评价的内涵、内容、原则及方法。

案例导入

小月的困惑

小月是从外地来上海读大学的大三学生。就要毕业的她,即将走向社会谋求自己的第一份工作。从大一到大三,小月忙着应付课业及学校的各种活动,并没有仔细想过自己将来的职业发展方向。大三暑假,小月通过亲戚的介绍到上海一家民营企业实习,在实习期间工作虽得到部门经理的认可,但她并不喜欢实习部门的工作。小月喜欢上海这种国际化都市的生活,一心向往留在上海,不过不知道自己能做什么。小月的父母则希望她毕业后回老家的事业单位工作,并且已经帮小月联系好了工作。对于父母的建议,小月考虑到工作的稳定性也觉得可行,但令她纠结的是,她并不喜欢父母联系的事业单位的工作环境,她认为地方太偏僻,也不喜欢那里的工作内容,觉得单调枯燥没有成就感,同时还担心自己不适应事业单位的做事风格,觉得官僚主义太重。这些问题一直困扰着她,不知该如何选择,如何取舍。

小月来咨询时,说道:"我虽然有很多困惑和迷茫,但是让我最迷茫的就是我能做什么,我该做什么。我在上大学之前的梦想是考上军医大学做一名军医,之后在高三觉得不可能,于是又开始幻想着考师范大学……当然了,老妈一直讲我的性格不太适合做老师,因为现在的学生和家长很难应付,她不太相信我可以顶得住压力。最后,高考未如愿。现在的我不太想从事和自己专业有关的行业,真的不知道自己到底适合什么样的工作,将来能干什么。"

分析:如同小月一样,在当代大学生中,有一半以上的人没有进行过职业生涯规划。这使得一方面,这些大学生没有机会对自我进行探索和认知,导致对自己认识不清,所存在的困惑基本上围绕在"我到底是个什么样的人?""我到底能做什么?""我适合做什么?""我究竟喜欢做什么?"等一系列与自我有关的问题。另一方面,又不知道该从哪个角度着手规划自己的职业发展方向,包括对自己所选择的专业缺乏必要的了解及在未来职业生涯规划方面缺乏系统的方法,以至于当他们面临毕业时,不知道自己将来能做什么,该从事什么样的职业,因而对即将踏入的职场充满了困惑及迷茫。当面对职业选择时,连自己都不了解自己的人,更谈不上对外界环境会有较好的认知和判断能力。即使外部环境很好,对于一个缺乏自我认知的人来说,也不可能很好地利用和发挥外部的条件和价值。在有效的职业生涯规划中,自我探索是最基础是最重要的步骤,唯有对自己及环境有足够的了解,才能确定适合自己的生涯发展目标,进行职业定位。

一、自我认知

中国有句古话,叫作"人贵有自知之明",这个"贵"字,不单是宝贵,而且是稀少,即物以稀为贵。老子说:"知人者智,自知者明;胜人者有力,自胜者强。"西方人崇拜的德尔菲神庙上也刻着一行警告人们的字:"认识你自己!"在人的一生中,最重要的是认识自我,而最难的是正确地认识自我。随着大学生知识和社会经验的不断积累和丰富,认识自我的能力不断提高,自我意识和自我评价能力也不断增强。

(一) 自我认知的内容

自我认知是指对自己的生理状况(如身材、容貌、健康状况等)、心理特征(如爱好、特长、能力、气质、智力、性格等),以及自己与他人和社会的关系(如与领导、老师、同学、亲人、朋友等的关系及在国家、地区、单位、阶层的地位和作用等)的认识。自我认知与自我觉察是进行清晰的自我定位的基础,也是个人职业与事业生涯的起点。

自我认知包括认知自己的生理状况、心理特征,认知自己的价值观、人生方向和目标,认清自己的优势和劣势,觉察自我的情绪变化、原因等。只有不断地正视自己、反思自己、认识新我、发现新我、促进自身发展,才能充分实现自我价值。

(二)如何提高自我认知力

1. 回顾经历

可通过回顾童年、少年期的经历,总结成功与失败的经验教训,发现自己的个性特点。

2. 比较

即以人为镜,在比较中认识自己。可以通过与同龄伙伴在个性、能力、与人交往的态度、情感表示方式等方面进行比较,找出自己的特点,确定自己在同龄群体中的位置,进一步认识自己。

3. 他人评价

可以通过他人的评价来认识自己。他人评价比主观自省具有更大的客观性。在实际生活中,青少年常易犯的错误是根据心理需要只接受某些方面的评价,甚至有的人只能听得赞美的话,听不得不同的评议。

4. 自省

自省是一种自我体验。人们往往可以在实际生活、学习、工作中,通过反思和自我检查来认识自己的个性特长、能力及自己的优缺点。

5. 心理测验

透过科学化的心理测验,可以帮助人们了解自己未知、别人未知的部分。心理测验可以帮助人们了解自己的气质和性格、价值观、职业兴趣与偏好等。

二、自我评价

(一)自我评价的内涵和特点

自我评价是建立在自我认知基础上,通过自我观察与自我分析等手段对身心素质进行全面评价,它不但包含自我整体的心理素质和知识、能力的评价,还包含自我地位及外部环境的评价。自我评价在自我的个性发展中发挥着重要的作用,贯穿于人生的全过程。它指导着自我的进步和发展,促使自我更加成熟和人格更加完善。

大学生自我评价的特点主要表现在以下六个方面。

1. 自觉性和经常性

随着知识的积累,客观世界的发展变化,以及自我意识的提高,大学生自我评价的水平也越来越高,逐步形成了自觉性的自我评价和经常性的自我评价。正是由于大学生自我评价具有自觉性和经常性,所以他们会不断进步,日渐成熟,最终成长为社会的栋梁之材。

2. 丰富性

由于大学生涉猎广泛,在学习过程中思考问题的能力增强,活动范围扩大,自我认识和体验日益丰富,自我感情日趋复杂,使其自我评价具有丰富性。如大学生的自豪感、自卑感、成功感、失败感、喜悦感、羞耻感等往往集于一身,再如大学生的大公和自私、高傲和自卑、自我欣赏和自我贬低等同时存在。

3. 两极性

两极性是指自我评价过低或自我评价过高,它们都偏离了"现实自我"。由于现实生活条件和思想发展状况等原因,"自我"个体产生满意与不满意、同情与不同情的体验,导致理性认识上出现真与假的判断,产生自我评价的两极性。

4. 闭锁性

大学生因其特殊的社会地位,他们的自信心和自尊心很强。别人的理解和赞许,能使他们的自尊心得到满足,自信心得到增强,而这些愿望又不便表达出来,在一定程度上自我压抑、自我封闭,保守自己的秘密,置身于心灵的孤岛,有时会表现出一些怪异的行为,让人难以琢磨。

5. 深刻性

大学生自我评价的自觉性和经常性,会使他们的自我评价能力和水平迅速提高,人生观和价值观趋于多元。他们既强调自我人生价值,又追求"实用"和"实惠";既主张奉献精神,又力图索取;既追求社会地位,又不满足追求的结果;既尊重原则,又缺乏对不公平现象的正确态度;既想摆脱束缚、独立生活,又想依托外界的帮助。这些自我意识中尖锐的矛盾,充分体现了大学生自我评价的深刻内涵。大学生总是力图使理想与现实、开放与封闭、情感与理智等矛盾,在自我意识的评价中统一起来,寻求新的心理平衡,消除内心的焦虑和不安。

6. 敏感性

自我认识的发展、社会地位和威信的提高、知识面的扩展,都使得大学生的自尊心和自信心得到增强。他们期待着别人的赞许和表扬,又担心受到批评,对别人的态度和言行极为敏感,容易产生强烈的情绪波动。例如,有的学生在老师表扬自己时,发现同学互相嘀咕,便产生怀疑、生气,甚至敌对的情绪。

(二) 自我评价的原则

自我评价是建立在自我观察、自我分析基础上的,对自我身心素质的全面评估。正确的自我评价应当注意掌握以下三个原则。

1. 客观性原则

对自己进行观察、分析、评价要以客观的事实作为基础和依据。不客观的评价就是过高或过低的评价,过高会使自己脱离现实,过低又往往会忽视自己的长处,使自己缺乏自信,过于自卑。

2. 全面性原则

自我评价应当全面,既要看到自己的优点和长处,又要看到自己的缺点和不足,既要看到自己某一方面的特殊素质,又要看到自己全面整体因素。反之,任何一种片面、孤立、不分主次的自我评价都是不全面的。

3. 发展性原则

自我评价时应以发展变化的眼光看待自己的现实素质,做出客观、全面的评价,而且应当着眼于未来发展变化,预见自己将来的发展潜力和前景。

（三）自我评价的内容

1. 对所在学校威望及其辐射面的评价

毕业生自我评价的一个重要内容就是对自己所在学校进行评价,包括评价学校的社会地位及社会影响力,评价学校的办学水平和能力,评价学校的培养目标,评价学校毕业生的素质和能力,评价学校的社会交往范围和学校的发展潜力。

对学校进行评价,并不是让重点大学的学生充满傲气,也不是让其他学校的学生低人一等,而是要让学生认清自己是"螺钉"还是"螺母"。当然,学校的整体水平会影响毕业生的择业,但绝不是用人单位招聘毕业生的唯一条件。

2. 对所学专业社会需求的评价

首先,要对所学专业的内容进行分析评价。其次,要根据专业的社会需求进行分析评价。再次,要根据专业的设置情况进行分析评价。据此,专业可分为短线和长线专业。长线专业是指社会一直有需求,学校常设的专业,此类专业毕业生需求相对稳定,常常出现毕业生供大于求的局面,求职就业有困难。短线专业毕业生往往供不应求,经常出现一个学生被几个用人单位争抢的局面。最后,还要分析和评价所学专业的发展前景和潜力。社会的发展变化很快,必然会出现老化型、成熟型、发展型和新兴型专业。

不可否认,毕业生所学的专业对其择业有较大的影响,但近年来出现了用人单位淡化对毕业生专业对口的要求,更看重人才可塑性的可喜现象。大学教育主要是对学生进行思维方法、学习新知识的能力与方法的训练。如果学生综合素质高、基础扎实、独立思考能力强、知识面宽、自学能力和适应性强,那么他的可塑性就高,就有较大的发展前景。由此可见,如果专业作为外部条件有所不足,可以通过自身素质来弥补。

（四）自我评价的方法

自我评价的方法主要包括自我分析、听取他人的评价、进行心理测试等。作为处于择业期间的大学生来说,应当注意使用正确的自我评价方法。既要重视反省自身,又要广泛听取他人的评价;既要重视心理测量结果的重要参照作用,又不应对其产生绝对的信任。总之,不论采取何种方法,都要注意相互之间的参照和综合,这样才有利于做出准确、全面的自我评价。

小 贴 士

自我评价的方法

5W分析法

(1) Who am I？（我是谁？）：面对自己,真实地写出每一个想到的答案,并按重要性排序,比如自己的专业、家庭情况、年龄、性别、性格、动手能力、思考能力等。

（2）What will I do?（我想做什么?）：可以从小时候回忆,将自己喜欢做的事情写下来。

（3）What can I do?（我会做什么?）：可以把自己有能力做的,还有通过潜能开发能够做的事写下来。

（4）What does the situation allow me to do?（环境支持或允许我做什么?）：将自己所处的家庭、单位、学校、社会关系等各种环境因素考虑进去。

（5）What is the plan of my career and life?（我的职业与生活规划是什么?）

🔍 探索与思考

1. 请根据对自己的认知,选择一两个合适的职业,上网搜索该职业的招聘要求。

2. 运用 5W 分析法进行自我评价。

✍ 活动与训练

生存的选择

活动目的:通过该项活动,了解个人所看重的东西,加深对自我的认识。

活动过程:假如地球将要发生爆炸,世界将要毁灭,科学家发明并创造的一个保护装置里面只可供五个人避难,但是现在有 10 个人,分别是：①小学老师;②怀孕的妇女;③足球运动员;④12 岁的小女孩;⑤优秀的警察;⑥著名作家;⑦外科医生;⑧年长的和尚;⑨著名的演员;⑩生病的老人。

请拿出笔,按顺序依次写出你想救的 5 个人。

选项寓意:①知识;②生命;③运动;④未来;⑤秩序;⑥文化;⑦健康;⑧宗教;⑨娱乐;⑩道德。

活动思考:

1. 在选择过程中,是否出现过犹豫,是什么导致了犹豫?

2. 在选择过程中,思考自己为何这样排序? 为什么如此看重这些人?

3.2 兴趣探索

🏅 名人名言

一个深广的心灵总是把兴趣的领域推广到无数事物上去。

——黑格尔

🚩 学习目标

1. 了解兴趣的含义。

2. 学习约翰·霍兰德的职业兴趣理论,思考个人的职业兴趣。

3. 认识兴趣与职业生涯的关系。

小瑞的专业

小瑞是某职业学院机电系大三的学生,她认为自己缺乏这方面的天赋,对机械、模具不感兴趣,读这个专业是在填报志愿时接受调剂的结果,不是她的意愿。小瑞出生于湖南株洲的经商之家,她在商业氛围下长大,本身是一个性格活泼、头脑灵活的女孩,现在每天要面对一些枯燥无味的机械图、工程图、专业软件,不知道怎么应对。每当上课的时候,小瑞便心不在焉。这样一来,她的专业成绩一直排在班级倒数。一想到马上就要毕业了,她开始着急了,再这样下去,她可能连毕业证都拿不到,又怎么就业呢? 小瑞很想找到解决问题的办法,却也无能为力。

分析:小瑞不喜欢本专业,但专业又直接影响着她的将来。由于反感机械专业,她对专业学习已经产生了抵触心理。对她来说,调整好自己,认清自己,重新做规划是当务之急。由案例可知,大学生一定要认清自己的职业兴趣,在个人与职业之间找到一个结合点,再进行职业定位。只有把个人的兴趣与工作高度结合起来才能创出最高价值,真正的职业兴趣能够使人在逆境、挫折中保持工作激情。

一、兴趣概述

(一)兴趣

兴趣是人们力求认识、探究某种事物的心理倾向,它使人对有趣的事物进行关注和探索。兴趣在人的生活和工作中的作用巨大,它可以使人适应环境,对生活充满热情,对丰富知识、开发智力也有重要意义。在日常生活中,一个人如果参与自己感兴趣的活动,如听歌、集邮、打球,购物、逛街等活动,即使时间不够用,也会感到很愉快、很满足,这就是兴趣。

兴趣既可分为物质兴趣(对美味的食物、漂亮的衣服感兴趣)和精神兴趣(对文学、哲学、科学等的追求),也可分为直接兴趣(对活动本身发生的兴趣)和间接兴趣(对活动结果发生的兴趣)。"兴趣是最好的老师",对感兴趣的事,人们总是很愉快、很主动地去做,容易取得成功。一个人如果能够从事自己感兴趣的工作,那么工作对他来讲就是一种乐趣,而不是一种负担。职业兴趣对人的职业活动有着重要影响。在选择职业时,人们总会把自己是否对此感兴趣作为考虑因素之一。从事自己感兴趣的职业活动,可以激发强烈的探索和创造热情,可以在良好的体能、智能、情绪状态之下完成工作,可以在追求职业目标时表现出坚定、百折不挠的意志力。因此,大学生应该培养自己在多方面的兴趣爱好,努力发展自己的专长,在职业选择时,既有一个较广泛的适应范围,又有一个明确的发展方向。

(二)约翰·霍兰德的职业兴趣理论

约翰·霍兰德(John Holland)是美国约翰·霍普金斯大学心理学教授,是著名的职业指导专家。他在1959年就提出了具有广泛社会影响的职业兴趣理论。他的基本观点是人们寻找这样的环境,可以让其施展才能,表达其态度和价值观,解决其愿意解决的问题,扮演适当的角色。人的行为表现由人格类型和其所处的环境相互作用决定。

霍兰德职业兴趣理论的实质在于劳动者与职业的相互适应。霍兰德认为,同一类型的劳动者与职业互相结合,便达到适应状态,劳动者找到适宜的职业岗位,其才能与积极性会得以发挥。霍兰德职业兴趣理论将人格分为六大类,即现实型、研究型、艺术型、社会型、企业型、传统型;职业环境也分为六大类,人格与职业环境的匹配是形成职业满意度、成就感的基础。各个兴趣类型的特点及较为适宜的职业环境见表 3-1。

表 3-1 劳动者类型与职业类型对应

类型	劳动者类型特点及表现	职业说明及举例
现实型	此种类型的人具有顺从、坦率、谦虚、自然、坚毅、实际、有礼、害羞、稳健、节俭的特征,其行为表现: ① 愿意使用工具从事操作性工作; ② 动手能力强,做事手脚灵活,动作协调; ③ 不善言辞和交际	主要是指各类工程技术工作、农业工作。通常需要一定体力,需要运用工具或操作机器。 主要职业:工程师、技术员,机械操作、维修工、安装工人、矿工、木工、电工、鞋匠、司机、测绘员、描图员,农民、牧民、渔民等
研究型	此种类型的人具有分析、谨慎、批评、好奇、独立、聪明、内向、条理、谦逊、精确、理性、保守的特征,其行为表现: ① 抽象思维能力强,求知欲强,肯动脑,善思考,不愿意动手; ② 喜欢独立的和富有创造性的工作; ③ 知识渊博,有学识才能,不善于领导他人	主要是指科学研究和科学实验工作。 主要职业:自然科学和社会科学方面的研究人员、专家,化学、冶金、电子、无线电、电视、飞机等方面的工程师、技术人员,飞机驾驶员、计算机操作员等
艺术型	此种类型的人具有复杂、想象、冲动、独立、直觉、无秩序、情绪化、理想化、不顺从、有创意、富有表情、不重实际的特征,其行为表现: ① 喜欢以各种艺术形式的创作来表现自己的才能,实现自身的价值; ② 具有特殊艺术才能和个性; ③ 乐于创造新颖的、与众不同的艺术成果,渴望表现自己的个性	主要是指各类艺术创作工作。 主要职业:音乐、舞蹈、戏剧等方面的演员、艺术家编导、教师,文学、艺术方面的评论员,广播节目的主持人、编辑,作者,绘画、书法、摄影家,艺术、家具、珠宝、房屋装饰等行业的设计师等
社会型	此种类型的人具有合作、友善、慷慨、助人、仁慈、负责、圆滑、善社交、善解人意、说服他人、理想主义、富有洞察力等特性,其行为表现: ① 喜欢从事为他人服务和教育他人的工作; ② 喜欢参与解决人们共同关心的社会问题,渴望发挥自己的社会作用; ③ 比较看重社会义务和社会道德	主要是指各种直接为他人服务的工作,如医疗服务、教育服务、生活服务等。 主要职业:教师、保育员、行政人员、医护人员,衣食住行服务行业的经理、管理人员和服务人员,福利人员等
企业型	此种类型的人具有冒险、野心、独断、冲动、乐观、自信、追求享受、精力充沛、善于社交、获取注意、知名度等特性,其行为表现: ① 精力充沛、自信、善交际,具有领导才能; ② 喜欢竞争,敢冒风险; ③ 喜爱权力、地位和物质财富	主要是指那些组织与影响他人共同完成组织目标的工作。 主要职业:经理企业家、政府官员、商人、行业部门和单位的领导者、管理者等

续表

类型	劳动者类型特点及表现	职业说明及举例
传统型	此种类型的人具有顺从、谨慎、保守、自控、服从、规律、坚毅、实际稳重、有效率但缺乏想象力等特性,其行为表现: ① 喜欢按计划办事,习惯接受他人指挥和领导,自己不谋求领导职务; ② 不喜欢冒险和竞争; ③ 工作踏实,忠诚可靠,遵守纪律	主要是指各类与文件档案、图书资料、统计报表相关的各类科室工作。 主要职业:会计、出纳、统计人员、打字员、办公室人员、秘书和文书、图书管理员、导游、外贸职员、保管员、邮递员、审计人员、人事职员等

二、兴趣与职业生涯的关系

兴趣与职业生涯的关系主要表现在以下 3 个方面。

1. 兴趣是职业生涯选择的重要依据

正像人们在日常生活中喜欢从事自己感兴趣的活动一样,具有一定兴趣类型的求职者更倾向于寻找与此有关的职业(类型),特别是在外界环境限制较小时,更倾向于选择自己感兴趣的职业。因而,在对兴趣或兴趣类型有了正确的评估后,就可以预测或帮助求职者选择职业生涯。

2. 兴趣可以增强职业生涯适应性

兴趣可以通过工作动机促进个体发挥能力,兴趣和能力的合理结合会大大提高工作效率。曾有人进行过研究,如果从事自己感兴趣的职业,则能发挥全部才能的 80%～90%,而且长时间保持高效率工作也不会感到疲劳,而如果对所从事的工作没有兴趣,只能发挥全部才能的 20%～30%。

3. 兴趣影响工作满意感和稳定性

在某些情况下(如不考虑经济因素),兴趣对工作甚至具有决定性作用。一般来说,从事自己不感兴趣的职业很难让人感到满意,并由此导致工作的不稳定。而对某种职业感兴趣,就会让人对该种职业活动表现出肯定的态度,并积极思考、探索和追求。

兴趣可分为物质的兴趣、精神的兴趣和社会的兴趣,物质的兴趣与需要相关联,表现为对物质的迷恋和追求,如收藏的兴趣;精神的兴趣主要是指对文化、科学、艺术的迷恋和追求,如写作、绘画、书法、摄影、发明创造等兴趣;社会的兴趣主要是指对社会工作和组织活动等的迷恋和追求。兴趣又可分为直接兴趣和间接兴趣,如喜欢跳舞、打球,可能是因为这些活动本身有吸引力,通过这些活动会获得愉快和满足,这种对活动本身的兴趣就是直接兴趣。又如一个人可能感到学建筑是一件很枯燥的事情,但对它仍然有很浓的兴致,这并不是学建筑本身会带来轻松愉快的感觉,而是毕业后能够成为施工员、项目经理,继续考一级建造师,找到称心的工作,是这些结果在吸引这个人,这种对活动结果的兴趣就是间接兴趣。直接兴趣和间接兴趣既可以互相转化,也可以相互结合,从而更有效地调动个体积极性。

大学生在选择职业生涯时,不仅需要知道自己有能力从事何种工作,也需知道自己对哪类工作感兴趣并能满足自己的爱好。只有将能力和爱好结合起来考虑，才更有可能获得职业生涯成功。正如获得诺贝尔物理奖的华人丁肇中说过："兴趣比天才重要。"

一个人假如能根据自己的爱好选择职业，他的主动性将会得到充分发挥。即使十分倦怠和辛劳，也总是兴致勃勃、心情愉快，即使困难重重也绝不灰心丧气，而是能想尽办法地去克服它，甚至废寝忘食、如痴如醉。例如，爱迪生几乎天天在实验室里工作十几个小时，在那里吃饭、睡觉，但丝毫不以为苦。"我一生中从未间断过一天工作。"他宣称，"我天天其乐无穷。"又如，英国女生物学家古道尔从小喜欢生物，并逐渐对黑猩猩产生了强烈爱好，于是她不畏艰险，只身进入热带森林与黑猩猩一起"生活"了十多年，掌握了极其宝贵的第一手资料，为揭开黑猩猩的秘密做出了贡献。

美国曾对两千多位科学家进行调查，发现很少有人出于谋生的目的而工作，他们大多出于个人对某一领域的强烈爱好而孜孜以求，不计名利报酬，忘我地工作，他们的成功是与他们的爱好相联系着的。

爱好是成功的一个重要的推动力，它能将人的潜能最大限度地调动起来，使其长期专注于某一方向，做出艰苦的努力，取得令人瞩目的成绩。

爱好的发生和发展一般要经历这样一个过程：有趣—乐趣—志趣。

有趣是爱好过程的第一个阶段，也是爱好发展的低级阶段，它往往短暂易逝，非常不稳定。处于这一阶段的爱好经常与人们对某一事物的新奇感相联系，随着这种新奇感的消失，爱好也会自然地逝去。

乐趣是爱好过程的第二个阶段，它是在有趣定向发展的基础上形成的，是爱好发展的中级阶段。在这阶段中，人的兴趣变得专一、深入，如喜爱文学的学生很可能会沉溺于文学作品中。

志趣是爱好发展过程的第三个阶段，当乐趣同个人的社会责任感、理想、奋斗目标结合起来时，乐趣便变成了志趣。志趣是一个人取得成就的根本动力，是成功的重要保证。

爱好是在社会实践中形成的，实际上是需要的延伸。关于需要的理论，心理学家也有许多论述，其中较为闻名的是马斯洛的需要层次理论，他把人的需要分成生理需要、安全需要、社会需要、尊重需要和自我实现需要5个层次。由于人的需要是复杂多样的，从而决定了人的爱好也是多种多样的。有的人好动手，有的人好动脑，有的人喜欢与人打交道，有的人喜欢与物打交道，有的人喜欢独自钻研，有的人喜欢集体协作……这些爱好会直接影响到一个人的职业生涯。

爱好是适应职业生涯的一个基本方面，可以为职业生涯提供有效的信息，主要用于猜测工作满足感和工作稳定性，工作满足是职业生涯适应的一大标志。

爱好不代表能力，爱好某特定职业并不意味着能胜任这类职业。同样，假如具有从事某项工作的能力但缺乏爱好，那么在该职业生涯上成功的可能性也是非常小的。只有对某一种职业生涯产生喜爱，并具有该职业生涯所要求的能力，才能做好这项工作。

探索与思考

1. 兴趣是什么？
2. 根据你的兴趣，思考你的职业取向？

活动与训练

霍兰德职业兴趣测验一

活动目的：通过该测试，了解个人的职业兴趣，进而对未来的择业做出一定的参考。

活动过程：本问卷共 90 道题目，每道题目是一个陈述，请根据自己的真实情况对这些陈述进行评价，如果符合实际情况就在相应的题目前打"√"，否则打"×"，不要漏答。每题对应着一种类型。

1. 强壮而敏捷的身体对我很重要。

2. 我必须彻底地了解事情的真相。

3. 我的心情受音乐、色彩和美丽事物的影响极大。

4. 和他人的关系丰富了我的生命并使它有意义。

5. 我自信会成功。

6. 我做事必须有清楚的指引。

7. 我擅长于自己制作、修理东西。

8. 我可以花很长的时间去想通事情的道理。

9. 我重视美丽的环境。

10. 我愿意花时间帮别人解决个人危机。

11. 我喜欢竞争。

12. 我在开始一个计划前会花很多时间去计划。

13. 我喜欢使用双手做事。

14. 探索新构思使我满意。

15. 我是寻求新方法来发挥我的创造力。

16. 我认为能把自己的焦虑和别人分担是很重要的。

17. 成为群体中的关键任务执行者，对我很重要。

18. 我对于自己能重视工作中的所有细节感到骄傲。

19. 我不在乎工作把手弄脏。

20. 我认为教育是个发展及磨炼脑力的终身学习过程。

21. 我喜欢非正式的穿着，尝试新颜色和款式。

22. 我常能体会到某人想要和他人沟通的需要。

23. 我喜欢帮助别人不断改进。

24. 我在决策时，通常不愿冒险。

25. 我喜欢购买小零件，做成成品。

26. 有时我长时间阅读，玩拼图游戏，或冥想生命本质。

27. 我有很强的想象力。

28. 我喜欢帮助别人发挥天赋和才能。

29. 我喜欢监督事情直至完工。

30. 如果我面对一个新情景，会在事前做充分的准备。

31. 我喜欢独立完成一项任务。

32. 我渴望阅读或思考任何可以引发我好奇心的东西。

33. 我喜欢尝试创新的概念。

34. 如果我和别人摩擦,我会不断尝试化干戈为玉帛。

35. 要成功就必须定高目标。

36. 我喜欢为重大决策负责。

37. 我喜欢直言不讳,不喜欢转弯抹角。

38. 我在解决问题前,必须把问题进行彻底分析。

39. 我喜欢重新布置我的环境,使他们与众不同。

40. 我经常借着和别人交谈来解决自己的问题。

41. 我常想起草一个计划,而由别人完成细节。

42. 准时对我来说非常重要。

43. 从事户外活动令我神清气爽。

44. 我不断地问"为什么?"

45. 我喜欢自己的工作能够抒发我的情绪和感觉。

46. 我喜欢帮助别人找可以和他人相互关注的办法。

47. 能够参与重大决策是件令人兴奋的事情。

48. 我经常保持清洁,喜欢有条不紊。

49. 我喜欢周边环境简单而实际。

50. 我会不断地思索一个问题,直到找出答案为止。

51. 大自然的美深深地触动我的灵魂。

52. 亲密的人际关系对我很重要。

53. 升迁和进步对我极重要。

54. 当我把每日工作计划好时,我会较有安全感。

55. 我不害怕过重工作负荷,且知道工作的重点。

56. 我喜欢能使我思考、给我新观念的书。

57 我希望能看到艺术表演、戏剧及好的电影。

58. 我对别人的情绪低潮相当的敏感。

59. 能影响别人使我感到兴奋。

60. 当我答应一件事时,我会竭尽所能监督所有细节。

61. 我希望粗重的肢体工作不会伤害任何人。

62. 我希望能学习所有使我感兴趣的科目。

63. 我希望能做些与众不同的事。

64. 我对别人的困难乐于伸出援手。

65. 我愿意冒一点险以求进步。

66. 当我遵循成规时,我感到安全。

67. 我选车时,最先注意的是好的引擎。

68. 我喜欢能刺激我思考的话。

69. 当我从事创造性的事时,我会忘掉一切旧经验。

70. 我对社会上有许多人需要帮助感到关心。

71. 说服别人依计划行事是件有趣的事情。

72. 我擅长于检查细节。

73. 我通常知道如何应付紧急事件。

74. 阅读新发现的书是件令人兴奋的事情。

75. 我喜欢美丽、不平凡的东西。

76. 我经常关心孤独、不友善的人。

77. 我喜欢讨价还价。

78. 我花钱时小心翼翼。

79. 我用运动来保持强壮的身体。

80. 我经常对大自然的奥秘感到好奇。

81. 尝试不平凡的新事物是件相当有趣的事情。

82. 当别人向我诉说他的困难时，我是个好听众。

83. 做事失败了，我会再接再厉。

84. 我需要确切地知道别人对我的要求是什么。

85. 我喜欢把东西拆开，看看能否修理他们。

86. 我喜欢研读所有的事实，再有逻辑地做出决定。

87. 没有美丽事物的生活，对我而言是不可思议的。

88. 人们经常告诉我他们的问题。

89. 我常能借着资讯网络和别人取得联系。

90. 小心谨慎地完成一件事是件有成就感的事情。

测试结果：表 3-2 中的数字代表上列兴趣测验中的题号。请你将自己的答案用"√"或"×"画在各数字上。

计算出每种类型打"√"项目的总数，并将它填在下面的横线上。

现实型_____研究型_____艺术型_____

社会型_____企业型_____传统型_____

将上述分数，从最高到最低依次排好，并将其填在下面的横线上。

第一高分_____第二高分_____第三高分_____

第四高分_____第五高分_____第六高分_____

计算出每种类型打"×"项目的总数，并将其填在下面的横线上。

现实型_____研究型_____艺术型_____

社会型_____企业型_____传统型_____

表 3-2　霍兰德职业兴趣测验统计表

现实型	研究型	艺术型	社会型	企业型	传统型
1	2	3	4	5	6
7	8	9	10	11	12

现实型	研究型	艺术型	社会型	企业型	传统型
13	14	15	16	17	18
19	20	21	22	23	24
25	26	27	28	29	30
31	32	33	34	35	36
37	38	39	40	41	42
43	44	45	46	47	48
49	50	51	52	53	54
55	56	57	58	59	60
61	62	63	64	65	66
67	68	69	70	71	72
73	74	75	76	77	78
79	80	81	82	83	84
85	86	87	88	89	90

活动总结：这个测试注重个人特质与未来工作世界的配合，被辅导者得到一组测验结果后，可借助一些明确的方向继续进行职业生涯的探索，因而有利于引导个体走向主动积极的动态探索过程。而且，个体是有所依据地在某个特定职业群里进行探索，这个测试为个人提供的是与个人兴趣相近而内容互有关联的一些职业，这样可避免冒险地建议个人只选择一种职业。

霍兰德职业兴趣测验二

测试目的：本测验将霍兰德代码（Holland codes）的6种个体类型比喻成岛屿，通过选择岛屿，洞察自己真正的个体类型，匹配自己所喜欢和不喜欢的职业内容，帮助自己把握好职业定位和方向。

测试题目：我们先来参观一下6个神奇的职业兴趣岛。

A岛——"美丽浪漫岛"：这个岛上到处是美术馆、音乐厅，弥漫着浓厚的艺术文化气息。岛民们保留着传统的舞蹈、音乐与绘画风俗。许多文艺界人士都喜欢来到这里开沙龙派对寻求灵感。

C岛——"现代井然岛"：处处耸立着的现代建筑，标志着这是一个进步的、都市形态的岛屿，岛上的户政管理、地政管理及金融管理都十分完善。岛民们个性冷静保守，处事有条不紊，善于组织规划。

E岛——"显赫富庶岛"：该岛经济高度发展，到处是高级饭店、俱乐部、高尔夫球场。岛民性格热情豪爽，善于从事企业经营和贸易活动。岛上往来者多是企业家、经理人、政治家、律师等。商界名流与上等阶层人士在岛上享受着高品质生活。

I岛——"深思冥想岛"：这个岛平畴绿野，人少僻静，适合夜观星象。岛上有很多天文馆、科技博物馆、科学图书馆。岛民们最喜欢在自己的小房子里钻研学问、沉思冥想、探究真知。哲学家、科学家和心理学家在这里一起讨论学术、交流思想。

R 岛——"自然原始岛"：这是个自然生态优良的绿色之岛。岛上不仅保留有热带雨林等原始生态系统，而且建立了相当规模的植物园、动物园、水族馆。岛民以手工制造见长，他们自己种植花果，栽培蔬菜，修缮房屋，打造器物，制作工具。

S 岛——"温暖友善岛"：这个岛的岛民们都性情温和，乐于助人，人际关系十分友善。大家互助合作，重视教育后代。每个社区都能自成一个密切互动的服务网络，处处充满着人文关怀气息。

你总共有 15 秒回答以下问题。

1. 如果你必须在 6 个岛之中的一个岛上生活一辈子，成为这里岛民的一员，你第一会选择哪一个岛？

2. 你第二会选择哪一个岛？

3. 你第三会选择哪一个岛？

4. 你最不愿意选择哪一个岛？

选好之后，依次记下 4 个问题的答案。

测试分析：A、C、E、I、R、S 这 6 个岛事实上分别代表了 6 种职业类型，它们的描述及矛盾关系如下。

A 岛——艺术型（artistic）与 C 岛——常规型（conventional）；

E 岛——企业型（enterprising）与 I 岛——研究型（investigative）；

R 岛——实用型（realistic）与 S 岛——社会型（social）。

问题 1 的答案体现了你最显著的职业性格特征、最喜欢的活动类型及最喜欢（很可能是最适合）的大致职业范围。反之，问题 4 的答案则是你最不喜欢的活动。具体内容如下。

A 岛——艺术型

总体特征：理想主义者，具有独创的思维方式和丰富的想象力，直觉强烈，感情丰富。

喜欢的活动：喜欢创造和自我表达类型的活动，如音乐、美术、写作、戏剧。

喜欢的职业：总体来讲，喜欢"非精细管理"的创意类和创造类的工作。如音乐家、作曲家、乐队指挥、美术家、漫画家、作家、诗人、舞蹈家、演员、戏剧导演、广告设计师、室内装潢设计师。

C 岛——常规型

总体特征：追求秩序感，自我抑制，顺从，防卫心理强，追求实际，回避创造性活动。

喜欢的活动：喜欢固定的、有秩序的活动，如组织和处理数据等。愿意在一个大的机构中处于从属地位，并希望确切知道工作的要求和标准。

喜欢的职业：总体来讲，喜欢有清楚规范和要求、按部就班、精打细算、追求效率的工作。如税务专家、会计师、银行出纳、簿记、行政助理、秘书、档案文书、计算机操作员。

E 岛——企业型

总体特征：为人乐观，喜欢冒险，行事冲动，对自己充满自信，精力旺盛，喜好发表意见和见解。

喜欢的活动：喜欢领导和影响别人，或为达到个人或组织的目的而说服别人，成就一番事业。

喜欢的职业：总体来讲，喜欢那种需要运用领导能力、人际能力、说服能力来达成组织目标的职业。如商业管理者、市场或销售经理、营销人员、采购员、投资商、电视制片人、保险代理、政治运动领袖、公关人员、律师。

I 岛——研究型

总体特征：自主独立，好奇心强烈，敏感，并且慎重，重视分析与内省，爱好抽象推理等智力活动。

喜欢的活动：喜欢独立的活动，比如独自去探索、研究、理解、思考那些需要严谨分析的抽象问题，独自处理一些信息、观点及理论。

喜欢的职业：总体来讲，喜欢以观察、学习、探索、分析、评估或解决问题为主要内容的工作。如实验室工作人员、物理学家、化学家、生物学家、工程师、程序设计员、社会学家。

R 岛——实用型

总体特征：个性平和稳重，看重物质，追求实际效果，喜欢实际动手进行操作实践。

喜欢的活动：愿意从事事务性活动，如户外劳作或操作机器，而不喜欢待在办公室里。

喜欢的职业：总体来讲，喜欢与户外、动植物、实物、工具、机器打交道的工作内容。如农业、林业、渔业、野外生活管理业、制造业、机械业、技术贸易业、特种工程师、军事工作。

S 岛——社会型

总体特征：洞察力强，乐于助人，善于合作，重视友谊，热情关心他人的幸福，有强烈的社会责任感，总是关心自己的工作能对他人及社会做多大贡献。

喜欢的活动：喜欢与别人合作的活动，帮助别人解决困难。

喜欢的职业：总体来讲，喜欢帮助、支持、教导类工作。如牧师、心理咨询员、社会工作者、教师、辅导员、医护人员、其他各种服务性行业人员。

为了更进一步分析，将问题1~3的答案依次排列，可形成一个不同岛屿的字母代码组合（如问题1~3的答案分别是 A 岛、C 岛、I 岛，组合起来就是 ACI），对照表3-3的"兴趣组合"一项，相应找出与自己的答案最接近的排列组合，即找到了可能会使自己真正感兴趣的职业。问题4的答案将作为排除某些组合时所用的参考标准。

表 3-3 兴趣组合及对应内容

兴趣组合	职业名称	职业类别	领域	职位层级
ACI	图书馆管理员	管理员	教育	技术员工
AER	艺术指导	艺术指导	戏剧表演	艺术指导
	设计师（服装/平面/室内）	设计师	艺术设计	设计师
	平面设计师	设计师	艺术设计	设计师
	室内设计师	设计师	艺术设计	设计师
AES	广告经理	经理	市场营销	管理人员
	表演歌手	歌手	戏剧表演	歌手
	作曲家	艺术家	戏剧表演	艺术家

续表

兴趣组合	职业名称	职业类别	领域	职位层级
AES	演员	演员	戏剧表演	演员
	制片人	制片人	戏剧表演	制片人
	导演	导演	制造加工	高级技术员工
	广告文案	广告人员	市场营销	广告人员
	漫画家	艺术家	艺术设计	艺术家
AIE	新闻记者	记者	媒体	记者
AIS	技术性作家	作家	媒体	作家
ARE	陈列设计师	设计师	艺术设计	设计师
	专业摄影师	摄影师	戏剧表演	摄影师
	摄影师	摄影师	媒体	摄影师
ARI	画家	艺术家	艺术设计	艺术家
	场景设计师	设计师	戏剧表演	设计师
	科学摄影师	摄影师	媒体	摄影师
ARS	产品设计师	设计师	艺术设计	设计师
	素描画家	艺术家	艺术设计	艺术家
ASE	广播电视播音员	播音员	媒体	播音员
	音乐指挥	艺术家	戏剧表演	艺术家
	编辑	编辑	媒体	编辑
ASI	艺术教师	大学教师	教育	教师
	语言教师	大学教师	教育	教师
	翻译	翻译	媒体	翻译
ASR	舞蹈演员	演员	戏剧表演	演员
CEI	预算分析师	顾问	财务	顾问
	审计师	顾问	咨询	顾问
	精算师	精算师	保险	顾问
	会计	会计	财务	员工
CRE	仓库管理员	管理员	物流	员工
	机场控制中心主管	主管	交通运输	管理人员
CRI	工程测量人员	测量人员	建筑工程	技术人员
	建筑监理	监理	建筑工程	管理人员
CRS	邮递员	邮递员	邮电服务	员工
	电话总机接线员	接线员	行政后勤	员工

兴趣组合	职业名称	职业类别	领域	职位层级
CSR	设备工程师	工程师	制造加工	技术人员
EAS	公关顾问	顾问	咨询	顾问
ECR	经理（物流/仓储）	经理	物流	管理人员
	生产经理	经理	制造加工	管理人员
	HR主管（福利/培训/招聘）	经理	人力资源	管理人员
	旅游代理人	代理人	旅游休闲	代理人
	保险销售员	销售员	保险	销售人员
EIC	工业工程师	工程师	制造加工	技术员工
EIS	保险理赔人员	保险人员	保险	普通员工
ERC	生产线线长	主管	制造加工	基层管理人员
	建筑项目经理	经理	建筑工程	管理人员
	司机管理员	主管	交通运输	基层管理人员
	维修主管	主管	客户服务	管理人员
ERI	销售工程师	工程师	市场营销	技术员工
ERS	教练	教练	体育	教练
	产品演示人员	销售员	市场营销	销售人员
	精密设备销售人员	销售员	市场营销	销售人员
ESA	经纪人	经纪人	个人服务	经纪人
ESC	HR经理	经理	人力资源	管理人员
ESI	法官	法官	法律	法官
ESR	警察	警察	社会安全	警察
	医疗设备销售员	销售员	市场营销	销售人员
	零售人员	销售员	市场营销	销售人员
	官员	官员	政治	管理人员
	首席执行官	执行官	管理运营	高层管理人员
	经理（销售/市场/客户服务）	经理	市场营销	管理人员
	经理（行政）	经理	行政后勤	管理人员
	经理（财务）	经理	财务	销售人员
	会务人员	会务人员	行政后勤	员工
	电话销售员	销售员	市场营销	销售人员
ICA	数学家	科学家	科学研究	科学家

续表

兴趣组合	职业名称	职业类别	领域	职位层级
ICE	HR 顾问	顾问	管理	顾问
	财务分析师	顾问	财务	顾问
ICR	技术支持工程师	工程师	IT 技术/设计	技术员工
	统计学家	科学家	科学研究	科学家
	系统分析师	顾问	IT 技术/设计	顾问
	工业工程技术人员	技术员	制造加工	技术员工
	药剂师	医务人员	医疗	医务人员
IEC	管理顾问	顾问	咨询	顾问
	计算机安全工程师	工程师	IT 技术/设计	技术员工
IES	营养专家	顾问	服务	顾问
IRA	材料工程师	工程师	材料科学	高级技术员工
	生物工程师	工程师	生命科学	高级技术员工
IRC	计算机程序员	工程师	IT 技术/设计	技术员工
IT	实施工程师	工程师	IT 技术/设计	技术员工
	计算机安全专家	顾问	IT 技术/设计	顾问
	化学工程师	工程师	能源/化工	技术员工
	电子工程师	工程师	电子电器	技术员工
	统计学家	科学家	科学研究	科学家
	系统分析师	顾问	IT 技术/设计	顾问
IRE	网络工程师	工程师	IT 技术/设计	技术员工
IRS	外科医生	医生	医疗	高级医务人员
	牙医	医生	医疗	高级医务人员
ISA	临床助理	医生助理	医疗	技术员工
	生命科学教师	大学教师	教育	教师
	保健教师	教师	教育	教师
RAC	建筑制图员	技术人员	建筑工程	基层员工
	玻璃雕刻师	工艺员工	艺术设计	技术员工
	装订员	操作人员	印刷/包装	基层员工
RAI	建筑师	工程师	建筑工程	高级技术员工
	音响师	操作人员	媒体/娱乐	高级技术员工

兴趣组合	职业名称	职业类别	领域	职位层级
RCE	制版员	操作人员	印刷/包装	基层员工
	食品加工工人	操作人员	食品	基层员工
	通信设备安装人员	技术员	信息通信	技术员工
	商业设备安装人员	技术员	IT技术/技术	技术员工
	裁判	裁判	体育	体育人员
RCI	制图工程师(电子)	工程师	电子电器	技术员工
	制图工程师(机械)	工程师	机械自动化	技术员工
	机械测量人员	技术员	机械自动化	技术员工
	精密制造(加工)操作员	操作人员	制造加工	技术员工
	制造系统维护员	操作人员	制造加工	技术员工
	数控设备程序员	工程师	制造加工	高级技术员工
	机械设备(含汽车)维修人员	技术员	机械自动化	技术员工
	电子电器(含计算机)维修人员	技术员	电子电器	技术员工
REC	轮船工程师	工程师	交通运输	技术员工
	船长	船长	交通运输	管理层
	列车长	列车长	交通运输	管理层
REI	客机飞行员	技术人员	交通运输	技术员工
RIC	计算机硬件工程师	工程师	IT技术/设计	技术员工
	电气工程师	工程师	工程类	技术员工
	海洋工程师	工程师	工程类	技术员工
	机械工程师	工程师	工程类	技术员工
	电子电器技工	技术工人	工程/生产类	技术员工
	机械装配员	生产人员	制造	基层技术员工
	机械技师	技师	制造	技术员工
	飞机维护员	技师	交通	技术员工
	系统软件工程师	工程师	IT技术/设计	高级技术员工
	土木工程师	工程师	建筑工程	技术员工
RSE	消防员	公共安全人员	公共事务	基层员工
SAE	职业咨询师	顾问	个人服务	顾问
	商业教师	大学教师	教育	教师
	播音员	播音员	媒体	播音员

续表

兴趣组合	职业名称	职业类别	领域	职位层级
SAI	幼儿教师	幼儿教师	教育	教师
SEA	学校辅导员	顾问	个人服务	顾问
SEC	个人理财顾问	顾问	个人服务	顾问
	培训发展顾问	顾问	企业服务	顾问
SEI	中小学校长	校长	教育	校长
	职业健康专家	顾问	企业服务	顾问
SIA	心理咨询师	顾问	个人服务	顾问
	小学教师	小学教师	教育	教师
	经济学教师	大学教师	教育	教师
SIC	助教	大学老师	教育	教师
SIR	护士	护士	医疗	医务人员
SRI	体能教练	教练	体育	教练
	理疗医生	医生	医疗	高级医务人员
	食疗专家	顾问	个人服务	顾问

3.3　性格探索

名人名言

习惯形成性格,性格决定命运。

——约·凯恩斯

学习目标

1. 了解性格的内涵。
2. 学习性格的相关理论。
3. 运用性格的测评工具。

案例导入

如何才能找到适合自己的工作?

小王高职毕业三年间,前后已换了十几份工作。最长的一份工作干了半年多,而最短的才三天。小王很有挫折感,她想知道自己为什么这么失败。

个性测试结果显示,小王是典型的抑郁质人。一般而言,抑郁质的女性对待工作严肃认真,强调做事的先后次序和组织,追求完美,但是,抑郁质的人天生悲观,总是预计将来可能面对问题的最差局面,她们敏感,容易忧虑、消沉。

综合小王的气质特点及她的从业经历,职业指导老师指出,抑郁质的人喜欢处理清单、表格、图示和数据,习惯于井井有条与有条不紊,而过去小王的大部分时间是在从事产品推销、保险等工作,跳跃、速战、灵活的工作要求,与她的个性格格不入。另外,她习惯将上司、同事无针对性的话语认为是对她"有意见或不满",因而,常常为一两句不经意的话语与同事闹别扭或争吵。很多认识她的人都认为,小王是个不好相处的人。

最后,职业指导老师建议小王发挥个人气质的优势,如擅长处理数据,注意力不易分散,工作不辞劳苦、细心准确,能很好地独立工作等。选择与抑郁质气质相匹配的职业,如行政经理、销售信息(数据)分析、会计、研究员等。如今,小王在一家企业负责统计与分析销售数据,新的工作使她感到很愉快。

分析:小王在职业指导老师的指导下,正确认识了自己的个性,选择了适合自己的职业,进而获得了工作的快感。什么样的职业选择,就会导致什么样的职业生涯,而左右我们做出不同决定的关键因素就是正确地认识自己。大学生在选择职业时,一定要对自我做出一个正确的评价。最好的不一定适合自己,只有适合自己的,才是最好的。

一、性格概述

兴趣决定了一个人喜欢做什么,性格决定了一个人的自然行为方式,价值观决定了一个人的取舍标准。兴趣、性格和价值观,构成了人的心理基础,最终决定了人的行为。

(一)个性、人格与性格的区别

人的心理活动是丰富多彩、极其复杂的,主要包括心理过程及个性两个方面。个性是英语 personality 的译名,在心理学中常与人格一词混用,personality 来源于拉丁语 persona,最初指演员所戴的面具,后指演员——一个具有特殊性质的人。广义上说,心理学上的个性,也可称为人格,是指一个人独特的、相对稳定的行为模式。与众不同和稳定性是人格的两个重要特性。人格指一个人的整体精神面貌,即具有一定倾向性的心理特征的总和。人格结构是多层次、多侧面的,是由复杂心理特征的独特结合构成的整体。这些层次包括:①完成某些活动的潜在可能性的特征即能力;②心理活动的动力特征,即气质;③完成活动任务的态度和行为方式方面的特征,即性格;④活动倾向方面的特征,如动机、兴趣、理想、信念等。

(二)性格的定义

性格英文是 character,其希腊文原义为雕刻,后转义为印刻、标记、特性,广义的性格是指人或事物互相区别的特性。心理学认为,"性格"是一种个体内部的行为倾向,它具有整体性、结构性、持久稳定性等特点,是每个人特有的,可以对个人外显的行为、态度提供统一的、内在的解释。性格主要体现在对自己、对别人、对事物的态度和所采取的言谈举止,是指一个人对事物的稳定态度,以及与之相适应的习惯化的行为方式,在一个人的人格中处于核心地位,决定着个人的活动方向,是个人区别于他人的最主要特征。性格不是天生的,更多的是受后天社会生活环境的影响而形成的,是个体在社会实践活动中,通过与自然环境、社会环境的交互作用,逐渐形成并会经常而习惯地表现在个人的言行、表现、工作等方面的特质。人的性格受意识、信仰、世界观的影响和制约,是个人素质中的核心,也是具有稳定性特点的内容,与行为密切相关。

（三）性格理论

由于性格在人格结构中处于核心地位,性格理论也称为人格理论。不同的心理学流派具有不同的性格理论,其主要分为类型论和特质论两种。

1.类型论

类型论是一种性格分类理论,用一种或少数几种主要特质来说明人的性格,其中以瑞士心理学家荣格(Carl Jung)所提出的"内倾型"和"外倾型"性格最为著名。荣格根据力比多(libido,即性力,是人心理现象发生的驱动力)流动的方向决定人的性格态度类型。个体的力比多的活动倾向于外部环境,就是外倾型的人;个体的力比多的活动倾向于自己,就是内倾型的人。外倾型(外向型)的人,重视外在世界,爱社交、活跃、开朗、自信、勇于进取,对周围一切事物都很感兴趣,容易适应环境的变化。内倾型(内向型)的人,重视主观世界,好沉思、善内省、常常沉浸在自我欣赏和陶醉之中,孤僻、缺乏自信、易害羞、冷漠、寡言,较难适应环境的变化。

荣格指出,除了内倾和外倾的态度类型外,个人的心理活动过程还有感觉、直觉、思维、情感四种基本机能。感觉是通过五个感官来直接意识到事物;直觉是无意识地综合及使用各种想法和联想来对外部世界进行感知;思维是通过逻辑过程来追求客观的发现;情感是通过欣赏和领会来对事物给予个人的和主观的价值。按照两种态度类型与四种基本机能的组合,产生了以下八种性格类型,如表3-4所示。

表3-4　荣格提出的八种性格类型

心理活动过程	外　　倾	内　　倾
感觉	他们的头脑清醒,倾向于积累外部世界的经验,但对事物并不过分的追根究底,一般情感是浅薄的,直觉是压抑的,寻求享乐,追求刺激。	他们远离外部客观世界,常常沉浸在自己的主观感觉世界中,艺术性强,直觉压抑,知觉受自己内心状态的影响。
直觉	他们力图从客观世界中发现多种多样的事物,并不断地寻求新的可能性。他们对于各种尚孕育于萌芽状态但有发展前途的事物具有敏锐的洞察力,且会不断追求客观事物的新奇性。这种性格类型的人,可以成为新事业的发起人,但不能坚持到底。	他们力图从精神现象中发现各种各样的可能性,不关心外界事物,脱离实际,善幻想,观点新颖,但有点稀奇古怪,以艺术家为典型代表。
思维	其思想特点是一定要以客观的资料为依据,以外界信息激发自己的思维过程。科学家是外倾思维型,他们认识客观世界,解释自然现象,发现自己的规律,从而创立理论体系。该性格类型情感压抑,缺乏鲜明的个性,甚至表现出冷淡和傲慢等性格特点,以达尔文与爱因斯坦为典型代表。	他们除了思考外界信息外,还思考自己内在的精神世界,他们对思想观念本身感兴趣,收集外部世界的事实来验证自己的思想。哲学家属于这种类型,尤以德国哲学家康德为典型代表,具有情感压抑、冷漠、沉溺于幻想、固执、刚愎和骄傲等性格特点。
情感	他们的情感符合客观情境和一般价值,在"爱情选择"上表现得最为明显。他们不太考虑对方的性格特点,而考虑对方的身份、年龄和家庭等方面,表现出思维压抑、情感外露、爱好交际、寻求与外界和谐的特征。	他们的情感由内在的主观因素所激发,思维压抑,情感深藏在内心,沉默,力图保持隐蔽状态,气质常常是忧郁的。

2. 特质论

所谓特质可以解释为特性。内外向是一种特性,情绪稳定与否是一种特性,活动性水平是一种特性,交往倾向也是一种特性。持特质论的心理学家认为,性格特质是人所共有的,只是每个人在每一种特质上的量各不相同,有的多,有的少,这就形成了人与人之间在性格上的差异。

特质论是一种性格分析理论,同时用人的多种特质来说明人的性格。在众多的特质论中,最著名的是美国心理学家卡特尔(Raymond Cattell)提出的16种根源特质,他还据此编制了16种人格因素测验来测定每个人的特质。这16种人格因素分别是乐群性、聪慧性、情绪稳定性、恃强性、兴奋性、有恒性、敢为性、敏感性、怀疑性、幻想性、世故性、忧虑性、实验性、独立性、自律性、紧张性,如表3-5所示。

表3-5 卡特尔的16种根源特质

因　　素	特质名称	低分者特征	高分者特征
A	乐群性	缄默孤独	热情外向
B	聪慧性	智力较低	智力较高
C	情绪稳定性	情绪激动	情绪稳定
E	恃强性	谦逊顺从	好强固执
F	兴奋性	严肃稳重	轻松兴奋
G	有恒性	权宜敷衍	有恒负责
H	敢为性	畏缩退缩	冒险敢为
I	敏感性	理智、着重现实	敏感、感情用事
L	怀疑性	信赖随和	怀疑刚愎
M	幻想性	合乎实际	富于幻想
N	世故性	坦白直率、天真	精明能干、世故
O	忧虑性	安详沉着	忧虑忧郁
Q1	实验性	保守	勇于尝试实验
Q2	独立性	依赖附和	自立、当机立断
Q3	自律性	矛盾冲突	自律严谨
Q4	紧张性	心平气和	紧张困扰

卡特尔认为,每个人身上都具备这16种特质,只是在不同人身上的表现有程度上的差异。性格中的各种特质并不是彼此松散地存在着,而是所有的特质都相互关联,从而构成性格。因此,行为并非单独由性格因素所决定,也非单独由环境因素所决定,而是二者相互影响的结果。一般而言,个体在特定情境中的行为,是由本能特质、习得特质和情境中的暂时变量所决定的。本能特质和习得特质属于动力特质,也就是使人朝着某个目标行动,是性格中的动机因素。本能特质是与生俱来的,习得特质是由环境所塑造的,情境中的暂时变量则会随时间和情境的改变而变化,如个人的状态中焦虑状态就会影响一个人的行为。角色是

影响行为的另一个变量,人在不同的角色情况下,会变得不同,甚至会变成另一个人,如教师在课堂内外扮演着不同的角色,可能对于儿童同样的行为就会做出不同的反应。

二、性格与职业的关系

"我性格内向/外向,适合什么工作?""哪些职业正好匹配我的性格?""以我的性格从事什么行业好?""我性格中的优势和劣势是什么?""我是不是该继续现在所从事的职业?"不论是即将走进职场的毕业生,还是工作了一段时间的人,面对这类问题都会感到困惑——性格和职业选择之间到底存在着什么样的关联呢?

美国"职业生涯规划之父"弗兰克·帕森斯(Frank Parsons)认为,每个个体都有自己的个性特征,而每一种职业由于其工作性质、环境、条件、方式的不同,对任职人的能力、知识、技能、性格、气质、心理素质等都有不同的要求。人们在选择职业时,要根据自己的个性特征来选择与之相对应的职业类型,即实现"人—职匹配"。"人—职匹配"的实现,意味着个人的个性特征与职业环境取得了高度的一致,工作效率将会随之提高,个人职业成功的可能性也会大大增加。

性格是最具有核心意义的个性心理特征,它决定着职业发展的长远,其与职业的匹配程度也决定着事业的成功与否。性格反映了一个人独特的行为方式,是与他人区别的重要标志。人们都知道"马跑得快,牛会犁田,狗能看家"。如果让马去看家,肯定无法尽责;如果让狗去"犁田",估计也无法完成任务,这是因为天生特性决定其具有某方面的功用和特长。每种职业岗位都有独特的行为要求,每个人也都有其特定的优势和长处,如果一个人从事的职业与其性格相适应,并有能力相支撑时,工作起来就会得心应手;如果性格与职业不相适应,就会阻碍工作的顺利进行,使从业者感到被动。

美国著名的职业生涯指导专家霍兰德也将职业选择看成是一个人性格的延伸。他认为,职业选择是性格的表现,个人性格与职业之间的适配与对应是职业满意度、职业稳定性与职业成就的基础。在职业发展的过程中,职业技能和相关资质固然重要,但是充分挖掘自身的个性,找到性格特点、能力素质与职业需求之间的匹配度,才是最大限度地发挥自身潜能、确保职业可持续发展的决定性因素。

小贴士

当发现自己的性格与工作不合,通过改变性格去适应工作,是人们美好意愿的表达,反映了职业人积极进取的工作态度。但是,只考虑改变性格去适应工作,只是对问题的粗浅看法,很难触及问题的本质。

三、职业性格及测评方法

职业性格也称为职业人格,是指人们从事某种职业后,因为职业需求或者对该职业从业者的普遍要求所形成的较为固定的性格要素集合。如果自己的本质性格与职业性格相去甚远,那工作起来会是一种煎熬;如果自己的性格与职业性格较为贴近,那么工作起来就会快乐许多,甚至如鱼得水,把职业当成是终身的职业。每一种职业由于工作的特殊性,对于从业人员都有不同的要求,如工程师职业性格的要求是具有想象力、创造力。

性格决定人的职业命运——决定人的职业适应性和职业成就。性格与职业是否匹配直接影响个人的工作稳定性和以后的发展,不同的性格特征,对企业而言,决定了员工的工作岗位和工作绩效;对个人而言,决定了自我的职业发展和工作水平。

研究表明,不同的职业有不同的性格要求。气质是一个人的先天特质,而性格则是在社会环境下,以气质为基础,逐渐形成的特征。虽然每个人的性格不能百分之百地符合某项职业,但却可以根据自己的职业倾向来培养、发展相应的职业性格。

既然性格对职业的选择及成功有着重大的影响,那么该如何选择符合自己性格的职业呢?长久以来,研究人员一直在努力寻找一种方法,可以将人们的人格特质进行系统化及科学化的描述和归类,并将不同人格特质及其独特的行为表现类型相匹配,从而在人格测评、人才选拔、心理咨询和职业咨询中广泛应用。这其中被普遍使用的代表性人格测评工具有卡特尔16种人格因素测验(16PF),以及迈尔斯—布里格斯性格分析指标(MBTI)。

1. 卡特尔16种人格因素测验(16PF)

卡特尔16种人格因素测验,简称16PF,是美国伊利诺伊州立大学人格及能力测验研究所的卡特尔(R.B.Cattel)教授经过几十年系统观察和科学实验,用因素分析统计法慎重确定和编制而成的一种精确的人格测试系统,该测试的主要功能是测试人的16项基本人格特征,并通过科学方法进一步了解其各项心理指标,具有较高的效度和信度。测验共187道题目,能在约45分钟的时间测量出16种主要的人格特征。该测验在国际上颇具有影响力,并于1979年引入中国,由专业机构修订为中文版。

16PF测试中的16种人格因素各自独立,相互之间的相关度极小,每一种因素的测量都能对被试者某一方面的人格特征有清晰而独特的认识,更能对被试者人格的16种不同因素的组合做出综合性的了解,从而全面评价其整个人格。

卡特尔认为,人的行为之所以具有一致性和规律性,就是因为每个人都具有根源特质,16PF可以帮助被试者了解在环境适应、专业成就和心理健康等方面的表现。在人力资源管理中,16PF能够预测求职者的工作稳定性、工作效率、压力承受能力及发展潜力,为企业找到合适的人才和开发现有人力资源提供依据。此外,16PF测评工具也可以帮助求职者了解自己的人格特质,确定其能力倾向和发展潜力,从而准确定位自己的职业发展方向,如表3-6所示。

表3-6　不同人才类型及其16PF的人格特质

人才类型	16PF测评中平均得分较高的人格特质
管理型	恃强性、有恒性、敢为性、敏感性(低分)、实验性、自律性
技术型	聪慧性、情绪稳定性、有恒性、怀疑性、实验性、独立性
营销型	乐群性、兴奋性、有恒性、敏感性、幻想性、世故性

2. 迈尔斯—布里格斯性格分析指标(Myers-Briggs Type Indicator,MBTI)

MBTI是目前确定一个人特质最简便可靠的方法,也是当今世界应用最广泛的性格测试工具。该测验是由美国心理学家凯瑟琳·布里格斯与她的女儿,心理学家伊莎贝尔·迈尔斯,根据荣格的内倾、外倾两种态度类型与感觉、直觉、思维、情感四种基本心理活动结合而成的八种性格类型理论为基础,加上她们长期观察和研究人类的性格差异而开发的。

经过长达 50 多年的研究和发展,MBTI 已经成为当今全球最著名、使用最广泛和最为权威的性格测试工具,被广泛应用于职业发展、职业咨询、团队建设和婚姻教育等领域。MBTI 的测验包括 100 多道题,主要是以一种迫选型、自我报告式的性格评估测试来衡量和描述人们在获取信息、做出决策、对待生活等方面的心理活动规律和性格类型。这些问题通过测试四个维度、八种基本偏好来提供人格信息,询问人们在不同情境下通常的做法或感觉是什么。例如,其中一个题目是"你通常更重视情感还是更重视逻辑?"题目的回答采用的是"迫选"的形式,个体必须选择其一,即使他们认为自己的表现可能介于中间的某一点。

MBTI 把性格分为四个维度,每个维度包含着相互对立的两种偏好,因而形成八种基本偏好。这四个维度、八种基本偏好分别为维度一,聚焦注意力或能量的方式,也就是个人不同精力的来源——外倾(E)或内倾(I);维度二,获取信息的方式——感觉(S)或直觉(N);维度三,分析和思考的方式,也就是用脑的偏好——思维(I)或情感(F);维度四,针对生活风格或方式而言,受什么主导去适应外部的环境——判断(J)或感知(P)。这四个维度,各有两种基本偏好,一共组成 2×2×2×2＝16 种性格类型,每个人都是属于四个维度的分数合成所形成的 16 种类型中的一种,如表 3-7 所示。

表 3-7　16 种性格类型

维度	感觉思维型	感觉情感型	直觉情感型	直觉思维型
内倾判断型	内倾感觉思维判断型 ISTJ	内倾感觉情感判断型 ISFJ	内倾直觉情感判断型 INFJ	内倾直觉思维判断型 INTJ
内倾感知型	内倾感觉思维感知型 ISTP	内倾感觉情感感知型 ISFP	内倾直觉情感感知型 INFP	内倾直觉思维感知型 INTP
外倾感知型	外倾感觉思维感知型 ESTP	外倾感觉情感感知型 ESFP	外倾直觉情感感知型 ENFP	外倾直觉思维感知型 ENTP
外倾判断型	外倾感觉思维判断型 ESTJ	外倾感觉情感判断型 ESFJ	外倾直觉情感判断型 ENFJ	外倾直觉思维判断型 ENTJ

尽管 MBTI 职业性格测试是国际上最为流行的职业人格评估工具,它仍存在着一些局限。

1) 关于能力的暗示

它存在片面强调群体性,却忽视个体性的倾向。个体是具有不同特征的,同一群体里的个体能力是参差不齐的,个体不能因为具有某 MBTI 类型就说其具有了相关能力。一个 ENTJ 类型的个体可能是一个大官僚,也可能是一个街头无赖。一个 ENTP 的个体可能是一个重要的政治领袖,也可能是一个小投机商,这都是很好埋解的事。然而,MBTI 却违背了这种基础逻辑,片面强调一个点,从而丧失了全局上对问题的客观性。

2) 过分强调先天性,而不提后天发展对人的影响

无论是传统心理学还是现代心理学,都承认一点,后天的环境及身边的人会对个体产生重大影响。而现代 MBTI 因为商业普及的需要,将这一频繁而现实存在的过程忽略掉,造成了严重的后果。人们是否会出现在小时候体现出的某一特征,长大了却越来越变得倾向于相反的特质?年少时冲动,年长时沉稳,年少时随性,年长时严谨。这是很普遍的个人发展变化,而 MBTI 很少关注这些,只在同一时间平面宏观地对每类人进行描述。

小 贴 士

了解自己,还有哪些性格测试工具或方法?

1. 九型人格性格分析

2. CPI 加州心理测验

3. DISC 性格测试工具/四色性格分析

4. DPA 性格分析工具

探索与思考

根据你的性格思考自己适合的工作类型是什么?

活动与训练

MBTI 职业性格测试

活动目的:通过测试,了解个人的职业性格。

活动过程:请就下列问题进行单项选择,选择更能体现自身特点的项目。

1. 我宁愿(   )。

    A. 解决一个新的,复杂的问题   B. 做我以前做过的事

2. 我喜欢(   )。

    A. 独自在一个安静的环境中工作   B. 处于活动现场

3. 我希望有个老板(   )。

    A. 在决策时建立标准并遵循标准行事   B. 考虑下属特殊需要

4. 当我在做一个项目时,我(   )。

    A. 喜欢完成和了结这一项目

    B. 常常将它悬在那,等待可能出现的变化

5. 做决策时,最重要的考虑因素是(   )。

    A. 合理的思考、想法和各种资料   B. 情感和价值观因素

6. 对于某一事项,我倾向于(   )。

    A. 在决定如何做之前,一遍又一遍地仔细考虑

    B. 马上着手开始工作,边做边思考

7. 在做一个项目时,我喜欢(   )。

    A. 尽可能地按照管理要求去做   B. 尝试各种可能的选择

8. 在我的工作中,我喜欢(   )。

    A. 同一时间内做多项工作,尽可能学习每项工作

    B. 选一项有挑战性且可以使我忙碌的工作

9. 我经常(   )。

    A. 做计划,明确何时做何事,尽量不改变原定计划

    B. 避免做计划,随事项的发展进行工作

10. 在与同事讨论问题时,我常常很容易就(   )。

    A. 看到全貌　　　　　　　　　　B. 抓住细节

11. 当电话或手机铃声响起来时,我通常(　　　)。

    A. 认为是一次干扰　　　　　　　B. 不觉得麻烦

12. 下面哪个词更合适你? (　　　)

    A. 分析的　　　　　　　　　　　B. 情感主导的

13. 做作业时,我倾向于(　　　)。

    A. 稳定而连续地工作　　　　　　B. 突击性地、时有间断地工作

14. 当听到别人谈论某一话题时,我通常试图(　　　)。

    A. 把它套在自己的工作上,看看是否适用于自己

    B. 评价和分析这一信息

15. 有了新想法时,我一般(　　　)。

    A. 马上开始行动　　　　　　　　B. 喜欢再对这一想法多一些思考

16. 做一个项目时,我喜欢(　　　)。

    A. 缩小范围,以便给出含义清楚、界限清晰的定义

    B. 扩大范围,把相关问题一并考虑在内

17. 阅读时,我通常(　　　)。

    A. 将思路集中在我所读的内容上面　B. 读出言外之意,并产生其他联想

18. 当要马上做出决策时,我经常(　　　)。

    A. 觉得不舒服,希望自己能掌握更多的信息

    B. 能根据自己已掌握信息做出来

19. 参加会议时,我倾向于(　　　)。

    A. 一边发言,一边组织自己的思想　B. 对问题考虑之后再发言

20. 在工作中,我一般把大量时间花在下列哪类问题上? (　　　)

    A. 想法　　　　　　　　　　　　B. 人员

21. 在会议中,我最容易被哪些人所惹恼? (　　　)

    A. 提出许多含糊粗略的想法

    B. 提出许多实际操作细节,因而导致会议时间延长

22. 我是一个(　　　)。

    A. 早起的人　　　　　　　　　　B. 夜猫子

23. 在准备一个会议时,我是哪种风格的人? (　　　)

    A. 我乐意加入,并喜欢做出积极反应

    B. 我喜欢充分准备,且通常先将会议内容列出提纲

24. 在会议中,我喜欢别人(　　　)。

    A. 显示出更丰富的情绪　　　　　B. 集中于会议任务

25. 我更喜欢在这样的企业工作(　　　)。

    A. 我的工作可以激发智慧　　　　B. 我认可它的目标和使命

26. 在周末,我通常(　　　)。

    A. 计划一下该做什么

    B. 一边过日子一边决策,看看会发生什么

27. 我更加(　　)。

  A. 喜交往   B. 爱沉思

28. 我喜欢为这样的老板工作(　　)。

  A. 充满新想法   B. 现实的

29. 下面(　　)是对我更有吸引力的词。

  A. 社交的   B. 理论的

30. 下面(　　)是对我更有吸引力的词。

  A. 独创性   B. 实践性

31. 下面(　　)是对我更有吸引力的词。

  A. 有组织的   B. 能适应的

32. 下面(　　)是对我更有吸引力的词。

  A. 活跃的   B. 专心的

测评结果：

  每题记一分，请按表 3-8 算完分数后，分别在下列四组中圈出得分较高的那一项，合成自己的 MBTI 类型：①I 项与 E 项；②S 项与 N 项；③T 项与 F 项；④J 项与 P 项，若有分数相同的类型，则可同时参考。

表 3-8　测试结果

I 项得分	E 项得分	S 项得分	N 项得分
2A	2B	1B	1A
6A	6B	10B	10A
11A	11B	13A	13B
15B	15A	16A	16B
19B	19A	17A	17B
22A	22B	21A	21B
27B	27A	28B	28A
32B	32A	30B	30A
T 项得分	F 项得分	J 项得分	P 项得分
3A	3B	4A	4B
5A	5B	7A	7B
12A	12B	8B	8A
14B	14A	9A	9B
20A	20B	18B	18A
24B	24A	23B	23A
25A	25B	26A	26B
29B	29A	31A	31B

结果分析：

（1）内倾感觉思维判断型（ISTJ）

  性格特征为：严肃、安静、凭借集中心志与全力投入及可被信赖获得成功；行事务实、有序、实际、逻辑、真实及可信赖；十分留意且乐于任何事（工作、居家、生活）均有良好的组织；负责任并且按照设定的成效来做出决策，同时不畏阻挠与闲言会坚持到底；重视传统与忠诚。

发展建议为：①除了关注现实问题外，需关注更深远、定向于未来的问题；②需考虑人的因素，并向他人表达其应得的赞赏；③避免陈规，尝试寻找新的选择；④需培养耐心，应付那些需要用不同方式来沟通或忽视规则和程序的人。

适合的职业为：审计师、会计、财务经理、办公室行政管理、后勤和供应管理、中层经理、公务(法律、税务)执行人员、银行信贷员、成本估价师、保险精算师、税务经纪人、税务检查员、机械师、电气工程师、计算机程序员、数据库管理员、地质学家、气象学家、法律研究者、律师、外科医生、药剂师、实验室技术人员、牙科医生、医学研究员等。

(2) 内倾感觉情感判断型(ISFJ)

性格特征为：安静、和善、负责任且有良心；做事尽责投入；安定性高，常成为项目或团体之安定力量者；愿投入、吃苦及力求精确；兴趣通常不在于科技方面；对细节事务有耐心；忠诚、考虑周到、知性且会关切他人的感受；致力于创构有序和谐的工作与家庭环境。

发展建议为：①工作中需要评估风险，以积极、全面的观点来看待未来；②需发展出更多的自信和直率；③学会宣扬自己的成就；④对其他形式的做事方式需保持开放态度。

适合的职业为：行政管理人员、总经理助理、秘书、人事管理者、项目经理、物流经理、律师助手、医生、护士、药剂师、医学专家、营养学专家、顾问、零售员、精品店业主、大型商场及酒店管理人员、室内设计师等。

(3) 内倾直觉情感判断型(INFJ)

性格特征为：会在工作中投注最大的努力；默默而用心地关切他人；因坚守原则而受到敬重；想了解什么能激励他人及对他人具有洞察力；光明正大且坚信其价值观。

发展建议为：①需学会及时给他人建设性的反馈；②需不断地征求他人的建议和获得他人反馈；③需以更放松和开放的态度来面对现状。

适合的职业为：心理咨询工作者、心理治疗师、职业指导顾问、大学教师(人文学科、艺术类)。

(4) 内倾直觉思维判断型(INTJ)

性格特征为：有宏大的愿景，且能在众多外界事件中快速地找出有意义的模范；具良好的策划、执行能力；具怀疑心、挑剔性，同时独立、果决，对专业水准及绩效要求高。

发展建议为：①自己个性化的方式和想法可以征求他人的反馈和建议；②尽早与参与任务的人沟通、讨论自己的想法和战略计划；③当事实资料不支持自己的想法时，应面对现实；④明确鼓励和承认他人的贡献。

适合的职业为：科学家、研究人员、设计工程师、系统分析员、计算机程序师、研究开发部经理、技术专家、企业管理顾问、投资专家、法律顾问、医学专家、精神分析学家、经济学家、投资银行研究员、证券投资和金融分析员、投资银行家、财务计划员、企业并购专家、各类发明家、建筑师、社论作家、设计师、艺术家等。

(5) 内倾感觉思维知觉型(ISTP)

性格特征为：属于冷静旁观者——安静、预留余地、弹性及会以无偏见的好奇心与未预期的原始幽默来观察与分析；有兴趣于探索原因、效果、技术事件为何及如何运作且使用逻辑的原理组构事实、重视效能；擅长掌握问题核心及找出解决方式。

发展建议为：①需增强开放性，关心他人，与他人共享信息；②需发展坚持性，改变沟通模式;③加强计划性,付出更多努力以获取想要的成功;④需发展出保持目标的方法。

适合的职业为:机械、电气、电子工程师、各类技术专家和技师、计算机硬件、系统集成专业人员、证券分析师、金融、财务顾问、经济学研究者、贸易商、商品经销商、产品代理商(有形产品为主)、警察、侦探、体育工作者、赛车手、飞行员、雕塑家、画家等。

(6)内倾感觉情感知觉型(ISFP)

性格特征为:羞怯、敏感、亲切且行事谦虚;喜欢避开争论,不对他人强加己见或价值观;无意于领导,常是忠诚的追随者;办事不急躁,安于现状,非成果导向;喜欢有自己的空间及按照自订的时程办事。

发展建议为:①需发展以怀疑的态度分析他人提供的信息;②需学会给他人负面反馈,处理好冲突;③需发展更广阔、更朝向未来定向的观念;④需对他人更果断、对自己有更多赞赏。

适合的职业为:时装、首饰设计师,装潢、园艺设计师,陶器、乐器、卡通、漫画制作者,素描画家,舞蹈演员,画家,出诊医生,出诊护士,理疗师、牙科医生、个人健康和运动教练、餐饮业、娱乐业业主、旅行社销售人员、体育用品、个人理疗用品销售员等。

(7)内倾直觉情感知觉型(INFP)

性格特征为:安静观察者;希望外在生活形态与内在价值观相吻合;具好奇心且很快能看出机会所在,常担负开发创意的触媒者;除非价值观受侵犯,否则行事具弹性、适应力及承受力强;对所处境遇不太在意。

发展建议为:①需要学会怎样工作而不是只注意寻求理想的反应;②需要发展更坚强的意志,并愿意说"不";③需要用自己的准则分清事实和逻辑;④需要建立和执行行动计划。

适合的职业为:各类艺术家、插图画家、诗人、小说家、建筑师、设计师、文学编辑、艺术指导、记者、大学老师(人文类)、心理学工作者、心理辅导和咨询人员、社科类研究人员、社会工作者、教育顾问、图书管理者、翻译家等。

(8)内倾直觉思维知觉型(INTP)

性格特征为:安静、弹性及具适应力;特别喜爱追求理论与科学事理;是问题解决者,习惯以逻辑及分析来解决问题;对创意事务及特定工作感兴趣;追求可发挥个人强烈兴趣的生涯。

发展建议为:①需要关注现实中的细节,确立完成任务的具体步骤;②需要简单地陈述事实;③为获得他人的合作,需要放弃细小的问题;④需要更好地认识他人,更多地表达对他人的赞赏。

适合的职业为:软件设计员、系统分析师、计算机程序员、数据库管理、故障排除专家、大学教授、科研机构研究人员、数学家、物理学家、经济学家、考古学家、历史学家、证券分析师、金融投资顾问、律师、法律顾问、财务专家、侦探、各类发明家、作家、设计师、音乐家、艺术家、艺术鉴赏家等。

(9)外倾感觉思维知觉型(ESTP)

性格特征为:擅长即时解决问题;具适应性、容忍度、务实性;投注心力于很快成效的工作;不喜欢冗长概念的解释及理论;专精于可操作、处理、分解或组合的真实事务。

发展建议为:①需抑制自己的任务型定向,分析他人的情绪感受;②需在快速决定之前,事先计划,考虑更多的因素;③需完成眼前的任务;④需以适当的观点看待工作和娱乐。

适合的职业为:各类贸易商、批发商、中间商、零售商、房地产经纪人、保险经纪人、汽车销售人员、私家侦探、警察、餐饮、娱乐及其他各类服务业的业主、主管、特许经营者、自由职业者、股票经纪人、证券分析师、理财顾问、个人投资者、娱乐节目主持人、体育节目评论、脱口秀、音乐、舞蹈表演者、健身教练、体育工作者等。

（10）外倾感觉情感知觉型（ESFP）

性格特征为:外向、和善、乐于与他人分享喜乐;喜欢与他人一起行动且促成事件的发生,在学习时亦然;知晓事件未来的发展并会积极参与;有弹性,擅长人际相处,能立即适应他人与环境;享受生命的热爱者。

发展建议为:①为减少非个体性冲突,做决策时需理智分析决策的意义;②进行管理工作前应事先制订计划;③需平衡花费在任务和社交上的时间;④需致力于完成计划,对时间进行管理。

适合的职业为:精品店、商场销售人员,娱乐、餐饮业客户经理,房地产销售人员,汽车销售人员,市场营销人员（消费类产品）、广告企业中的设计师、创意人员、客户经理,时装设计和表演人员,摄影师,节目主持人,脱口秀演员,旅游企业中的销售、服务人员、导游,社区工作人员,志愿工作者,公共关系专家,健身和运动教练,医护人员等。

（11）外倾直觉情感知觉型（ENFP）

性格特征为:充满热忱、活力充沛,聪明的、富有想象力的,视生命充满机会但期待能得到他人肯定与支持;几乎能达成所有有兴趣的事;对难题很快就有对策并能对有困难的人施以援手;为达目的常能找出强制自己为之的理由;即兴执行者。

发展建议为:①需要根据重要性事先做好安排,先做最重要的,坚持到底;②需要关注重要的细节;③需要学会筛选任务,不要试图去做所有具有吸引力的任务;④为达成目标,需使用制订计划和进行时间管理的技巧。

适合的职业为:儿童教育老师、大学老师（人文类）、心理学工作者、心理辅导和咨询人员、职业规划顾问、社会工作者、人力资源专家、培训师、演讲家、记者（访谈类）、节目策划和主持人、专栏作家、剧作家、艺术指导、设计师、卡通制作者、电影制片人、电视制片人等。

（12）外倾直觉思维知觉型（ENTP）

性格特征为:容易看清他人、反应快、聪明、擅长多样事务;会为了有趣而对问题的两面加以争辩;对解决新及有挑战性的问题富有策略,但会轻忽或厌烦经常性的任务与细节。

发展建议为:①需要注意各个方面的因素和基本的事实;②需要承认他人贡献的有效性;③需要设立现实性的开始与结束的期限,知道何时该结束;④需要学会怎样在组织里工作。

适合的职业为:投资顾问（房地产、金融、贸易、商业等）、各类项目的策划人和发起者、投资银行家、风险投资人、企业业主（新兴产业）、市场营销人员、各类产品销售经理、广告创意、艺术总监、访谈类节目主持人、制片人、公共关系专家、公司对外发言人、社团负责人、政治家等。

（13）外倾感觉思维判断型（ESTJ）

性格特征为:务实、具有企业或技术天赋;不喜欢抽象理论;最喜欢学习可立即运用的事理;喜好组织与管理活动且专注以最有效率的方式行事以达成效;属于优秀行政者,具决断力、关注细节且能很快做出决策;会忽略他人感受;喜欢成为领导者或企业主管。

发展建议为:①决策之前需考虑各种因素,包括人为因素;②需要促使自己看到他人要求变革而获得的利益;③需学会赞赏别人;④需从工作中抽点时间考虑和识别自己的情感和价值观。

适合的职业为:大中型外资企业员工、业务经理、中层经理(多分布在财务、营运、物流采购、销售管理、项目管理、工厂管理、人事行政部门)、职业经理人、各类中小型企业主管和业主。

（14）外倾感觉情感判断型（ESFJ）

性格特征为:属于天生的合作者及活跃的组织成员,诚挚、爱说话、合作性高、受欢迎、光明正大;擅长创造和谐;常做对他人有益的事务;给予其鼓励及称许会有更佳工作成效;对会直接及有形影响人们生活的事物感兴趣;喜欢与他人共事而精确、准时地完成工作。

发展建议为:①需学会注意差异性和处理冲突;②需学会分离出自己的需要;③需学会更客观地听取他人真正需要什么;④做决策时,需考虑决策的理性、全局性的意义。

适合的职业为:办公室行政或管理人员、秘书、总经理助理、项目经理、客户服务部人员、采购和物流管理人员、医生、护士、健康护理指导师、饮食学、营养学专家、小学教师(班主任)、学校管理者、银行、酒店、大型企业客户服务代表、客户经理、公共关系部主任、商场经理、餐饮业业主和管理人员等。

（15）外倾直觉情感判断型（ENFJ）

性格特征为:热忱、对别人所想或要求会表达真正关切且切实用心去处理;能怡然且技巧性地带领团体讨论或演示文稿提案;爱交际、受欢迎及富同情心;对称许及批评很在意;喜欢带领他人发挥潜能。

发展建议为:①需要认识人们的局限性,捍卫真正的忠诚;②需要学会建设性地处理冲突;③需要学会同时关注任务中的细节问题和完成任务的人;④需要认真听取客观的评价,少一些自我批评。

适合的职业为:人力资源培训主管、销售、沟通、团队培训员、职业指导顾问、心理咨询工作者、大学教师(人文学科类)、教育学、心理学研究人员、记者、撰稿节目主持人(新闻、采访类)、公共关系专家、社会活动家、文艺工作者、平面设计师、画家、音乐家等。

（16）外倾直觉思维判断型（ENTJ）

性格特征为:坦诚、具有决策力的活动领导者;擅长内涵与智能的谈话,如对公众演讲;乐于经常吸收新知识且能广开信息管道;容易过度自信;喜欢长程的策划及目标设定。

发展建议为:①需要考虑人的因素,赞赏他人对组织的贡献;②行动前先检查现实的、人力的、环境的资源是否可获得;③决策前花些时间考虑和反思各个方面的因素;④需要学会鉴别和重视自己和他人的情感。

适合的职业为:各类企业的高级主管、总经理,企业主,社会团体负责人,政治家,投资银行家,风险投资家,股票经纪人,公司财务经理,财务顾问,经济学家,企业管理顾问,企业战略顾问,项目顾问,专项培训师,律师,法官,知识产权专家,大学教师,科技专家等。

●. 3.4 能力探索

🎖 名人名言

一个人要么掌握很好的专业技能,要么掌握在生活中无孔不入的本领,这两者都是生财之道。

——亚·索尔仁尼琴

🚩 学习目标

1. 了解能力的相关概念及其分类。
2. 认识能力与职业生涯之间的关系。

📋 案例导入

"国宝级匠人"新津春子

新津春子出生在中国沈阳。在她 17 岁的时候,举家迁往日本生活。刚到日本的春子不懂日语,也不会跟人交流,所以春子从高中开始就做上了唯一肯雇佣她的保洁工作,这一干就是 21 年。由于对待保洁工作非常细致和周到,很快春子就得到了其他人望尘莫及的评价——"她的工作已经远远超越了保洁工的范围,而是在干技术活。"春子甚至凭借自己的努力,取得了"日本国家建筑物清洁技能士"的资格证书。而她所工作的东京羽田机场则连续四年被评为世界上最干净的机场。因为最会打扫卫生,春子被评为日本"国宝级匠人"。

分析:新津春子的职业在世俗的眼光下可能并不是那么高贵,但是她通过自己高超的技术及细致入微的操作赢得了众人的认可,成为日本的"国宝级匠人"。掌握某种技能是个人安身立命的根本。在生涯发展中,不能低估自己拥有的基本能力,要挖掘自身的潜力,并下定决心拓展那些需要但欠缺的能力。

一、能力概述

能力是指经过后天学习和练习培养而形成的技能,如阅读能力、人际交往能力、表达能力等。一个人从什么也不会的小婴儿成长为一个能独自生活,能够看、听、说、行走、阅读、写字的成年人,其实已经学会了各种能力。

能力探索是解决自身"能做什么"的问题。能力是每个人都拥有的,比如手巧、舞姿优美、记忆力强等都是大学生可具备的能力。

大学期间是进行职业生涯规划的最好时机。能力培养可在有限的大学时光里使自己符合时代要求,明确目标,从"要我学"变为"我要学",增强学习积极性,为成功就业打下良好的基础,从而更好地满足社会的用人需求。

（一）能力的分类

无论是简历还是面试,要达到的目标都是试图向雇主证明"我有良好的能力,足以胜任这份工作"。因此,面对"我为什么要雇你"这样的问题,在简历和面试中的回答应当以自己与工作相关的能力为主线。应聘者所谈到的任何能证明个人能力的事情,都将增加得到工作的机会。要做到这一点,需要对自己拥有什么样的能力有清楚的认识,同时还要了解具体职业所要求的能力是什么。最后,还要在简历和面试中将自己与职业相关的能力以恰当的语言和事例充分地表达出来。

对个人能力的认识建立在对能力分类的了解上。辛迪·凡(Sidney Fine)和理查德·鲍尔斯(Richard Bolles)将能力分为三种类型:①知识能力;②自我管理能力;③可迁移能力(或称通用能力)。通常人们比较容易想到自己所学的专业,但实际上后两种能力更为重要。它们使人们有可能不局限于自己所学的专业,可以在更广的范围内选择职业;它们对于人们在竞争中胜出具有关键性的作用,并且使人能够在工作中得以更长久的发展;而雇主们对它们的重视程度,也往往超过了对单纯知识能力的重视。

1. 知识能力

指那些需要通过教育或者培训才能获得的特别的知识或能力。也就是个人所学习的科目、所懂得的知识。比如是否掌握外语、中国古代历史、电脑编程或化学元素周期表等知识。知识能力一般用名词来表示。

知识能力不可迁移。也就是说,它们是一些特殊的词汇、程序和学科内容,必须经过有意识的、专门的培训才能掌握。它们常常与专业学习或工作内容直接相关。正因为如此,许多大学生由于不喜欢自己的专业,在找工作时往往陷入两难的境地。一方面,他们认为找工作必须"专业对口",但是又不喜欢自己的专业,不想将之作为从事一生的职业;另一方面,如果"专业不对口",自己不是"科班出身",则担心自己与专业出身的应聘者相比缺乏竞争力,甚至觉得很难跨越专业的鸿沟。在这种情况下,似乎唯一可行的方式就是通过考研来改换专业,此时考研成为一种逃避现实的手段,而非真正发自内心有继续深造的意愿及个人发展规划所致。

事实上,知识能力并非只有通过正式的专业教育才能获得,除了学校课程,课外培训、专业会议、讲座、研讨会、自学、资格认证考试等方式都可以帮助个人获得知识能力。此外,很多公司也为新员工提供相关的上岗培训。例如,某著名的会计事务所在对新员工的培训中,第一年的主要内容就是针对非专业学生培训财会基础。由此可见,即使是一些专业要求比较高的职业如会计师等,其专业能力也可以在就职后的培训中获得。实际上,越是大的公司,越是看重个人的综合素质(也就是"自我管理能力"与"可迁移能力"),而不是特别在意个人是否已经具备专业知识。不少外企在学校招聘时都已不再区分学生的专业背景。

小贴士

你辛苦考来的证,是否真的有用?

对于在校大学生,如果想从事本专业之外的工作而又不愿或不能重新选修一个专业的话,仍然有许多途径可以获得相关的知识能力。在招聘中,专业知识能力并不是用人机构最重视的。当前的状况是知识能力的重要性被夸大,以至于许多学生在校内选修很多的课程、在校外参加各种培训班并考取许多认证。他们在简历上大篇列举的学习成绩、获得的证书、拿到奖学金等信息,无非都只证明了个人的知识能力。殊不知一大堆互不相干的知识能力堆砌在简历上,只能给人以庞杂的感觉,不能让招聘人员明白它们与所要应聘职位的关系(当然,这一点还需要在面试中加以审核)。而进入最后一轮面试的人,实际上都是能够满足该职位专业能力要求的人。而最终使人获得工作机会,并在工作中能够长久发展的,还是自我管理能力和可迁移能力。

大学生在校时往往更重视专业知识的学习,而忽视自我管理能力和可迁移能力的培养。事实上,作为接受过国家正规高等教育的合格大学生,就专业知识而言,都应该能够达到工作的要求。但为什么企事业单位普遍对刚毕业的大学生不满意呢?据了解,经过四年的专业学习,大学生通常并不缺乏知识能力,但常常缺少敬业精神、沟通能力等自我管理能力和可迁移能力。因此,大学生在校期间,一定要在学好专业知识的基础上,加强对自我管理能力和可迁移能力的培养。

需要注意的是,能力的组合更为重要,通常所说的“复合型人才”,正是指具有不同知识能力的人。能力的组合可使人在人才济济的社会里更具有竞争力,也更有可能出色地完成工作。例如,如今懂英语的人很多,但既精通英语又精通建筑专业知识的人就不那么多了。而在大型合资建筑工程中,能与外国专家进行良好沟通的专业人才备受青睐。再如,一个辅修平面设计专业的心理系学生,更有可能在进行设计工作时运用自己的消费心理学知识与客户进行充分的沟通,令客户更加满意。从这个角度来说,不论现在学习的专业是不是自己所喜爱的,或者将来要从事的,学生从中获得的专业知识在某个时候就有可能派上用场。甚至一些并非人们所学的专业知识,都有可能使其在面试的时候显得与众不同、比他人略胜一筹。比如,一个人小时候学习绘画,长大后可能并不会从事该领域的工作,但他拥有的创意和美感正是未来其他招聘岗位所需要的。

2. 自我管理能力

经常被看作个性品质而非能力,因为它们被用来描述或说明人具有的某些特征。它涉及个体在不同的环境下如何管理自己,是勇于创新还是循规蹈矩,是认真还是敷衍了事,能否在压力下保持镇定,是否对工作有热情,是否有自信等。

良好的自我管理能力能够帮助个体更好地适应周围的环境,应对工作中出现的问题,因此它被称为“适应性能力”。一个人如何使用自己的专业知识,以什么样的态度从事工作,这甚至比工作内容本身更为重要。正是这样一些品质和态度,将个人与许多其他具有相同知识能力的候选人区别开来,最终得到一份工作,并能够适应新的环境和规则,在工作中取得成就,获得加薪和晋升的机会。因此,有人称为“成功所需要的品质、个人最有价值的资产”。

事实上,人们被解雇或离职,更多的时候是因为缺乏自我管理能力,而不是因为缺乏专业能力(比如,由于个性上的原因易与他人发生摩擦等)。在用人单位对刚毕业大学生的反馈意见中,经常听到的就是缺少敬业精神、没有服务意识、眼高手低、不认真、不踏实、没有主动进取精神等,他们在处理工作问题和人际关系上往往显得不成熟,以自我为中心。他们没有认识到,企业要求员工是成熟、能负责、能独立解决问题的成年人。可以说,在大学生从校园走向社会之前,培养良好的自我管理能力,学会如何为人处世是至关重要的。

自我管理能力无论是一个人先天具有的还是后天习得的，都需要练习。它们可以从非工作(生活)领域迁移转换到工作领域。也就是说，耐心、负责、热情、敏捷这些能力并不是通过专门的课程学习到的，而是在日常生活中随时随地培养的。例如，一名大四学生在回顾自己的实习经历后写道："这段经历为我毕业后进入社会做了良好的准备。在这次实习中，我懂得了在工作中不仅要具备良好的知识能力，还要具备良好的社交能力，才能在工作中营造良好的、和谐的工作氛围。在工作中要积极主动，要虚心向同事、前辈请教；要知难而上，不能遇到一点儿困难就放弃；要严格要求自己，不为自己的失职找借口。平时要和同事多多交流，和谐相处。"

3. 可迁移能力

能力迁移是一种能力的学习对另种能力的学习和应用产生影响的现象。可迁移能力的特征是他们可以从生活中的方方面面，特别是工作之外得到发展，却可以迁移应用到不同的工作之中。可迁移能力也是个人最能持续运用和最能依靠的能力。随着信息时代的到来，新技术日新月异地发展，知识的更新换代不断加快。这意味着个体需要不断学习新的知识能力才能跟上时代的发展。例如，二三十年前人们对手机还几乎闻所未闻，但如今它们却在生活中占据了极其重要的位置，而与它们相关的行业知识也都是近些年来才出现的，并且处于飞速发展变化中。正因如此，当今时代越来越强调"终身学习"。

与知识能力相比，可迁移能力无所谓更新换代，而且无论你的需求和工作环境有什么样的变化，它们都可以得到应用，其重要性不容忽视。随着工作经验和生活阅历的增加，可迁移能力还会得到不断的发展。索尼技术中心会计部经理曾说："我在聘用一个人时，最为看重的是他的人际沟通能力。这项能力极其重要，因为只有具备与人交谈的能力才能获得需要的信息。我把80%的时间都用在与索尼其他部门打交道上，我的员工也花费大量时间与本部门之外的人打交道。"

事实上，知识能力的运用都是在可迁移能力基础之上的。举例来说，一个人的知识能力也许是动物学，但怎样运用它呢？是"教授"动物学，还是当宠物医生"治疗"宠物，或是"写作"科普文章宣传爱护野生动物的知识，抑或在流浪小动物协会帮助"照料"小动物？这些加引号的词都是可迁移能力。一个人以前可能没有正式当过教师，但通过当家教、在课堂上汇报讲解小组科研项目等经历，已经具备了"教学"的能力。当他把"教学"能力与"动物学"知识结合在一起时，就可以去应聘相关的职位了。

从这个意义上说，在求职的时候，尽管从来没有从事过某个职务，但只要实际上具备这个职务所需求的种种能力，就可以证明自己有资格去从事它。因此，如果并不是"科班"出身，仍然有可能跨专业从事想从事的职业，尤其是那些对知识能力要求并不是很高而可迁移能力占据主要地位的职业。比如，也许某学生并不是销售专业的学生，但凭着良好的人际交往能力，担任过某杂志的校园代理，并在地区销售评比中取得过第二名的好成绩。从可迁移能力的角度看，这样的经历足以使他成功地应聘一个公司的销售职位。

一些学习文学、历史、哲学等人文专业的学生常常感到苦恼，因为他们所学的专业似乎不如计算机、建筑、机械等理工科的专业实用。事实上，人文专业的学习除了使他们具备一些专业知识以外，也使他们掌握了许多可迁移能力，例如沟通能力(在课堂上有效地倾听、小组讨论、写作论文)、问题解决能力(分析和抽象思维，找出同一问题不同的解决方案，说服他人按既定的方向行动)、人际关系能力(与同学合作完成老师布置的任务，与宿舍的同学相处)、研究能力(搜索数据库或检索书面参考资料、发现和形成主题、收集和分析数据、调查问题)等。

(二)能力的表达

知识能力的运用是在可迁移能力基础之上的。因此,可以将可迁移能力与知识能力结合在一起来说明个体是怎样运用自己的知识能力的,例如"一名老师教授高三生物学"。但仅仅如此还不足以显示出个人能力的特点,因为以什么样的态度来从事工作往往也是将人们和其他从事同样职业的人区别开来的关键因素。因此,还可以在可迁移能力和知识能力前加上用来描绘自我管理能力的词汇,比如"耐心地""活泼地""深入浅出地""有创意地"等。当然还可以将这些词汇展开,这样,对于自己的能力就提供了相当具体确切的描述和说明。

与此同时,要在个人能力与职业能力要求之间架起桥梁。能力是简历和面试所使用的语言。也就是说,在简历上和面试中,都需要以能力为中心来展现自己、推销自己。但需要注意的是,这里所说的"能力",应既是个人所擅长的,又必须是职业所要求的。

在求职中不乏这样的现象,有的同学以为简历和面试就是一味地表现自己,因此无论自己有一些什么样的能力、取得过什么样的成绩,都表述给招聘人员。但实际上,钢琴是否过了八级可能跟应聘的销售职位毫无关系。这样没有重点和针对性的能力表达,只能给人以杂乱无章的感受,并且掩盖了真正重要的相关能力。一个人的能力可能有很多,但在简历和面试中要表现哪些、详略如何,必须根据具体的职业要求来确定。

二、能力与生涯发展的关系

成功的生涯规划要求人们具备一定的知识和能力。这里所说的能力,是指从事社会生产活动的能力,即职场上的工作能力,它不是抽象的素质,而是从一个职业者的角度得以表现。可以根据工作的性质、内容和环境的不同,划分出许多不同类型的职业,同时不同类型职业对人的能力要求也各有差异。了解自己的能力倾向及不同职业的能力要求,对合理地进行职业选择具有重要意义。能力的不同,职业的选择就有差异。在进行职业生涯规划时,需要把自己的优势能力与岗位需求尽量匹配,确定自己的职业类型,根据自己所达到或可能达到的能力水平确定相适应的职业层次,使自己的能力发展与职业发展方向相一致。除此之外,更要考虑自身的突出能力,充分发挥优势能力的作用,选择最能运用优势能力的职业,注意相应工作对自己优势能力的培养和锻炼,更好地发挥自己职业角色的作用。

人的职业生涯大致可以分为早期、中期及晚期三个阶段,每个阶段个体的能力素质、职业素养、职业目标都不相同,因此要根据自己的职业生涯不同阶段来提升不同的职业能力。

职业生涯早期年纪较轻、进取心强,但能力、经验相对欠缺,一些公司要保证员工在具体岗位拥有具体能力,这就要求企业把握好职业准入制度,职业生涯管理部门根据员工的实际情况及个人意愿,帮助员工确立具体岗位方向然后对员工进行能力培训,培训结束后的员工就可以很好地适应岗位需要,还能够创造性地进行创新和拓展。

职业生涯中期阶段是人们获得职业生涯成功的主要阶段,也是很容易出现职业生涯危机的阶段。很多人能够成为企业或社会中的中坚和骨干力量,大部分人都期望在职业生涯中能有新的拓展、释放更多的职业能力,但同时也有一些人面临着职业能力过时或者老化的可能。

职业生涯末期员工处于临近退休阶段,这时人们的工作能力、学习能力、工作意愿都开始降低,但其多年职业生涯积累的丰富工作经验也是宝贵的财富。人们对自己的职业能力有清楚了解,可以在进行职位接替工作中发挥余热,起到担任导师的作用。

综上,能力是与人们整个职业生涯的发展密不可分的,职业生涯的质量同能力的学习、能力的种类都有着一定的关系。

探索与思考

1. 能力是什么?
2. 根据职业与能力之间的关系,思考自己应当如何提升职业能力?

活动与训练

你能够做什么——优势能力

活动目的:通过对个人职业能力自测,了解自身的优势及劣势职业能力。

活动过程:请根据自己的实际情况,回答表 3-9 中的每一个问题,并使用表 3-10 进行结果评测。

表 3-9　职业能力测试

第一组	强	弱
善于表达自己的观点		
阅读速度快,并能抓住中心内容		
清楚地向别人解释难懂的概念		
对文章的字、词、段落的理解、分析和综合能力		
掌握词汇量的程度		
您读书期间的语文成绩		
第二组	强	弱
目测能力(如测量长、宽、高等)		
解应用题的能力		
笔算能力		
心算能力		
使用工具(如计算机、算盘等)的计算能力		
您读书期间的数学成绩		
第三组	强	弱
作图能力		
画三维度的立体图形		

想象平面图合成立体		
想象盒子展开后的平面形状		
想象立体物体的能力		
玩拼版游戏		
第四组	强	弱
发现相似图形中的细微差异		
识别物体的形状差异		
注意到多数人所忽视的物体的细分部分		
检查物体的细节		
观察图案是否正确		
善于改正计算中的错误		
第五组	强	弱
快速而正确地抄写资料(诸如姓名、日期、电话号码等)		
发现错别字		
发现计算错误		
发现图表中的细小错误		
在图书馆很快地查找编码卡片		
持久工作的能力(如较长时间地抄写资料)		
第六组	强	弱
操作机器的能力		
玩电子游戏或瞄准打靶		
运动中身体的协调和灵活性		
打球(如篮球、排球、乒乓球、羽毛球等)的姿势和水平		
手指的协调性(如打字、珠算等)		
身体平衡的能力(如走平衡木等)		
第七组	强	弱
灵巧地使用手工工具(如榔头、锤子等)		
灵巧地使用很小的工具(如镊子、缝衣针等)		
弹乐器时手指的灵活度		
动手做创意小手工艺品		
很快地削水果(如苹果、梨子等)		
修理、装配、拆卸、编制、缝补一类活动		

续表

第八组	强	弱
善于在陌生的场合发表自己的意见		
去新场所并结交新朋友		
您的口头表达能力		
善于与人友好交往并协同工作		
善于帮助别人		
擅长做别人的思想工作		
第九组	强	弱
善于组织集体活动		
在集体活动或学习中,经常关心他人的情况		
在日常生活中能经常动脑筋,出点子		
冷静果断地处理突然发生的事情		
在工作中您认为自己的工作能力		
善于解决朋友、同事之间的矛盾		

表 3-10 结果评测

组	相应的职业能力	强(次数)	弱(次数)
第一组	言语能力		
第二组	数理能力		
第三组	空间判断能力		
第四组	细节察觉能力		
第五组	书写能力		
第六组	运动协调能力		
第七组	动手能力		
第八组	社会交往能力		
第九组	组织管理能力		

活动结果:在强(次数)栏中找出两个数字最大的组,这两个组所表示的能力就是您在职业能力上最强的两个方面,然后您可以对照下面的分析,看看您最适宜从事的职业有哪些。反之您也可从在弱(次数)栏找出两个数字最大的组,这两组所反映的职业能力对您来说最弱,您不应该从事这两方面职业能力强的职业。

第一组:言语能力。

您具有对词、句子、段落、篇章的理解能力,以及善于清楚而正确地表达自己的观念和向别人介绍信息的能力。

您最适宜从事的职业有：外销员、商务师、导游、演员、导演、编辑、播音员、节目主持人、教师、律师、审判员等。

第二组：数理能力。

您能迅速而准确地运算，并具有在快速准确地进行计算的同时，进行推理、解决应用问题的能力。

您最适宜从事的职业有：会计、银行职员、保险公司职员、税务员、审计员、统计员、自然科学家、计算机工程师等。

第三组：空间判断能力。

您有对立体图形以及平面图形与立体图形之间关系的理解能力，包括能看懂几何图形、对立体图形的三个面的理解力，识别物体在空间运动中的联系，解决几何问题。

您最适宜从事的职业有：技术员、工程师、服装设计师、艺术家、家具设计师、建筑师、摄影师、家电维修专家、自然科学家、军官、司机等。

第四组：细节察觉能力。

您对物体或图形的有关细节具有正确的知觉能力，对于图形的明暗、线的宽度和长度能作出区别和比较，可以看出其细微的差别。

您最适宜从事的职业有：技术员、工程师、电工、房管员、咨询师、运动员、教练员、导演、图书馆员、会计、银行职员、保险公司职员、审计员、统计员、编辑、播音员、自然科学家、计算机工程师等。

第五组：书写能力。

您有对词、印刷品、账目、表格等细微部分正确知觉的能力，善于发现错字和正确地校对数字的能力。

您最适宜从事的职业有：教师、公务员、社会科学家、秘书、打字员、编辑、银行职员、咨询师、经理、记者、作家等。

第六组：运动协调能力。

您的眼、手、脚、身体能够迅速准确及协调地作出动作和运动反应，手能跟随眼所看到的东西迅速行动，具有正确控制的能力。

您最适宜从事的职业有：运动员、教练员、演员、工人、农民、服装设计师、家具设计师、美容师、电工、司机、服务员、导游、医生、护士、药剂师、导演、警察、战士等。

第七组：动手能力。

您的手、手指、手腕能迅速而准确地活动和操作小的物体，在拿取、放置、调换、翻转物体时手能作出精巧运动和腕的自由运动。

您最适宜从事的职业有：医生、护士、药剂师、运动员、教练员、自然科学家、工人、农民、技术员、工程师、服装设计师、家具设计师、艺术家、美容师、售货员、服务员、保育员、摄影师、演员、导演、战士等。

第八组：社会交往能力。

您善于进行人与人之间的相互交往、相互联系、相互帮助、相互作用和影响，具有协同工作或建立良好的人际关系的能力。

您最适宜从事的职业有：采购员、推销员、公共关系人员、外销员、商务师、编辑、调度员、经理、服务员、房管员、导游、咨询师、银行信贷员、税务员、审计员、保险公司职员、演员、导演、教师、社会科学家、公务员、秘书、警察、律师等。

第九组：组织管理能力。

您擅长于组织和安排各种活动,具有协调人际关系的能力。

您最适宜从事的职业有:调度员、导游、教练员、导演、教师、经理、公务员、商务师、保育员、咨询师、税务员、秘书、律师、警察等。

活动思考:

1. 你的优势能力依次是什么?

2. 按照你的优势能力,你认为你适合的工作是什么?

3.5 价值观探索

名人名言

工作就是人生的价值,人生的欢乐,也是幸福之所在。

——罗丹

学习目标

1. 了解价值观的内涵。

2. 探索个人的职业价值观。

案例导入

秦东的职业价值观

秦东在大学毕业后找了一份专业对口的技术性工作,各方面待遇都不错。秦东虽然每天踏踏实实地工作,受到了单位领导的好评,但他内心深处却非常的惆怅。从小生长在偏僻落后山区的他,之所以能够走到今天这一步,一是因为靠他父母坚定只有读书才有出路的信念,二是因为他的小学老师对他的影响,所以现在他最想从事的职业就是去偏远的山村当一名人民教师,去帮助更多像他一样需要帮助的人。然而由于他自己家里也非常贫困,还有两个妹妹在上学,家里在经济上需要依靠他。所以秦东无法实现自己的理想,只能继续在单位认认真真地工作。

分析:从这个例子可以看出,秦东最重要的职业价值观就是帮助他人,但如果他选择符合自己价值观的山村教师为职业,收入将会比现在的工作低得多,而他的家庭却非常需要他的经济支持。这时他只有选择承担起对家庭的责任,暂时放下他的价值观与理想,等到以后条件允许再考虑自己的价值追求。当价值观与现实发生冲突时,可以选择暂时将其放下。

一、价值观概述

有很多人认为,价值观跟自己想从事的职业没有关系,其实这是个错误的观点。价值观对个人动机有导向的作用,动机的目的方向受到价值观的支配,只有那些经过价值判断并被认可的价值观,才能转换为具体的动机,并以此为目标引导人们的行为。这就解释了为什么有的人在旁人羡慕的职位做得好好的,结果却跳槽或辞职,这其实是价值观在起作用。求职者需对自身的价值观加以了解和分析。

价值观是基于个体思维和感受做出的评价、判断、理解或选择,主要以潜在的方式主导和影响思想和行为。价值观具体表现为对事物的看法、对是非的判别和对利益与道德的取舍等方面。价值观在职业选择上的体现称为职业价值观,在考虑对职业的认识、职业目标的追求与向往、乐趣、收入和工作环境等问题时,对这些职业因素的判断和取舍,便是职业价值观的具体表现。

研究表明,有40%的价值观是由遗传得来的,其他部分是受环境影响后天形成的。影响因素主要包括民族文化、父母行为、教师教导、朋友影响和社会环境等。价值观一旦形成,是相对持久且稳定的,并会在人的行为中表现出来,推动人做出与价值观相符的行为,甚至突出表现为一定的行为模式。

职业研究机构和职业专家通过调查对职业价值观进行了详细的研究,如中国学者阚雅玲将职业价值观分为以下12类。

(1)财富和地位。通过工作能够明显有效地改变自身财务状况,将薪酬作为选择工作的重要依据。工作的目的或动力主要来源于对收入和财富的追求,并借此改善生活质量,显示自己的身份和地位。

(2)兴趣特长。以自己的兴趣和特长作为选择职业最主要的因素,能够扬长避短、趋利避害、选己所爱,能从工作中得到乐趣和成就感。有此类价值观的人通常会拒绝做自己不喜欢、不擅长的工作。

(3)权力地位。有较强的权力欲望,希望能影响或控制他人,使他人按照自己的想法行动。希望拥有权力地位而受人尊重,从中可以得到强烈的成就感和满足感。

(4)自由独立。希望工作有弹性,不想受太多的约束,可以充分掌握自己的时间和行动,自由度高,既不想治人也不想受制于人。

(5)自我成长。要求工作能提供受培训和锻炼的机会,使经验与阅历能够按照自己的意愿丰富和提高。

(6)自我实现。看中工作提供的机会和平台,使自己的专业和能力得以全面运用和施展,实现自身价值。

(7)人际关系。将工作单位的人际关系看得非常重要,渴望能够在一个和谐、友好的环境中工作。

(8)身心健康。工作安全、劳逸适当、无紧张感和恐惧感,使自身身心健康不受工作影响。

(9)环境因素。看中的是舒适安逸的工作环境,或者对工作地域有特别的要求。

(10)工作稳定。工作相对稳定,不用担心裁员和被辞退,免于经常奔波找工作。

(11)社会需要。愿意根据组织和社会的需要响应号召,为集体和社会做贡献。

(12)追求新意。希望工作的内容经常变换,有丰富多彩的工作和生活。

每个人的条件和需求不同,表现出的职业价值观实际上是多样的,以上类型都十分具有代表性,为大学生分析自己的职业价值观指明了方向,对职业生涯规划有积极的意义。

二、了解自己的职业价值观

在了解了职业价值观的含义和影响之后,大学生应对职业价值观进行探索,通常需要三个阶段。第一个阶段,选择一个职业价值观。在这个阶段可以自由地选择一个职业价值观,不考虑他人给予的压力,也不考虑其他的价值观,然后思考选择的后果。第二个阶段,正视自己的职业价值观,也就是愿意在合适的时候向他人公开声明自己的选择。第三个阶段,依照自己的职业价值观行动。只有在做出符合个人职业价值观的行为后,谈论这样的职业价值观才能对职业选择起到帮助作用。

任何一种职业要满足所有的职业价值观都是非常难的,可以通过测试来探索个人的职业价值观,以排出各种价值观在意识中的优先次序。比如一个人可能既有"高收入"的价值诉求,又有"舒适悠闲"的价值诉求,显然这两个要求很难在同一个职业得到满足。只有搞清各个价值诉求的主次需要,才能有效地帮助求职者进行职业决策。

价值观对于职业选择有非常重要的影响。从本质上讲,价值观用于解决"为什么活着?"这样的终极命题,涉及人的理想和追求。可在现实中,并不是所有的理想都能够实现。因为在现实生活环境中,除了要遵从价值观外,还需要承担起各种责任,如对家人与社会的责任。这种时候只能暂时放下个人的理想,将它延后实现。

探索与思考

1. 你的价值观会对你的职业选择与人生产生什么样的影响?
2. 他人的价值观会对你的生活造成什么样的影响?

活动与训练

职业价值观测试

测试目的:通过该测试,了解个人的职业价值观,为今后择业指明一定的方向。

测试说明:本测试任务共有 40 个栏目,代表 10 种职业价值观,每个栏目需根据自身实际的愿望或要求进行衡量。为了便于统计分析,请将分值填入表 3-11 中对应的题号后,评分标准为非常符合—5 分,比较符合—4 分,基本符合—3 分,不太符合—2 分,非常不符—1 分。

1. 在工作中你能接触到各种不同的人。

2. 你的工作赋予你高于别人的权力。

3. 你的工作时间比较弹性。

4. 只要努力,你的工资会高于其他同龄的人,或升职、加工资的可能性比其他工作大得多。

5. 你的工作能为社会福利带来看得见的效果。

6. 你的工作奖金很高。

7. 你的工作单位的同事和领导人品较好,相处比较随便。

8. 你能在你的工作中自由发挥你的才能。

9. 在别人的眼中,你的工作是很重要的。

10. 你的工作在体力上比较轻松,在精神上也不紧张。

11. 你的同学朋友都非常羡慕你的工作。

12. 你的工作成果常常能得到上级、同事或社会的肯定。

13. 你的工作使你感觉到你是团体中的一分子。

14. 无论你干好干坏,你总能和大多数人一样晋级和加工资。

15. 你的工作使你很有成就感。

16. 你的工作有可能结识各行各业的知名人物。

17. 在工作中,你的新想法总能得到实行。

18. 在工作中,你不会因为身体或能力等因素被人瞧不起。

19. 你在工作时需要组织和计划别人的工作。

20. 在工作中,你不必担心会因为所做的事情使领导不满意而受到训斥或经济惩罚。

21. 你能从工作的成果中知道自己做得不错。

22. 你的工作需要经常出差,参加各种集合或活动。

23. 你从事的工作,经常在报刊、电视中被提到,因而你在人们的心目中很有地位。

24. 只要你干上这份工作,就不会再调到其他意想不到的单位或工种上去。

25. 在你的工作中,不会有人常来打扰你。

26. 你的工作可以使你获得较多的额外收入,比如常发实物、常可以购买打折的食品、常发购货券或有机会购买进口货等。

27. 你的工作要求你把一切事情管理得井井有条。

28. 你的工作单位有舒适的休息室、更衣室、浴室及其他设备。

29. 你的工作有数量可观的夜班费、加班费、保健费或营养费等。

30. 你在工作中,和同事都能建立良好的关系。

31. 你的工作使你常常能帮助别人。

32. 你的作风使你被别人尊重。

33. 你的工作会使许多人认识你。

34. 在工作中,你为他人服务,使他人感到满意,你自己也就感到高兴。

35. 在工作中,你是不受别人差遣的。

36. 在工作中,你能和领导有融洽的关系。

37. 你可以看见你努力工作的结果。

38. 经常有许多人由于你的工作来感谢你。

39. 你的工作场所很好,比如有适度的灯光、舒适的座椅,安静、清洁的环境,以及宽敞的工作空间等。

40. 在工作中,你是一个负责人,虽然可能只领导少数几个人,你也很乐意,你信奉"宁做兵头,不做将尾"的俗语。

表 3-11　职业价值观测试得分表

职业价值观类型	对应题号及得分	合 计 得 分
高收入	6（　）4（　）26（　）29（　）	
社会声望	9（　）11（　）32（　）23（　）	
独立性	8（　）17（　）25（　）35（　）	
奉献性	5（　）31（　）34（　）38（　）	
稳定性	14（　）18（　）24（　）20（　）	
多样性	1（　）22（　）16（　）33（　）	
领导性	2（　）27（　）19（　）40（　）	
成就感	15（　）21（　）37（　）12（　）	
舒适性	3（　）28（　）39（　）10（　）	
人际关系	13（　）30（　）7（　）36（　）	
得分最高的 3 项	（1）（2）（3）	

测试分析：对表 3-11 的各个栏目进行分数汇总，将得分最高的 3 项职业价值观类型参照下列项目分析进行解读，即能对自己的职业价值取向有大致的了解和掌握。

- 高收入。工作的目的和价值，在于获得优厚的报酬，使自己有足够的财力去获得想要的东西，让生活过得较为富足。
- 社会声望。工作的目的和价值，在于所从事的工作在人们心目中有较高的社会地位，从而得到别人的尊重。
- 独立性。工作的目的和价值，在于能充分发挥自己的独立性和主动性，按自己的方式、想法去做，不受他人的干扰。
- 奉献性。工作的目的和价值，在于能直接为大众的幸福和利益尽一份力。
- 稳定性。希望在工作中有一个安稳的局面，不会调动工作或受到领导训斥。
- 多样性。工作的目的和价值，在于与人交往，建立比较广泛的社会联系和关系。
- 领导性。工作的目的和价值，在于获得对他人或事物的管理支配权，能指挥和调遣一定范围内的人或事物。
- 成就感。工作的目的和价值，在于不断创新，不断取得成就，不断得到领导与同事的赞扬，不断实现自己想要做的事。
- 舒适性。工作的目的和价值，在于追求比较舒适、轻松、自由、优越的工作条件和环境，将工作作为一种消遣、休息或享受的方式。
- 人际关系。希望一起工作的大多数同事和领导品格较好，在一起相处感到愉快、自然，认为这就是很有价值的事。

测试总结：从得分最高的 3 项中可以看出个人的喜好，从而可以得出职业价值观倾向，用于在择业时考虑这些倾向。如果倾向于多样性和高收入，营销工作就是一个不错的选择；如果倾向于帮助他人而不太看重收入，教师这个职业就是一个很好的选择。一个人的价值观在选择职业时起着重要的作用，只有客观地认识它，才能在就业时做出合理的选择。

自我认识应该注意的问题

通过前面内容的学习,读者了解了自我认识的几个方面,如职业兴趣、职业价值观、职业性格及职业能力等。但在了解这些认识的过程中还需注意以下四个方面的问题。

(1)兴趣和能力在一定程度上是需要培养和挖掘的。在探索兴趣时,既要以已有的职业兴趣为基础,又要结合所学专业,激发兴趣、培养兴趣。在探索能力时,既要了解自己现有的能力,又要着眼于未来发展,尽可能地锻炼自己,培养能力。

(2)通过测评工具进行个人探索一定要慎重。在进行测评时要认认真真地做,以平常心来看待结果。因为测评是一个在统计意义上有效,但针对个体又未必完全有效的工具,所以在解读测评结果时可以先通看一下,认为符合自己情况的就勾画一下。再读一遍,看自己曾经勾画的部分是否真正描述的是自己。最后得到认可的就是探索的结果。

(3)不管是兴趣、能力还是价值观都只是一种个性特征,没有绝对的好坏之分。对任何一种类型的人,都有工作与之适合。所以我们在进行自我认识时,不要以评价的眼光去看待结果,而应以发展的眼光去接受它、利用它,恰当地定位自己的目标。

(4)在进行自我认知这部分的探索时,很多学生花了很长时间来进行探索,却依然感到迷茫。如果遇到这样的情况,一般从以下两方面进行考虑。一是没有对探索到的信息进行有效的分析和提炼,信息之间是散乱的;二是没有把自我认识与职业规划联系起来。所以在认识自我时应该以职业选择为基础,结合自己的专业、经验及可能发展的路线等多方面因素来考虑。

模块四

生涯决策与管理

模块导读

　　生活是由一系列的选择组成的,在做出选择之前通常都有一个很重要的心理过程——决策。一个人遇到的麻烦和不如意,往往是由于他做出了不合适的决策或未作决策。日常生活中的很多决策往往在不经意中就完成了,但职业生涯决策却并非一蹴而就。职业生涯关乎我们的时间、精力分配,它占据了我们人生中最重要的时光,因此,在做出职业生涯决策前,需要对自己及环境进行检索。所有的道路,不是别人给的,而是自己选择的结果。一个人有什么样的选择,也就有什么样的人生。

　　在这一模块中,同学们可以清楚了解职业决策是什么,学习到职业决策的各种方法。通过对职业决策方法的掌握,同学们能够在未来进行职业决策时,做出最适合自己的选择。

4.1 职业决策

名人名言

　　凡是重要的事,都得花上很多的时间,而且是完整的大块时间。不论是讨论一种新产品还是重大的人事决策,几乎所有的事情都是如此。

——彼得·德鲁克

学习目标

1. 了解职业决策的内涵。
2. 掌握决策的过程与方法。
3. 运用职业决策的方法探索个人的职业决策。

案例导入

奥托·瓦拉赫的成才经历

　　德国化学家奥托·瓦拉赫的成才经历极富传奇色彩。他上中学时,父母曾为他选择文学这条路,不料一个学期结束后,老师在给他的期末评语中写道:"虽然你很用功,但太过拘泥,即使有着完善的品德,也不可能在文学上有所成就。"于是瓦拉赫转而学习油画,对艺术的理解能力不够的他,既不善于构图,对色彩的敏感度也不强,成绩可想而知。面对如此"笨拙"的学生,油画老师的评语更是挖苦:"你是绘画艺术方面的不可造就之才。"后来,化学老师认为他做事一丝不苟,具备从事化学领域应有的品格,建议他改学化学。结果他智慧的火花一下被点燃了,在同学中,他的成绩遥遥领先。后来,奥托·瓦拉赫获得了化学界的最高奖项——诺贝尔化学奖。

分析:正所谓"天生我才必有用",世界上没有一无是处的人。音乐才能欠缺的人,也许在绘画方面可以做得很好;表达能力不强的人,可能在思维方面超乎常人。如果把一个人放在某个合适的领域,充分发挥他的特点和聪明才智,开发他的潜能,他就可能在这个领域大放异彩,甚至可能从"不可造就之才"成为闪耀的玉石。大学生的职业生涯是一个复杂的成长过程,在有针对性地学习技能和培养能力之前,需要像奥托·瓦拉赫一样找到适合自己发展的领域。怎样才能找到这个"适当的领域"呢?这就需要每个大学生先熟悉职业决策的概念并认识影响职业决策的因素,了解职业定位的相关概念,用科学合理的方法去寻找适合自己的职业发展方向。

一、职业决策概述

职业决策是职业生涯规划过程中最重要的环节,是对职业发展方案和职业发展方向做出审慎决定的系统过程。这一过程以了解外在职业环境和认识自我为基础,需要从众多的工作领域和工作机会中做出合理的选择,比如对行业类型、工作性质、工作地点和发展潜力等内容进行综合分析和筛选。由此可见,职业决策在职业生涯规划的过程中起着导向性作用。所以,在进行职业决策之前,大学生可以先从职业决策的概念、类型和原则等方面进行整体的了解与认识。

(一)职业决策的概念

职业决策是职业生涯规划的进一步精炼,是职业生涯规划过程中最重要的环节。其含义是职业的方向决定与方案选择,另外还涉及职业方案的设计等内容。具体来讲,职业决策需要个人根据外在环境的特点进行全面探索和分析,从而对职业生涯的规划和发展进行综合考虑,最终制订和选择可行的发展方案。虽然影响因素有很多,但主要依赖于个人的分析和判断。个人对职业方向的判断和把握,很大程度上决定了职业生涯发展的空间和高度。由此可见,清楚地了解和认识职业决策在职业生涯中的位置和重要性,职业决策是科学规划职业生涯的前提。

职业决策的目的是要选择最优的职业发展方向,这就需要大学生根据各种条件,经过一系列的判断和筛选,确立个人的职业目标,并设计出达到目标的最佳行动方案。这个过程除了受到外在环境的影响外,还需要大学生通过意识、思考、分析和行动来进行方案的策划并做出选择,这与个人的心理特征密切相关。

大学生在分析职业前景的过程中,需要有清晰的人生目标,从而理智地罗列出可供选择的方案,并能结合现实状况进行相应的分析和评估。由于受到个人价值观、文化环境和社会经济等因素的影响,职业决策制订的方案需要根据实际情况进行相应的调整。在整个职业生涯的发展过程中,职业决策的后续事宜还涉及一连串阶段性目标的可行性问题。若方案和计划过于短浅,发展过程又缺少后续推动力,将不利于职业生涯的长远发展,很可能会让人丧失奋斗的热情。

(二)职业决策的类型

职业决策的类型是由个体的决策风格决定的,而决策风格是可以通过后天的学习和经验逐渐养成的。在对职业决策风格的研究过程中,按照个人对职业自我和职业世界的了解程度,可将职业决策类型分为理性型、直觉型、犹豫型和依赖型4种类型,如表4-1所示。

表 4-1　职业决策的类型

类　　别		职业自我	
		了解	不了解
职业世界	了解	理性型	犹豫型
	不了解	直觉型	依赖型

从表4-1中可以看出,职业世界与职业自我共有4个交叉格子,每个格子代表着一种决策类型。例如,一个人既了解职业世界又了解职业自我,他表现出来的职业决策类型就是理性型;若他既不了解职业世界又不了解职业自我,他表现出来的职业决策类型就属于依赖型。下面介绍各个职业决策类型的特征。

1. 理性型

理性型决策方式强调通过综合全面的信息做出理智的思考和冷静的分析判断,以周全的考量进行分析和评估,是最受推崇的决策方式。该类型的决策者崇尚逻辑分析,往往在收集充足信息的基础上,权衡多方的利弊得失,通过理性的思考做决定,以长期效用作为决策的基础依据,这是其他类型决策者所欠缺的。然而,理性型的决策方式也并非是完美的,该类型的决策者需要避免因强烈的自尊心而忽视整合自己与他人观点的问题,以免造成不必要的麻烦。

2. 直觉型

直觉型决策方式是以置身特定情景中的感受或者情绪作为决策的依据,由于决策者做决定全凭直觉和感受,行事比较冲动,因而很少对必要的信息进行收集。该类型的决策者常常会因决策的不确定性产生不良情绪,从而渴望尽快完成决策而摆脱烦恼,由于对快速做决策的过程有着强烈的兴趣,往往会由于一时冲动,在缺乏深思熟虑的情况下做出决策,因此通常给人留下冲动和果断的印象。由于直觉型决策的风格以自我判断为主导,思维方式侧重关注内在的感受,因而能在信息缺失的情况下快速做出判断。但是,个人的直觉远不如理性分析准确可靠,因此直觉型决策存在很大的不确定性,发生错误的可能性也较大。虽然直觉型决策者有较强的自信心,但若决策失误会给他们造成较大的影响。

3. 犹豫型

犹豫型决策者十分迟疑,即使他们搜集了很多资料和相关信息,仍会在内心反复斟酌。他们往往害怕做出错误决策,担心造成不良后果而承担责任,由于缺乏充分的自我认识,从而错过最佳决断时机。这一类型的大学生需要认识到犹豫和拖延的不良后果,增强职业生涯规划的意识和动机。

4. 依赖型

依赖型决策者由于缺少对环境的认识和对自身的了解,往往比较被动和顺从。这一类型的决策者以拖延的方式来回避决策和决定,在做选择时习惯接受他人的意见和看法,通常将他人的肯定、认可和社会评价作为决策的评判标准。但是,过度依赖他人的指导和建议,也可能因为一味地模仿和复制他人的经历,产生不良的后果。

上述 4 种职业决策类型分析,虽然不能直接运用于职业决策环节,但可从职业世界和职业自我两方面入手,帮助大学生进一步了解自身的决策特点,从而有针对性地去完善对环境和自我的认识,以便更好地进入职业决策的状态。对职业决策类型的探索,是为了研究和分析职业决策的风格和动机,通过分析各个决策类型的利与弊,帮助大学生解决职业决策过程中存在的问题,最终设计出职业生涯发展的最佳方案。

(三)职业决策的原则

职业决策不单单是拟订出职业发展的方向,还需要对整个职业生涯的发展进行长远的展望。如果职业决策太过草率肤浅,职业生涯规划便失去了后续的发展支撑,容易让人丧失奋斗的热情,从而不利于职业生涯的长远发展。大学生在进行职业决策时,需要考虑的因素有很多,主要可以从生存发展的需要,个人的兴趣、能力、价值取向和社会需求等方面进行综合衡量。总体来说,职业决策的原则性问题包含以下四个方面。

1. 兴趣发展原则

职业生涯规划的核心在于从事一项自己喜欢的工作。从事自己喜爱的工作,可以有效地将热情转化成兴趣,并最终发展成为从事该项工作的长久动力。在进入大学开始独立生活以后,每个人都会经历各自不同的学习和成长阶段,兴趣和爱好变得十分广泛。但如果缺乏长久的兴趣和长远的计划,当需要选择其中一项作为终身事业时,往往会无所适从。所以,在做职业决策时,不仅要选择自己喜欢的职业方向,还需要主动培养自己的职业兴趣。

2. 能力胜任原则

职业生涯发展的核心在于从事一项自己擅长的工作。从事任何职业都需要具备相应的职业技能,才能更好地满足职业岗位的需要。在制订职业规划时,大学生要认真分析自己的优缺点,根据自己的能力特征和个性特点,选择一个既喜欢又有能力胜任的工作领域,以便最大限度地发挥个体的价值。

3. 利益整合原则

职业生涯维持的核心在于从事一项收益相当的工作。职业作为个人谋生的手段,其目的在于追求物质和精神上的满足,并最终实现个人的幸福。而影响一个人理性职业决策的因素,除了兴趣和特长等,还涉及职业回报、行业发展状况和发展前景。所以,在进行职业决策时,不仅要考虑个人预期的经济收益,还要考虑精神需求的满足和发展前景等因素,最终在收入、社会地位、成就感和工作付出之间做出明智的选择,使个人在整个职业生涯的发展过程中收益最大化。

4. 社会需求原则

职业生涯的成功除了需要有良好的规划、发展和维持外,还需要迎合社会的需求。然而,在时代快速发展的过程中,社会需求也随之发生了巨大的改变,新的社会需求不断涌现,旧的社会需求逐渐消亡,这就给职业决策提出了新的难题。大学生在进行职业决策时,能正确地分析社会需求及其发展趋势就显得格外重要。由此可见,职业决策不仅要考虑个人原因,还应该结合时代背景进行分析和决断,以达到择世所需的目的。因此,选择既满足社会需要又符合时代长远发展的职业方向,是职业生涯规划和职业决策的关键所在。

✉ 小 贴 士

大学生在职业选择的方向上有很大的随意性,若太过偏重于工资待遇等利益方面的因素,在职业适应性上往往会出现不同程度的问题。所以,大学生应该根据社会对人才的要求,在职业生涯发展的过程中,把价值观、兴趣和技能作为自我提升的重点,以便对自身的职业生涯有更精准的定位,这也是提高个人职业决策能力的途径之一。

二、决策过程

(一)识别问题

决策制定过程始于一个存在的问题(problem),或更具体一些,是始于现实与期望状态之间的差异。问题识别是主观的。在某些事情被认为是问题前,管理者必须意识到差异,他们不得不承受采取行动的压力,同时,他们必须有采取行动所需的资源。

问题是现实与理想之间的差距。大部分的问题没有明显的症候,其认定是主观的。解决一个根本不需要解决的错误问题的管理者和无法正确地界定问题而未采取任何行动的管理者,是一样的失败者。管理者可以从两个方面着手察觉差距。①比较现实状态与标准或理想状态;②明确标准是什么,是过去的绩效、先前所设立的目标,还是其他部门或其他组织的绩效。

一个没有压力的差异是一个可推迟到未来某个时间的问题。故作为决策过程的开端,问题必须给管理者施加某种压力,以促使其行动。压力也许包括组织政策、截止期限、财政危机、上司的期望或即将来临的绩效评定等。

(二)收集信息

一旦确定了需要解决的问题,就必须对问题进行系统的分析,着手调查研究,搜集问题相关的信息,并加以整理。

在这个步骤里,大学生可以积累所有能够解决问题的数据资料,其数量和搜集信息的范围主要取决于问题的性质和复杂程度。管理者可以从往日的经验、记录、报纸杂志等获得信息和资料,包括销售、财务、生产、人事等方面的资料。接下来将资料按成本项目、程序、时间、领导能力、质量、产出等进行归类,建立数据库。准确、充分、及时的信息是决策的基础,是有效决策的保证。

（三）确定决策标准

确定决策标准,即运用一套合适的标准分析和评价每一个方案。这需要首先确定若干与决策相关的因素,然后规定各种方案评比、估价、衡量的标准。

（四）拟定可行方案

确定了问题,完成了搜集和分析信息,确定好标准后,接下来就应开始拟订可行方案。拟订可行方案主要是寻找达到目标的有效途径,因此这一过程是一个具有创造性的过程。决策者必须开拓思维,充分发挥主观能动性,尽可能多地提出可供选择的方案,可供选择的方案越多,解决办法会越完善。

（五）分析方案

备选方案拟定之后,决策者必须认真地分析每一个方案的可应用性和有效性。对每一个备选方案所希望的结果和不希望的结果进行可能性估计,运用第三阶段确定的标准来对这些备选方案进行比较。根据决策所需的时间和其他限制性条件,层层筛选。如果所有的备选方案都不令人满意,决策者还必须进一步寻找新的备选方案。在这一阶段中,依靠可行性分析和各种决策技术,如决策树法、矩阵汇总决策、统计决策、模糊决策等,尽量科学地显示各种方案的利弊,并加以比较。

（六）选择方案

选择方案就是在各种可供选择的方案中权衡利弊,然后选取其一或对一些各有利弊的备选方案优势互补、融会贯通、取其精华、去其不足。这一过程是决策的关键,一项经济方案是否科学,小到影响经济发展的速度和具体的经济行为的效果,大到影响一个企业、一个地区,甚至一个国家的经济发展成败。因此,在方案全面实施之前,有时会进行局部试行,验证在真实条件下是否可行。验证方案若是不可行的,为避免更大损失,则需再次考察上述各个活动步骤,修正或重新拟订方案。若方案可行,便可以全面实施。

（七）实施方案

选择满意的方案后,决策过程还没有结束,决策者还必须使方案付诸实施。他必须设计所选方案的实施方法,做好各种必需的准备工作,实施方案的阶段是最重要的阶段。任何完美的方案不能付诸行动,也是毫无价值的。同时,实施阶段花费的时间和成本,通常会远大于前几个阶段的总和。如果是重大决策,应落实部门、人员的监管责任,掌握满意方案的实施情况。尤其在关键时段、关键时点,要加强监督控制,以保证组织内实施决策方案的及时性、可操作性、正确性。

（八）评价决策效果

决策者最后的职责是定期检查计划的执行情况并将实际情况与计划结果进行对比。这一过程应根据已建立的标准来衡量方案实施的效益,通过定期检查来评价方案的合理性。这种评价必须是全方位的,在方案实施过程中要不断进行追踪。若在新方案运行过程中发现重大差异,在反馈、上报的同时,决策者应查明原因、具体分析,根据具体情况区别处理。若是执行有误,应采取措施加以调整,以保证决策的效果;若方案本身有误,应会同有关部门和人员协商修改方案;若方案有根本性错误或运行环境发生不可预计的变化,使执行方案产生不良后果,则应立即停止方案的执行,待重新分析、评价方案及运行环境后再考虑执行。值得注意的是,评价应体现在每一阶段的工作上,而不仅仅是在方案的实施阶段。特别是重大的决策,必须时刻注意信息的反馈和工作评价,以便迅速解决突发问题,避免造成重大损失。

三、决策方法

职业生涯规划是个体通过对个人能力、兴趣、性格和价值观的解读,并结合外界环境施行的总体战略部署。合理的安排和决断是这一战略发挥作用的关键,因此需要运用宏观的手段进行合理的决策。这就要求个体在环境分析的基础上,不仅要使职业生涯发展的方向符合个人的实际情况,还要安排和实施后续的行动过程。

职业决策的目的是为了寻找和优化职业生涯的发展方案。由于职业决策与大多数即时决策不同,这个过程中没有固定的选项和思维模式,所以,具体做出的选择在现实条件和要求之间就可能存在不同程度的冲突。职业决策方法有很多,主要有 5W 分析法、CASVE 决策法、决策平衡单等。

(一)5W 分析法

5W 分析法是职业决策过程中最简便易行的方法,又叫"What 归纳法"国内外很多专业的职业咨询机构在辅助个人进行职业规划时,通常采用问句的方式,协助个人逐次进行筛选。在实际运用中,通过依次回答下列 5 个问题,并找到它们的交集,就可以确定职业生涯规划的大体方向。

Who am I? 我是谁?

What will I do? 我想做什么?

What can I do? 我会做什么?

What does the situation allow me to do? 环境支持或允许我做什么?

What is the plan of my career and life? 我的职业与生活规划是什么?

在不同的情况或个体间,具体的提问内容可能有所差异,但大体的方向和原则是一致的,在此处可以将这些问题分解成以下内容。

(1) 个人特征。根据自身状况进行感知,这需要大学生对自己有一个清晰而深刻的认识。把个人的性格特征、特长、能力等方面的优势挖掘出来,可以更加清晰地明确目标的范围。

(2) 个人喜好。虽然随着年龄和经历的增长,每个人在不同阶段的兴趣发展不完全相同,但兴趣对职业的发展有导向作用是毋庸置疑的,因而可据此来锁定一个人的职业发展方向。

(3) 个人潜能。除了要考虑个人的性格和特长等因素外,对自身潜在能力的分析和预测也十分重要。职业的成功依赖于个人的能力,但职业发展的空间往往受个人潜力的限制。

通过对潜能的考察,可以进一步缩小职业决策的目标范围。

(4)环境许可。职业的发展与环境相适宜是十分必要的,这就要求大学生在做决断时,需要考虑影响职业环境的各种因素,从政治环境、经济环境、法制环境、科技环境和文化环境等方面进行综合考量。

(5)职业目标。对前4个问题进行筛选,已经将可能的职业方向进一步缩小,这时候需要有一个明确的目标来指引职业生涯规划的实施,从而确立个人职业生涯发展的最佳方向。

通过上述分析,可以逐步缩小目标的范围,再结合实现过程中的各种条件,从而找到适合自己的最佳职业目标,这是职业决策过程最简单且有效的方法。在实际运用的过程中,可以借助如表4-2所示的表格,通过栏目展现的形式回答每个问题,以便捷地寻求它们之间的交集。

表 4-2 "5W"职业项目表

项目	个人特征	个人喜好	个人潜能	环境许可	职业目标
符合条件的职业项目					
职业项目的交集					

(二)CASVE 决策法

该模型指出,一个良好的决策需要经历 C(沟通)、A(分析)、S(综合)、V(评估)、E(执行)5 个步骤,如图 4-1 所示。

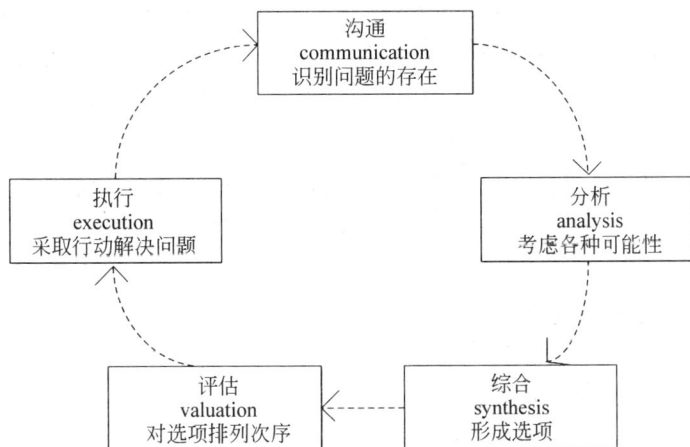

图 4-1 CASVE 循环

1. 沟通(communication)

在沟通阶段,个体将会收到职业理想与现实之间差距的信息反馈,并通过一定的方式表现出来。比如,当个人意识到问题的所在,可能会出现一系列厌烦或者焦虑的情绪,甚至是头痛或者身体其他部位不适的信号。另外,在个人接收到来自家人、同事或朋友的交流、询问或者评价,以及从杂志、媒体等相关途径获得信息时,分析和处理问题的意识便会在脑海中形成。这时,人们会通过各种感官来思考和探索问题,发现自身的需要及寻求解决问题的办法,这个阶段称为沟通阶段。

2. 分析(analysis)

通过前一阶段个体内部的沟通与思考,以及对自身需求的观察和研究,个人会逐渐意识到解决问题的办法。具体而言,职业生涯规划需要建立在对自身兴趣、能力、价值观等自身条件和各种外在环境的分析基础上。意识到这一问题后,需要分析现实情况与理想状态之间的共性和差距。

1) 分析自我条件

自我条件主要包括兴趣、能力和价值观等,探究这些个人问题,可以对自身进行有效的分析和了解,具体操作可以参照以下内容。

- 我喜欢做什么?
- 我擅长做什么?
- 我看重什么?
- 我掌握了哪些专业知识?
- 我做什么事情最能够全身心地投入?
- 我做什么事情能得到更多的乐趣与享受?
- 我做什么事情能做到最优秀?
- 我希望工作可以带给我哪些东西?
- 我希望达到的目标是什么?

在这个阶段,问题解决者需要多花心思去思考和研究,从而更充分地了解自身的情况。在此过程中,首先要弄清楚自己有哪些方面的能力,并尽可能多地将它们罗列出来。其次,要根据自身的实际情况,对这些问题进行思考和分析。只有找到个人的实际需求,才是真正意义上的认识自己。

2) 分析环境

解决问题的一切方法都需要从实际出发,这就离不开对基本环境因素的分析。落实到职业生涯规划的问题中,大学生应该将了解环境放在与了解自我同等重要的地位上,所以不妨从以下问题进行思考。

- 我需要了解哪些环境因素?
- 我处于一个什么样的职业环境之下?
- 环境允许我往哪些方向发展?
- 我想要一个什么样的工作和生存环境?
- 我该怎样适应环境?
- 我能创造和改变哪些环境因素?
- 我有没有足够的能力抓住环境带来的机会?

结合真实的自我与现实的环境进行分析,是有效把握自己的手段,也是职业生涯规划的必经阶段。在这个多向分析的过程中,大学生通常会改善对自我的认知,不断增加自身对职业世界的认识和需要。该阶段还需要把各种因素和相关知识联系起来,例如把个人阅历与职业选择联系起来,或者把个人的生活愿望融入职业选择。客观来讲,分析的透彻与否是造成职业生涯差距的主要原因。

3. 综合(synthesis)

综合主要是根据分析阶段得出的信息,设计出符合要求的方案。其核心任务是确定解决问题的方法。通过对自身和环境的了解,可以得出许多符合自身需求的职业方向,将这些职业都列出来,逐步缩小目标的范围。首先,尽可能清晰地认清自己的实际需求,列出可供选择的职业清单;其次,仔细地思考每种途径的可行性;最后,缩小可行办法的范围,尽可能多地满足个人的主要价值观。通常可以筛选3~5个有效选项,这是头脑中最有效的记忆和工作容量的数目,有利于后续的评估过程。

4. 评估(valuation)

经过综合阶段,已经得出了一组候选职业名单,接下来就需要对得出的职业选项进行详细的评估。这个过程,最主要的是评估从事该行业的适应性以及个人匹配程度,也要适当考虑对家人和社会的利弊等。最后,对各个选项做一个优先度的排序。

5. 执行(execution)

执行是CASVE循环的最终目的,其他任务和内容都是为这个实施环节服务的。不管前面分析得多全面,评估得多中肯,要实现职业生涯的良好发展,关键都要在执行阶段将所有想法付诸实践。在执行过程中,不仅需要制订相应的计划,还需要积极地付诸具体行动。这是一个把思考转换为行动的过程,在执行阶段制订相应的行动计划往往令人兴奋,这标志着可以开始采取实际的行动去解决问题了。若没能满足实际的需要或者达到理想要求,可以再次回到沟通阶段,开始新一轮的CASVE循环,直到职业生涯中的问题被解决为止。

(三) 决策平衡单

职业决策实际是平衡多方利弊,并做出最符合自身利益的决断。而决策平衡正是针对这一特点,根据个人的利益和需求,直接对预备选项进行筛选。这种方法经常被应用于实际问题的解决和职业咨询中,前面提到的职业决策方法,都可以运用决策平衡来进行最后的评估和筛选。其主体框架如下。

(1) 内在物质层面的得失。

(2) 外在物质层面的得失。

(3) 内在赞许与否。

(4) 外在赞许与否。

决策平衡单运用起来简单直观,经过初步的职业筛选,它可以帮助大学生具体地对每个职业选项进行分析。大学生可以通过分析各个方案实施后的利弊得失,结合个人在物质和精神层面的需求,排出各个预备选项的优先顺序,从而得到最优的结果。其具体使用过程如下。

(1) 列出预备的职业选项。需要列出有评估价值的潜在职业选项。

(2) 各项考虑因素的加权计分。大学生需要根据自身的实际情况进行考量,对各个栏目的重要性进行权衡,即根据该栏目的重要程度,分别设定1~5的权重系数。

(3) 判断各个职业选项的利弊。根据各个预备职业在物质和精神上的得失,逐一检视各个职业选项,用0～10的分值,来衡量各个职业在对应栏目下的优势。

(4)计算出各个职业选项的得分。结合各个栏目的权重系数,计算出各个职业选项的加权总得分。

(5)排出各个职业选项的优先顺序。依据各职业选项在总分上的高低,排出优先次序,职业选项的优先顺序即可作为大学生职业生涯决策的依据。

在实际运用中,由于"自我赞许与否"和"社会赞许与否"显得比较笼统,所以将这两项改为"内在精神层面的得失"与"外在精神层面的得失",实际是由"内在—外在""物质—精神"所构成的四个范围来考虑的。职业决策平衡单如表4-3所示。

表4-3 职业决策平衡单

项 目		权重系数	职业1	职业2	职业3	职业4
			得分	得分	得分	得分
内在物质层面的得失	1.经济收入					
	2.升迁机会					
	3.办公条件					
	4.福利待遇					
	5.休闲时间					
	6.其他					
外在物质层面的得失	1.家庭的经济利益					
	2.对家庭生活的影响					
	3.社会资源的获取					
	4.家庭社会地位					
	5.其他					
内在精神层面的得失	1.兴趣一致性					
	2.个性的一致性					
	3.价值观的契合度					
	4.个人精神世界的发展					
	5.其他					
外在精神层面的得失	1.家庭关系的维系					
	2.友谊的增进和维系					
	3.社会关系的培养					
	4.其他					

四、如何进行自我决策

存在主义大师萨特(Jean-Paul Sartre)曾说过:"我们的决定决定了我们。"即人们所做的各种选择和决定才成就了今天的自己。小到今天早餐吃什么,大到要选择什么样的职业,人们几乎每时每刻都在做各种各样的决定。而生涯决策则是通过综合考虑各种关联的因素,筛选出最适合个人的发展道路。

（一）自我决策概述

1. 自我决策的含义

决策是一个连续的过程,而不是一个事件或结果。具体而言,决策是指个人把资料加以组织,然后在多种可能的选项中加以分析、选择、确定并付诸实践的一个过程。自我决策,这里主要指职业生涯方面的决策,是一个人面临职业生涯发展方向时的选择历程。每个人在整个生涯发展过程中都会不断面对生涯决策的问题。

2. 自我决策的作用

人们在职业生涯发展的不同阶段有不同的决策任务,职业决策不可能一蹴而就。大学生正处于对职业的探索阶段,而职业决策为正在探索职业道路的大学生提供了探索的目的和方法。具体而言,自我决策有两方面的作用。

1）确定职业方向

通过自我决策,大学生可以对自己的兴趣、人格、能力、价值观等有一定的了解,尝试根据自己的特点和期望进行职业选择。

2）完成职业选择

大学生的职业探索同样可以分为三个阶段。①尝试期。这一时期也是启蒙期,主要任务是明确职业偏好,个体开始对自身需要与就业机会进行对比和考虑,并通过探讨与想象尝试做出选择。②过渡期。这一时期的主要任务是明确职业取向,个体开始进入人才市场或企业实习,可以考虑到更多的现实因素,并进一步补充对自我认知的看法。③承诺期。这一时期的主要任务是实现职业倾向并了解更多机会,此时,个体已发现大致适合自身的职业,但这一选择也只是暂时的,个体还可以重新选择。

小贴士

有些学生在选择就业单位和职业时,往往只根据少量的信息,如工资薪酬、地理位置、单位规模等做出选择,而忽视了企业发展战略、文化、运营等内在信息,结果在入职后才发现不能满足实现自身价值的需求。在决策前充分全面地了解职业信息,对职业决策至关重要。

3. 自我决策的影响因素

著名的职业辅导理论家克朗伯兹(Krumblotz)把影响个人职业决策的因素划分为四种。

1）遗传和特殊能力

个人遗传的一些特质在某种程度上决定了个人的职业表现或会影响个人所获得的经验,这些因素包括种族、性别、外表、智力、动作协调能力等。例如,在文艺工作者、军人、飞行员等职业招聘中,身高、相貌、健康状况起到了关键作用。

2）环境及重要事件

环境和重要事件通常不受个人控制,主要包括人类活动,如社会、文化、政治、经济等因素,以及自然因素,如自然资源分布等。显然,一个人的家庭背景、所处的社会文化及一些重要的政治政策都会对个体的职业决策产生重要的影响。

3) 学习经验

此处的学习是一种广义上的学习,是每个人在日常生活中不断积累经验和深化认识的过程。每个人在成长过程中都积累了无数的学习经验,个体的学习经验是独特的。一个人的价值观,很大程度上都是在其积累学习经验的过程中形成的。

4) 任务取向的技能

受到上述种种因素的影响,个人在面临一项任务时,会表现出特定的工作习惯、解决问题的能力、心理状态、情绪反应和认知过程,这就是任务取向的技能。例如,面对找工作这件事情,对于同一个班的学生来讲,大家都是没有经验的,但有的人就会积极面对,寻找各种机会,而有的人则会被动地等待机会降临,或是寄希望于父母家人能够帮助自己找一份工作。不同的人表现出不同的心态和能力,这就反映了个体不同的任务取向的技能。

4. 消极的自我对话

自我对话这一概念来源于 CIP 理论(认知信息加工理论,Cognitive Information Processing)。在职业决策过程中,所谓的自我对话是指对职业决策过程的评价。

积极的自我对话使人产生积极的期待,并且可以强化积极行为;消极的自我对话则会降低自我决策的效率和有效性。以下是常见的消极的自我对话。

(1) 我不知道我想做什么,这简直是太糟糕了——事实上,只要开始探索,什么时候都不算晚。

(2) 在我的职业生涯中,我只会做一次选择,并且做这个选择绝对不能后悔——没有人能预测绝对的成功,苦辣酸甜才是人生百味。

(3) 我所做的决定不可改变,一旦改变就意味着我失败了——时代一直在发展,唯一不变的事就是一直在变,所以要学会审时度势而不是一味地执着。

(4) 我必须找到唯一适合我的职业——当下适合的不一定会永远适合,所以更不存在唯一适合这一概念。

(5) 我一定要马上做决定,别人都知道自己要做什么,只有我太差劲,所以我必须马上做决定——虽然做决定时不能犹豫不决,但草率、鲁莽更要不得。

(6) 会有一个专家或者某个量表告诉我正确的职业选择——如果职业规划是这样简单的事情,那本书也不必写了。

(7) 如果经济持续低迷,我就找不到工作了——经济下滑并不意味着所有的行业都走下坡路,例如,经济低迷时教育培训、娱乐休闲行业反而需求增大。

(8) 世界变化这么快,做职业规划是没有用的——凡事预则立,不预则废,即使世界变化再快,也需要做好规划。

(9) 要找就找市场中最热门的职业——你确定热门的职业有这么多就业需求吗?10 年后它还是热门职业吗?

(10) 好工作就是薪酬高、福利好的工作——如果职业决策如此简单,就不必进行自我探索了。

探索与思考

1. 什么是决策?

2. 结合自己的实际情况,用职业决策方法找出最适合自己的职业方案,并说明这一方案适合你的原因。

活动与训练

决策类型测试

测试目的:通过本测试(得分填入表4-4),了解个人所属决策类型。

测试说明:

请根据自己的个人特质和实际情况,客观地对以下问题作答,若符合,得1分,不符合则为0分。回答结束后,请将分数填入决策类型得分表(见表4-4)中并进行统计汇总。

1. 需要做决定时,会多方收集资料。

2. 经常凭自己的感觉做事。

3. 做事时,喜欢有人在旁边,以便随时商量。

4. 有事需要拿主意时,便会感到紧张不安。

5. 通常将收集到的信息进行比较分析,列出可供选择的方案。

6. 时常会改变自己做出的决定。

7. 发现别人与自己的看法不同时,不知道该怎么取舍。

8. 做事总是东想西想,经常拿不定主意。

9. 会衡量各个方案的利益得失,判断出最适合的选择。

10. 经常仓促地对事物进行判断。

11. 做事时,不太喜欢独自想办法。

12. 遇到难做决定的事时,就会把它扔在一边。

13. 决定了方案后,会展开必要的准备去做好它。

14. 决定之前,一般不会有任何准备,但也会进行大概的分析。

15. 很容易受到别人意见的影响。

16. 觉得做决定是一件痛苦的事。

17. 会参考其他人的意见,综合自己的想法来做决定。

18. 容易不经慎重思考就做决定。

19. 在被催促之前,不打算立即做出决定。

20. 处理事情经常犹豫不决。

21. 经过深思熟虑,能得出一套明确的行动方案。

22. 通常情况下,自己对事物的判断是很准确的。

23. 常让父母、师长或亲友给自己提供意见。

24. 为了躲避作决定的痛苦过程,会让事情不了了之。

表 4-4　决策类型的得分表

决策类型	理性型		直觉型		依赖型		犹豫型	
得分项	1		2		3		4	
	5		6		7		8	
	9		10		11		12	
	13		14		15		16	
	17		18		19		20	
	21		22		23		24	
总分								

测试分析：测验完毕后，将得分进行汇总。得分最高的栏目代表着个人的决策方式和风格，其特点如下。

（1）理性型。此类型的决策者，做事有依有据，能透彻地分析出各个选项的利弊，并做出最满意的决定，但也应多听取他人的意见和想法，尽量把事情考虑得更加全面、合理。

（2）直觉型。此类型的决策者做事过于自信和冲动，往往会忽视收集相关信息的重要性。在做职业决策时，应保持冷静思考，在保留自我感觉的情况下，重视对信息的采集，并加强对职业环境等相关因素必要的了解。

（3）犹豫型。此类型的决策者往往处于难以下决定的挣扎状态，即使充分收集了相关的资料，却往往因为对自身缺少必要的认识，决策时犹豫不决而错过时机。这类型的大学生应该进一步认识自我，充分了解自身各方面的需求和能力，这样才能找到合适的方案，从根本上解决犹豫的毛病。

（4）依赖型。等待和拖延是这类决策者的主要特征，他们在做决策时比较被动和顺从，常把希望寄托在他人身上。这类型的大学生应该加强对自身的了解和认识，积极了解和学习相关的知识，充实个人的内在力量，及时改变自身的思维惰性及胆小懦弱的性格。

测试总结：每个人都应该根据各自的决策类型和特点，分析自身在决策能力方面存在的缺点与不足，以便个人有针对性地去修改与完善。

4.2　职业生涯管理

名人名言

管理是一种实践，其本质不在于"知"而在于"行"；其验证不在于逻辑，而在于成果；其唯一权威就是成就。

——德鲁克

学习目标

1. 掌握职业生涯管理理论。

2. 了解个人职业生涯管理步骤。

案例导入

施瓦辛格的职业规划

四十多年前,一个十多岁的穷小子,身体非常瘦弱,却在日记里立志长大后做美国总统。如何能实现这样宏伟的抱负呢?经过思索,他拟定了一系列目标。

做美国总统,首先需要做美国州长,要竞选州长必须得到雄厚的财力后盾的支持,要获得财团的支持就一定得融入财团,要融入财团最好娶一位豪门千金,要娶一位豪门千金必须成为名人,成为名人的快速方法就是做电影明星,做电影明星前得练好身体,练出阳刚之气。

22岁时,他踏入了美国好莱坞。在好莱坞,他花费了十年时间,利用自身优势,刻意打造坚强不屈、百折不挠的硬汉形象。终于,他在演艺界声名鹊起。当他的电影事业如日中天时,女友的家庭在他们相恋九年后,也终于接纳了这位"黑脸庄稼人"。他的女友就是赫赫有名的肯尼迪总统的侄女。2003年,年逾五十七岁的他,告老退出影坛,转而从政,成功竞选为美国加州州长。他的下一个目标就是美国总统。他就是著名影星阿诺德·施瓦辛格。

分析:施瓦辛格经历告诉人们,职业规划制定得越早、步骤越详细,越能早日实现自己的梦想。不管这个目标多么艰难、自己的现实和理想之间相差多远,只要自己有恒心、有切实可行的、细致的计划,并一步一个脚印踏踏实实地去完成,就有可能实现自己远大的理想。科学规划管理,行动有力,才能成功。

职业生涯管理是近十几年来从人力资源管理和管理心理的理论与实践中发展起来的新领域。职业生涯管理包含个人职业生涯管理和组织职业生涯管理。个人职业生涯管理是指以实现个人发展成就最大化为目的,通过对个人知识、技能、能力、兴趣、价值观和发展目标进行深入了解,结合现实环境和组织实际,有效地进行个人职业生涯的设计和规划,从而实现个人的发展愿望的过程。组织职业生涯管理的最终目的是通过帮助员工的职业发展,以提高公司人力资源质量、发挥人力资源管理效率为目的,以求组织的持续发展,实现组织目标。组织的职业生涯管理要求管理者鼓励员工对自己的职业生涯负责,在进行个人工作反馈时提供帮助,并为员工提供有关组织工作、职业发展机会等信息,还必须帮助员工做好自我评估、培训和发展。本书认为,职业生涯管理是包括职业生涯规划在内的一个系统过程。

一、职业生涯管理理论

职业生涯管理的基本理论包括职业发展阶段论、职业锚理论等。

(一)职业发展阶段论

从国内外职业教育的经验和对职业发展的研究可以知道,职业生涯是一个长期实践的过程。根据萨帕(Donald E.Super)的研究,人们早期的职业生涯规划可以追溯到人刚出生,许多人终生都在进行职业生涯规划。他将整个人生分为成长阶段、探索阶段、立业与发展阶段、维持阶段与衰退阶段。其中后四个阶段为职业生涯阶段。在不同阶段中,人的追求也有所不同。

1. 职业探索阶段

职业探索阶段年龄一般在 25 岁前。萨帕认为,探索阶段又可以分为三个时期,即尝试期(15～19 岁)、过渡期(15～21 岁)和初步试验承诺期(22～24 岁)。在整个探索阶段,每个择业者都有选择一份理想职业的愿望与要求,力图了解自我,作出尝试性的职业决策。对于他们来说,经常更换工作、获得有挑战性的工作机会和自我探索机会是非常重要的。通过本阶段的历练,如果青年人的能力能够得到迅速提高,职业兴趣趋于稳定,逐步形成了对未来职业生涯的合理心理预期,包括工作的性质、劳动强度、工作时间、工作方式、同事以及上下级关系,并且为职业的发展做了物质、心理、知识、技能等各方面充分的准备,就能够迅速地成为一名职业工作者。

2. 立业与发展阶段

立业与发展阶段年龄一般在 25～44 岁。从职业生涯发展过程来看,这一时期,员工个人的职业活动能力处于最旺盛时期,是创造业绩、成就事业的黄金时期。处于本阶段的员工在职业生涯中主要关心的是个人成长,希望做具有挑战性的工作,希望在某一领域发展自己的专业知识和技能,希望在工作中有创造性和革新,成就、发展和晋升对他们的影响最大。一般来说,他们都有自己的成长和发展计划,并为目标的实现而全力以赴。在本发展阶段中期,失败是难以避免的,伴随而来的还会有挫折、厌倦和泄气。管理者应当做好充分的准备,帮助员工克服不稳定因素,并探索使职业变得更有趣、更充实、更富有挑战性的途径。

3. 职业维持阶段

职业维持阶段年龄一般在 45～60 岁。本阶段的人一般达到常言所说的"功成名就",他们以自己多年日积月累并经过多次经历验证的判断力,以及与其他人共享其知识和经验的能力,向组织证明自身存在的价值。处于这一阶段的人需要做的最主要工作就是最大限度地维持并巩固自己的工作成果和地位。因此,他们对工作方面的主要需求是更新技能和知识,已不再考虑变换职业。这一时期的人可能变得对职业不再有很大的兴趣,而希望有更多的自由时间或职业压力更轻一些。

4. 职业衰退阶段

职业衰退阶段年龄一般在 60 岁以后。由于年龄或身体状况原因,人们逐渐减弱了职业活动能力与职业兴趣,从而结束职业生涯。人们需要寻求不同的工作和生活方式,对某些娱乐活动的兴趣爱好,以满足退休后的身心需求。对那些先前事业比较成功的人来说,本阶段的适应可能更为艰难,可以采取一些途径和方式重返职业社会,发挥余热。而对于早年事业表现一般,或已经看到自己的职业绩效在下降的人来说,这或许是一个令人心情舒畅的时期。

(二)职业锚理论

职业锚的概念由美国管理心理学家埃德加·施恩(Edgar H.Schein)提出,他认为职业生涯发展实际上是一个持续不断的探索过程。在这一过程中,每个人都在根据自己的天资、能力、动机、需要、态度和价值观等慢慢地形成较为明晰的与职业有关的自我概念,它体现了个体"真实的自我"。随着一个人对自己越来越了解,这个人就会越来越明显地形成一个占主要地位的职业锚。所谓职业锚就是指当一个人不得不作出选择的时候,无论如何他都不会放弃的职业中的那种至关重要的精神要素或价值观,即核心价值观。正如"职业锚"这一名词中"锚"的含义一样,职业锚实际上就是每个人选择和发展自己的职业时所围绕的中心,它意味着对他来说,到底什么东西是最重要的。

简而言之,职业锚是一种从早期工作经历中逐渐发展形成的职业自我观,它包括三个部分,即自省的才干和能力(以各种工作环境中的实际成功为基础)、自省的动机和需要(以实际情境中的自我测试和自我诊断的机会以及他人的反馈为基础)、自省的态度和价值观(以个体和组织及工作环境的准则和价值观之间的实际遭遇为基础)。

职业锚的功能体现在指导个体未来的职业方向和决策上,可被看作是个体永不放弃的动机和价值观,即使是在被迫作出选择的时候。外部职业生涯的提升只能增长外部职业动机,而职业锚的实现带来的则是内在的愉快。因此,职业锚对个体的工作满意度和工作稳定性有着显著的影响。比如,职业锚决定个体会选择什么样的职业与什么类型的工作单位,决定个体是否会喜欢所从事的工作,是否会跳槽,决定个体在工作中是否有成就感。

发现职业锚的标志是能够清晰地回答三个问题——要干什么?能干什么?为什么干?施恩根据自己多年的研究,提出了以下五种职业锚。

1. 技术型(或功能型)职业锚

技术型(或功能型)职业锚的人往往不愿意选择那些带有一般管理性质的职业,倾向于那些能够保证自己在既定的技术或功能领域中不断发展的职业,如科学研究、工程技术、财务分析、营销等。施恩在1990年指出,技术型职业锚的人更关注于工作的内在本身而不是它的背景。他们喜欢独立地完成任务,可以利用现有的资源来有效地完成任务。他们往往将成功定义为成为该领域的专家,在工作中不断地克服挑战,而不是晋升或物质奖赏。他们首要的外在动机是得到专业领域的深造和自我发展的机会。

技术型职业锚的人虽然在其技术能力领域内也会接受管理职责,但他们对管理职业并不感兴趣。例如,一个技术型职业锚的财务分析员,他希望在发挥自己财务会计专长的领域中谋求发展,其最高目标是公司的技术总监,而不在任何其他职能领域中涉足,也许对全面管理抱有强烈的抵触。在组织的许多工作岗位上都会有技术型职业锚的人,如公司的项目经理、会计人员等。

2. 管理型职业锚

管理型职业锚的人往往具有成为管理者或权威的强烈自信,认为自己具备提升到管理职位上必不可少的能力及价值观,通常能够承担较高职责的管理职位是这些人的最终目标。他们渴望挑战性、多样化和整合性的工作,期待着能够对组织负有责任,获得高层岗位的权利和成就。他们往往具有以下三个方面的能力:①分析能力(在信息不完全以及不确定的情况下发现问题、分析问题和解决问题的能力);②人际沟通能力(在各种层次上影响、监督、领导、操纵及控制他人的能力);③情感能力(在情感和人际危机面前只会受到激励而不会受其困扰和削弱的能力,在较高的责任压力下不会变得无所作为的能力,以及使用权术不感到内疚或羞怯的能力)。管理型职业锚的人适合的职业领域主要是政府机构、企事业组织的主要负责人,如市长、局长和企业的经理人等。

3. 创新型职业锚

创新型职业锚的人大多具有企业家的人力资本特性,拥有把握自己命运的能力,要求有自主权来施展自己特殊才干的创造或创新能力。这种职业锚具体涉及的职业类型多种多样。创新型职业锚的人追求建立或创设某种完全属于自己的东西——一件署着他们名字的产品或工艺、一家他们自己的公司或一批反映他们成就的个人财富等,发挥自己的技能和意志、冒险和克服障碍。创新型职业锚的人的主要职业领域是企业家、发明家、冒险性投资者和产品开发人员等。

4. 独立型职业锚

独立型职业锚的人追求一种能够最大限度地摆脱组织约束,施展自己职业能力的工作情景。他们认为,组织生活是受限制的,职务晋升、工作调动、薪金等诸多方面都难免要受别人的摆布。因此,他们喜欢更有独立性和自主性的职业。这种类型的人对于职业的自主性需要比其他任何需要更为强烈,他们很少体验到错过提升机会的冲突,他们的主要需要是随心所欲地制定自己的步调、时间表、生活方式和工作习惯。其中有许多人还有着强烈的技术或功能导向。具有这种职业锚的人的主要职业领域是学者、科研人员、职业作家、个体咨询人员、手工业者和小型公司的所有者等。

5. 安全型职业锚

安全型职业锚的人极为重视长期的职业稳定和工作保障,他们比较愿意去从事的职业,一般能够提供有保障的工作、体面的收入以及可预测的未来生活。这种可预测的未来生活通常由良好的退休计划和较高的退休金来保证。对于这些人来说,如果追求更为优越的职业,意味着将要在他们的生活中注入一种不稳定因素,那么他们会觉得在一个熟悉的环境中维持一种稳定的、有保障的职业更为重要。

安全型职业锚的人倾向于根据组织对他们提出的要求行事,比较容易接受组织对他们的工作安排,相信组织会根据他们的实际情况秉公办事。不论他们个人有什么样的理想和抱负,当个人目标和组织目标发生矛盾时,他们都会选择服从组织目标的要求。这种类型的人在选择职业时,往往深受其在现实生活中安全取向类型的影响。常见的两种安全取向类型:一种是稳定源和安全源主要是来自给定组织中稳定的成员资格,他们乐于在政府部门或大公司工作;另一种是安全源是以地区为基础,是家庭稳定和自己融入社团的感情,往往选择在家乡或已经熟悉的地方长期发展。

二、个人职业生涯管理

要做好职业生涯管理应当按照职业生涯设计的流程,认真完成每个环节。此外,还要充分了解职业生涯成功的方向和标准。

(一)个人职业生涯管理的步骤

有效的个人职业生涯管理主要包括如下六个步骤。

1. 自我评估

职业生涯规划是一个动态过程,其最基础的工作首先是要知己,即要客观全面地认清自我,充分了解自己的职业兴趣、能力结构、职业价值观、行为风格、优势与劣势等,进行自我评估。自我评估是职业生涯规划的基础,也是能否获得可行的规划方案的前提。只有正确地认识自己,知道自己想要干什么、能干什么,了解个人的优势与劣势、个人职业发展目标的设定及设定的原因、达到目标可能得到的助力与遭遇的阻力、达到目标所需要的教育与培训等,才能准确进行职业定位,才能选定适合自己发展的职业生涯路线。

要做到客观认识自我,至少需要了解以下五个方面。

(1) 职业兴趣——喜欢干什么。

(2) 适合干什么——个人特质,包括个人的能力、气质和性格特征。

(3) 最看重什么——职业价值观,即进行职业锚类型分析。

(4) 人与岗位是否匹配——岗位的胜任力特征如何,与个人条件是否匹配。

(5) 个人现状如何——当前个人具备的有利条件和不利条件是什么。

2. 环境评价

职业生涯管理还要充分了解与认识相关的外部环境,评估环境因素对自己职业生涯发展的影响,分析环境条件的特点和发展变化情况,把握外部环境因素的优势和限制,扬长避短,才能找到适合的发展方向。如果缺乏对外部环境的了解和分析,个人的职业生涯规划只能成为“水中月,镜中花”。外部环境评价主要包括社会政治环境、经济环境和组织(企业)环境的分析,即评估和分析社会的需求,本专业、本行业的地位、形势以及发展趋势,企业与组织的需求,家庭的期望,技术的发展和经济的走向,以及组织在职业生涯选择与规划等方面的员工政策等。

3. 职业定位

职业定位就是要选择一种职业类型,为职业与自己的潜能以及主客观条件谋求最佳匹配。职业定位是自我定位和社会定位的统一,只有在了解自己和职业的基础上才能够给自己做准确定位。良好的职业定位是以自己的最佳才能、最优性格、最大兴趣、最有利的环境等信息为依据的,也就是说,要充分考虑第一步的自我评估和第二步的环境评价的结果。

进行职业定位应注意如下四点:①立足现实,依据客观现实,考虑个人与社会、单位的关系;②树立辩证发展观,要理清当前职业与未来发展的关系,选择条件更合适、更符合自己特长、更感兴趣、经过努力能很快胜任、有发展前景的职业;③扬长避短,权衡个人能力,寻找能够发挥个人所长的职业;④审时度势,及时调整。

4. 设定职业目标

职业生涯规划的核心是制定自己的职业目标。制定个人职业生涯规划的最终目的就是实现自己的职业目标,职业目标的选择正确与否,直接关系到人生事业的成功与失败。

职业生涯规划中所确立的目标,应该是可预想到的、有一定实现可能的目标,包括终极、长期、中期和短期目标。目标确立的方法通常是先结合自身条件和现实环境选择最适合自己发展的终极目标和长期目标,然后通过目标分解,分化为切合职业生涯各发展阶段实际情况的中期目标、短期目标。终极目标和长期目标需要个人经过长期的艰苦努力和不懈奋斗才有可能实现,确立时要立足现实、慎重选择、全面考虑,使之既有现实性又有前瞻性。短期目标更具体,对人的影响也更直接,是长远目标的组成部分。

5. 设计职业生涯行动方案

有效的职业生涯设计需要有确实能够执行的职业生涯策略方案。没有行动,职业目标只能是一种梦想,实现它要有具体的行为措施来保证,要制定周详的行动方案。制定行动方案是指把目标转化成具体的方案和措施。这一过程中比较重要的行动方案有职业生涯发展路线的选择、相应的工作、教育和培训计划的制定等。

职业目标确定后,向哪一条路线发展,此时要作出选择,这就是职业生涯发展路线的选择。是向行政管理路线发展,还是向专业技术路线发展,或者是向市场营销路线发展;是先走技术路线,再转向行政管理路线;在具体的岗位方面也需要作出选择,是行政管理、市场营销、技术研发还是服务支持。

确定职业生涯发展路线后,如何制定切实可行的行动方案呢?拿一名希望成为律师的员工来说,应该考虑如下五个问题。①自己需要参加哪些培训、学习、考核才能够有资格做一名律师?②自己在成为律师的发展道路上需要排除哪些来自内部和外部的障碍?③如何求得自己目前的上司和同事、亲友在这方面给自己需要的帮助?④如何在自己所处的组织中找到有利于自己目标实现的机会?⑤一个律师应具有怎样的经验水平和年龄层次,自己怎样做才能符合这个范围?

6. 评估与反馈

职业生涯规划是一个动态的变化过程。影响职业生涯设计的因素很多,有些因素是可以预测的,有些因素是难以预见的。当今社会处于激烈的变化过程中,职业生涯规划难以预见个人发展将要遭遇的种种现实状况,因此原定职业生涯目标在策略实施过程中往往会出现偏差,成功的职业生涯规划需要时时审视内外部环境的变化,在实施中检验自己的方案,及时诊断职业生涯规划各环节出现的问题,根据反馈的情况,及时反省、修正规划目标并调整规划方案。

(二)如何评价个人职业生涯成功

职业生涯成功是个人实现了自己认为有意义的职业生涯目标,主要可以从职业生涯成功的方向和标准两个方面进行评价。

1. 职业生涯成功的方向

职业生涯成功的含义因人而异,具有很强的相对性,对于同样的人在不同的人生阶段也有着不同的含义。每个人都可以,也应该对自己的职业生涯成功进行明确界定,包括成功意味着什么、成功时要拥有什么、成功的时间、成功的领域、成功时拥有的权势和社会的地位等。对有些人来讲,成功可能是一个抽象的、不能量化的概念。例如,有一个和谐的工作氛围,未来非常有保障。职业生涯成功方向主要有以下五种。

(1)进取型。达到集团和系统的最高地位。

(2)安全型。追求认可、工作安全、尊敬和成为"圈内人"。

(3)自由型。在工作过程中得到最大的控制而不是被控制。

(4)攀登型。得到刺激、挑战、冒险和"擦边"的机会。

(5)平衡型。在工作、家庭关系和自我发展之间取得有意义的平衡,以使工作不至于变得太耗精力或太乏味。

2. 职业生涯成功的标准

在知识经济时代,需要采用新的职业生涯成功标准。有些学者特别注重个人心理感受的成功,认为成功的绝对标准只适用于少数人。如果继续沿用这些标准,大多数人都可能成为失败者。虽然将职业生涯成功视为心理感受有一定的个人心理价值,但毕竟缺乏客观指标。因此,有人提出用过去已有的心理指标(主要是职业满意度)加上客观指标(如劳动力市场的竞争力),作为综合的职业生涯成功指标。由此而来的知识经济时代衡量职业生涯成功的标准有个人的职业满意度、在组织内部的市场竞争力和在组织外部的市场竞争力。

总的来说,要对职业生涯成功进行全面的评价,必须综合考虑个人、家庭、企业、社会等各方面的因素。对于企业员工来说,按照其人际关系范围,可以将其职业生涯成功标准分为自我评价、家庭评价、企业评价和社会评价四类评价体系。如果一位员工能够在这四类体系中都得到肯定的评价,则其职业生涯必定成功无疑。

⊙ 探索与思考

请根据个人职业生涯管理步骤,写下自己的个人职业生涯规划。

✎ 活动与训练

八十岁生日回想

活动目的:通过该项活动,回顾过去,思考未来。

活动过程:用尽量舒服的姿势躺好,闭上眼睛,深呼吸,放松。

想象今天是你八十岁的生日。你的家人、儿孙、亲戚、朋友将为你举办一个盛大的生日晚会。家里到处张灯结彩,你的生日晚会很快就要开始了。现在,你独自一个人坐在书房里,外面是隐隐约约的音乐和人声。你回想着自己走过的岁月,有哪三件事情是你感到自豪的,是你回想起来的时候,让你感到平静愉快的?

当你想好后,请睁开眼睛,在一张空白纸上写下这三件事。

活动思考:

1. 在回忆的过程中,你是否感到吃力,主要的原因是什么?

2. 活动结束后,请思考未来你应当如何做才能让自己的一生有值得回忆的事?

◆ 拓展阅读

30岁,从北漂到UFC首位中国冠军

2019年8月31日,UFC格斗之夜在深圳大运中心体育馆开战,30岁的中国姑娘张伟丽在比赛开场仅用时42秒就TKO(技术击倒)现役UFC冠军安德拉德,拿下了中国也是亚洲人的第一个UFC世界冠军!

说起UFC这项非常小众的综合格斗比赛,大多数人可能并不了解,简单科普一下。UFC(Ultimate Fighting Championship)中文意思是终极格斗冠军赛,是目前世界上顶级和规模最庞大的职业MMA(综合格斗)赛事。可以说张伟丽这次冠军的意义不亚于一个中国球员在NBA比赛中得到了MVP。这一条分量十足的金腰带背后,张伟丽作为职业选手的职业生涯其实也称得上跌宕起伏,让我们从职业规划的视角出发,看看这个"中国最能打的女人"到底是怎样创造历史的吧!

1. 童年的武侠梦是职业的起点

张伟丽小时候就展现了很强的运动天赋,身体素质不输男孩,她的童年深受港台武侠片

的影响，一心想成为一个飞檐走壁的侠女，便央求父母将她送到武校学习。但是父母觉得她年纪太小，学武术太辛苦，一开始并没有答应她。

直到她12岁那年才如愿以偿地进入了邯郸的一所武术学校学习散打，但是那里的生活却和想象中完全不同。飞檐走壁没学会，每天训练被打得鼻青脸肿倒是常有的事。刚开始训练的7个月，年幼离家加上每天异常辛苦的训练，让她一开始也非常不适应。但是经过这一段时间后，她逐渐适应了这样的生活，并展现了自己的天赋——不到15岁就拿下了河北省的散打冠军。

年纪小小就能取得荣誉，这和她拼命的练习分不开，一个踹腿练不好就一直踹，踹个五六百腿都是家常便饭。像散打这样的运动，伤病如影随形，父母不希望她之后一直与伤病为伍，就劝说她退役。

从职业规划的视角来看，这几年对于她来说就是职业生涯的转折点，一方面她找到了自己愿意去终生奋斗的梦想，并且已经在专业的领域中崭露头角，另一方面，出于对家庭因素的考虑，她又一度中断了自己的职业生涯。之所以最终她还是成功了，离不开长时间复利的积累和对自己目标的坚定。

2. 北漂时坚持不放弃的积累

退役后张伟丽开始了自己的"北漂"生涯。17岁进入社会打拼，她先后做过服务员、保安、幼儿园老师、保镖、健身房教练等工作。但是出于对散打格斗的热爱，她从没放弃过基础训练，每天工作之余都会完成计划的训练量，很长的一段时间里，她总是六点就起床了，忙到晚上十一二点才休息。这样的生活并没有让她觉得辛苦，用她自己的话来说，"我不知道以后能不能有机会打拳，但我知道，不做好准备，万一有机会，你会错过。"

在独自摸索了一段时间后，内心的热爱终于还是占了上风。2012年，张伟丽终于说服家人同意她接受职业搏击运动员训练。也是在这时，她开始学习巴西柔术，转型MMA。深知自己已经错过了许多的时间，为了后来居上，她每天都需要大量的练习，来得最早，走得却最晚。她是个对自己严格到苛刻的人，一旦开始训练，她几乎就不会让自己停下来，每次快撑不住的时候，就告诉自己别人还在努力，自己不能落下。哪个动作要是做不好，她就一直重复做，直到做好为止。但是，2013年她的第一场比赛还是输了，2014年又因为严重的腰伤，不得不休息了整整9个月之后，才开始重新训练。

这段时间对于她的职业生涯来说，应该算是黎明前的黑暗，内心的梦想从来没有熄灭过，历经坎坷之后的重新出发坚定了她的职业目标，而多年来的积累也正在慢慢形成复利效应，等待着厚积薄发的一天。机会是留给有准备的人的，如果没有童年时学习散打的基础，没有北漂时不放弃训练的坚持，也许就没有我们今天能看到的这个创造了历史的世界冠军。

3. 每个大目标都是从小目标积累起来的

张伟丽的职业定位一直都是非常清晰的，剩下的就是怎么制定一个个阶段性的目标，怎么一步步向更高级别的赛事挑战。

她自己在接受采访时就曾经说过："没有目标，累的时候就会停下来了，有了目标才能督促自己不停地训练。"有记者问她的目标是什么，得到的回答意外的简单，一开始她的目标只是在擂台上不挨打。"我的目标就是在擂台上不要挨打。如果我练得不好，在擂台上挨打了，我的家人、朋友，关心我的人看到会伤心。所以训练的时候我都不敢偷懒，累了就想想不能让他们担心，不能挨打，就坚持下来了。"

从这个小目标开始,到 TKO 对手取得胜利,她在赛场上以灵敏的反应和干净利落的动作做成,从昆仑决的比赛再次出发,连战连胜问鼎冠军,2017 年 7 月,张伟丽战胜韩国名将徐艺罩拿到 TFC 冠军,几乎每场比赛都能在一分钟内完成高质量的站立对拼,成功将对方摔倒,在地面实施压制。

她的异军突起,让 MMA 领域的顶级赛事 UFC 注意到了他,2018 年 5 月,UFC 与张伟丽签约,今年 3 月她的 UFC 排名已经跻身前十。直到前两天挑战现役冠军,42 秒击倒对手赢得金腰带,她一步一个脚印在完成自己的目标,终于在 UFC 这样高规格的赛事中创造了一段中国人的历史。

从梦想到目标,从中断到重启,从前台收银员到世界冠军,这一个真实的故事,比任何漫画都要热血。坚持你的理想,付出你的全部努力,这是她的故事给向阳君最深的感触,有些人可能一开始没有清晰的目标,有些人可能制定了目标却半途而废,但事实上,成功离我们没有想象中那么遥远,它取决于个人的际遇,更取决于一个人面对自己职业生涯的态度。目标越清晰,行动越努力,发展越顺利。

（资料来源：安红.张伟丽.从"北漂"到中国首位 UFC 冠军[J].青春期健康,2019(23)：52-53.)

第三部分　就业创业指导

就业信息

在现代社会,就业不仅取决于知识、能力、综合素质、社会需求等因素,也取决于个体所获得就业信息的量与质。就业信息量越多,选择面越宽;就业信息质量越高,把握越大;就业信息越及时,越有主动权;就业信息越全面明确,求职盲目性就越小。就业信息是择业的前提,是调整生涯目标的参考。

"工欲善其事,必先利其器",就业信息收集的渠道是否丰富,方法是否正确,对毕业生分析和利用就业信息具有重要影响,关乎其就业决策和就业行为是否合宜。因此,对就业信息相关内容的学习,是每位毕业生在求职前所必须经历的。

在本模块中,同学们能够了解就业信息的内容及渠道,学习信息整理与运用的方法。为今后求职奠定基础。

5.1 就业信息收集

名人名言

对敌人和我们周围世界的情报了解,这是制定全部政策的基石。

——鲍德温

学习目标

1. 了解就业信息的内容。
2. 掌握就业信息的渠道。

案例导入

信息收集的不同结果

在某大学毕业生宿舍,小赵在计算机前不停查找各种就业网站的信息,希望根据自己的专业和兴趣选择就业岗位。看着这些就业信息,他有些紧张和焦虑,而他的舍友杨阳早已胸有成竹,因为他已经得到了几家公司的面试邀请。

是什么让同一个专业、同一个宿舍的他们在就业的重要关头面临不同的情况呢?经过调查发现,原因在于他们对就业信息掌握的情况不同。

小赵只是单一地将搜集就业信息定位在传统的网站搜索，杨阳则有更多的想法，他说："我觉得自己能在就业上脱颖而出，主要是因为手头有很多就业信息可以选择。从学校综合就业指导中心提供的就业信息，到我自己去心仪企业网站链接上搜集招聘信息，我尽可能多地搜集和利用就业信息，我是赢在起跑线上。"

分析：同宿舍、同专业的两人因为就业信息收集方式的不同，形成了两种截然不同的结果。一个未找工作便大汗淋漓，一个早已胸有成竹。由此可知，求职择业不仅取决于体力和能力等诸多因素，而且也取决于就业信息。一个人如果掌握了大量信息，他的择业视野就会广阔，就能比较稳妥地掌握自己的命运，争取主动权，不失良机地选择自己的位置。一个人如果视听闭塞、信息失灵，就会盲目的、糊涂地从事某种工作。随着就业制度的改革，择业者越来越清楚地认识到信息是择业的基础，是通往用人单位的桥梁，谁获得信息，就获得主动权，谁失去信息，就失去主动权。可以说，信息是关系到事业兴衰、成败的大问题。

一、就业信息内容

就业信息的内容十分广泛，作为初次择业的大学毕业生应主要了解以下三个方面的就业信息。

（一）就业政策

1. 国家就业方针、原则和政策

就业政策是毕业生就业的出发点和归宿，是不能违背的。

2. 相关的就业法律法规

了解法律法规，依法办事，不仅可以取得合法权益，而且可以捍卫自己的正当权利，减少不必要的损失。作为大学毕业生来说就必须清楚地了解就业法规、法令，学会用法律来保护自己。目前已出台和施行的有《中华人民共和国劳动法》《中华人民共和国反不正当竞争法》《中华人民共和国劳动合同法》等。

3. 地方的用人政策

各地区、各单位根据国家的有关规定，结合本地区的情况，对毕业生的引进、安排、使用、晋升、工资、待遇等制定了一系列更为具体的规定。不少地区为了吸引人才，还制定了许多优惠政策，这是大学毕业生应该了解的。

4. 学校的有关规定

为了调动学生学习的积极性，保证毕业生就业的顺利进行，学校一般会根据国家的政策要求制定若干补充规定，这也是毕业生应该了解和遵守的。

小 贴 士

国家就业政策（部分）

1. 鼓励高校毕业生到基层、到中西部地区就业

（1）对到农村基层和城市社区公益性岗位就业的，给予社会保险补贴和公益性岗位补

贴;对到农村基层和城市社区其他社会管理和公共服务岗位就业的,给予薪酬或生活补贴;

（2）对到中西部地区和艰苦边远地区县以下农村基层单位就业并履行一定服务期限的,由政府补偿学费,代偿助学贷款;

（3）对有基层工作经历的,在研究生招录和事业单位选聘时优先录取;

（4）对参加"选聘高校毕业生到村任职""三支一扶（支教、支农、支医和扶贫）""大学生志愿服务西部计划""农村义务教育阶段学校教师特设岗位计划"等项目的,给予生活补贴,按规定参加社会保险;项目服务期满并考核合格的,报考硕士研究生初试总分加 10 分,高职（高专）学生可免试入读成人本科;今后相应的自然减员空岗全部聘用参加项目服务期满的高校毕业生。

2. 鼓励高校毕业生应征入伍服义务兵役

（1）由政府补偿学费,代偿助学贷款;

（2）在选取士官、考军校、安排到技术岗位等方面优先;

（3）退役后参加政法院校为基层公检法定向岗位招生考试时,优先录取;

（4）具有高职（高专）学历的,退役后免试入读成人本科;或经过一定考核,入读普通本科;

（5）退役后报考硕士研究生初试总分加 10 分;荣立二等功及以上的,退役后免试推荐入读硕士研究生。

3. 积极聘用优秀高校毕业生参与国家和地方重大科研项目

高校毕业生在参与项目研究期间,享受劳务性费用和有关社会保险补助,户口、档案可存放在项目单位所在地或入学前家庭所在地人才交流中心。聘用期满,根据需要可以续聘或到其他岗位就业,就业后工龄与参与项目研究期间的工作时间合并计算,社会保险缴费年限连续计算。

4. 鼓励和支持高校毕业生到中小企业就业和自主创业

（1）对企业招用非本地户籍的普通高校专科以上毕业生,各地城市应取消落户限制（直辖市按有关规定执行）;

（2）为到中小企业就业的高校毕业生提供档案管理、人事代理、社会保险办理和接续等方面的服务;

（3）从事个体经营符合条件的,免收行政事业性收费并享受国家相关扶持政策;

（4）登记失业并自主创业的,如自筹资金不足,可申请 5 万元小额担保贷款;对合伙经营和组织起来就业的,可按规定适当提高贷款额度;

（5）参加创业培训的,按规定给予职业培训补贴;

（6）灵活就业并符合规定的,可享受社会保险补贴政策。

5. 强化对困难家庭高校毕业生的就业援助

（1）就业困难和零就业家庭的高校毕业生,享受公益性岗位安置、社会保险补贴、公益性岗位补贴等就业援助政策;

（2）机关、事业单位免收招聘报名费和体检费;

（3）高校可根据实际情况给予适当的求职补贴;

（4）对离校后未就业回到原籍的高校毕业生,由各地公共就业服务机构免费提供就业服务并组织就业见习和职业技能培训。

（二）就业程序

毕业生应该清楚毕业生的就业是由地方、学校哪个部门或哪个机构来负责与管理的,例如,大学通常由大学生就业中心负责。这样,当毕业生在求职过程中遇到了困难和问题时,就可以随时向有关的机构咨询。此外,什么时间开始和终止联系单位,签订就业协议必须履行哪些手续,在学校规定的时间内没有同用人单位签订就业协议,户口和档案将转到何处,调整改派的程序和手续等问题,毕业生都需要了解清楚。

（三）供求信息

与就业有关的供求信息主要包括以下五个方面。

（1）了解国家政治经济建设方针、任务和发展战略,了解产业的分类与结构,以及随社会发展,产业结构的调整和变化趋势。了解职业的分类与结构,以及该职业发展的趋势,使自己总揽全局,更好地把握自己,在国家建设的大背景下找到自己的正确位置。

（2）当年毕业生总的供求形势,即与自己同时毕业的学生全国有多少,而用人单位的需求有多少,是供大于求,还是求大于供,或者两者基本平衡,哪些专业紧俏,哪些专业供大于求。

（3）本专业培养目标、发展方向、适用范围,对口单位的情况。

（4）同自己专业直接对口或相关的行业、部门和单位的现状和发展趋势。

（5）用人单位的信息。在大学生选择单位时,往往会出现一些错误,例如对用人单位情况不甚了解,又没有一定的对比,于是在择业时带有很大的随意性和盲目性,只挑选大城市而不问用人单位的性质、业务范围;盯着有"关系"的单位,企图靠"关系"得到提拔和重用;只图单位名称好听就盲目拍板,等等,这些都是片面的。避免假象,对用人单位有比较客观的评价,关键在于掌握用人单位的信息。

一般来说,毕业生应该掌握以下几个方面的情况。

（1）用人单位的准确全称;

（2）用人单位的隶属关系,它的上级主管部门是谁(指人事管理权限);

（3）用人单位的联系办法,如人事部门联系人、电话、通信地址、邮政编码等;

（4）用人单位的所有制性质;

（5）用人单位需要的专业、使用意图、具体工作岗位;

（6）用人单位对所需人才的具体要求;

（7）用人单位的规模、发展前景、地理环境、经营范围和种类等;

（8）用人单位的福利待遇(包括工资、福利、奖金、住房等)。

对用人单位的信息掌握多一点,求职的选择机会就多一点,对招聘单位了解多一点,求职的成功希望则会多一点。掌握和了解用人单位的信息量越大,判断准确率越高,反之,则越低。所以说,能否很好地收集、分析和活用用人单位信息,是对一个毕业生大学生活所学知识和能力的一次检验。

二、就业信息渠道

收集就业信息不能只靠自己到处找单位或发求职信,一般说来这种办法的成功率并不高。要善于利用各种渠道、通过各种途径收集信息。这些渠道和途径主要有以下八种。

1. 通过学校就业主管部门获得信息

学校招生就业处的就业信息具有准确、可靠、多样、具体的特点,是毕业生获取就业信息的最直接、最有效、最主要的途径。学校收集的信息都会及时传至各系(处),或发布在学校网页的就业信息栏中。学生也可以就有关问题向就业中心进行咨询。

2. 通过各级毕业生就业指导机构获得信息

各级毕业生就业主管部门和人才服务机构是沟通用人单位和大中专毕业生的桥梁和纽带,是为毕业生提供就业服务的专业机构。毕业生可通过他们组织的定期或不定期的人才交流洽谈会、大中专毕业生供需见面会等活动获取需求信息,这也是获取信息的重要渠道。

3. 通过各级政府主管部门和就业指导机构搜集

这些主管部门主要是国家教育部和省教育厅、人事厅及各市的教育局、人事局。这些部门和就业机构的主要职责,就是制定辖区的毕业生就业政策,提供高校毕业生和用人单位的信息,为毕业生就业提供咨询与服务。来自这方面的信息也是真实可信的。

4. 通过社会各级人才市场获得信息

随着社会主义市场经济建设的发展,我国人才市场中介机构也应运而生,在那里不仅可以了解到各类不同的机构和职位,而且还为毕业生提供了一次极好的锻炼面试技能和增强面试中自信心的机会。

5. 通过新闻媒体获得信息

每年大学生毕业就业之际,报纸杂志上都会刊登一些关于大学生就业的指导信息,信息从不同侧面和角度反映了当年大学生就业的需求情况。在传媒业高速发展的今天,广播、电视、报纸、杂志等新闻媒体受到了招聘机构和求职者们的共同青睐,如《大学生就业》等每期都刊载有数量不等的招聘信息,同时单独设置了"择业指导"和"政策咨询"等专栏,为毕业生就业提供指导。

6. 通过社会关系网获得信息

在寻找就业信息的时候,千万不要忘记了你周围的亲戚、朋友,以及朋友的朋友,也许他们会给毕业生提供一些机会。一方面,大多数用人单位更愿意录用经人介绍和推荐进来的求职者,他们认为这样录用进来的人比较可靠,如果有这种机会最好不要放过。从另一方面来讲,招聘单位每天收到数百封求职信函,而且这些求职信函在内容上并无太大的差别,所述的求职资格和工作能力也都相差无几。招聘者面对如此众多的没有多大区别的陌生人,难以分辨出究竟哪一个求职者更优秀。所以,在求职中,能够让用人单位更多地注意到自己,就必须想些切实可行的办法。在关键时候找个"关系"帮忙推荐一下,也许是最为有效的。当然,关系要靠自己去发掘,途径也应该正当,切不可不择手段。

一般可以为大学毕业生提供信息的主要有以下几类人。

1) 家长亲友

家长亲友提供的职业信息主要来源于其个人的社会关系,相对固定,也有相当大的局限性。由家长亲友提供的职业信息的数量和"质量"有很大的个人差异。对有些毕业生来说,家长亲友提供的职业信息是其主要的选择,对有些毕业生而言,则可能只是聊胜于无。

2）学校的教师或导师

由于本专业的教师,比一般人更了解本专业毕业生适合就业的方向和范围,在与校外的研究所、企业、公司合作开发科研项目和教学活动中,对一些对口单位的人才需求信息了解得比较详细。

3）自己的校友

校友提供的职业信息的最大特点是比较接近本校,尤其是本专业的毕业生在人才市场上的供求状况及其在具体行业中的实际工作、发展状况,近几年毕业的校友更有着对职业信息的获取、比较、选择、处理的经验和竞争择业的亲身体会,这比纯粹的职业信息更有参考和利用价值。

7. 通过社会实践（或实习）过程获得信息

社会实践是大学生自我开发职业信息的重要途径。在社会实践的过程中,通过自己的努力赢得用人单位的好感、信任,取得职业信息甚至直接谋得职业的大学生不乏其人。因此,大学生在各种社会实践活动中,在了解社会、提高思想觉悟、培养社会能力的同时,要做一个收集职业信息的有心人。另外,还有一个很重要的实践环节是毕业实习,实习单位一般比较对口,通过实习可以直接掌握就业信息,在实习过程中与用人单位达成就业协议也是一个很好的就业途径。

8. 通过计算机网络获得信息

网络人才交流最大的优势在于即使求职者身在异地也能获得大量招聘信息及就业机会。网络人才交流,突破了人才信息与招聘信息沟通的种种限制,跨越时空界限,打破了单向选择的传统人才交流格局。

探索与思考

1. 就业信息包括哪些？

2. 获取信息的渠道有哪些？

活动与训练

创建个人职业信息库

活动目的：通过该项活动,学会对各项职业信息进行收集、整理、分析。

活动过程：

1. 请你在报刊或网络上寻找20条招聘广告,熟悉招聘广告的内容。

2. 针对招聘广告进行分类统计,重点分析和找出适合自己的岗位。

3. 建立自己的职业信息库。

4. 在其中选择一种职业,分析其职业环境。

活动思考：

1. 在完成个人的职业信息库后有何感受？

2. 你未来是否会对职业信息进行归纳整理,除以上方法外,还能怎么做？

5.2　就业信息利用

🏅 **名人名言**

我们不应该像蚂蚁,单只收集;也不可像蜘蛛,只从自己肚中抽丝;而应该像蜜蜂,既采集又整理,这样才能酿出香甜的蜂蜜来。

——培根

🚩 **学习目标**

1. 学会就业信息的整理。
2. 学习就业信息的运用。

📋 **案例导入**

就业信息陷阱

某年3月底,安徽某校应届毕业生小李还没有找到就业单位,他非常着急,整日四处奔波,并在网上搜索就业信息。有一天,他在网上收集到一条信息,沿海某城市的人才市场将于近日举行大型招聘会,参加单位将达数百家,世界及国内著名公司都将前来,欢迎全国各地大中专毕业生踊跃参加。小李一看,非常高兴,立马将此消息通知给他尚未找到工作的同学和老乡,最后一共有二十多名毕业生组成一个"应聘团",共同前往。到了招聘会现场后,他们购买了价格不菲的门票入场后,看到的一切让他们大失所望,在现场的公司大多是一些不知名的小公司,有的公司还收取报名费。小李等人连呼上当,愤慨不已,但也无可奈何。

分析:小李的经历对广大毕业生有警示作用。毕业生在面对纷至沓来的信息时,千万不要盲目乐观,一定要保持清醒的头脑,认真分析信息,将虚假信息尽早排除在视野之外。

一、就业信息整理

就业信息的整理就是对搜集到就业信息进行加工、分析、综合、归类、过滤,从中筛选出适合自身需求的有用信息,作为求职的重要依据和基本前提,更好地为自己求职择业决策服务。亦即去粗取精、去伪存真、由此及彼、由表及里的改造制作过程。一般有以下三个步骤。

1. 真伪辨析

利用各种渠道获悉大量的就业信息后,不要急于发简历或打电话,由于就业信息的来源、信息的传播渠道比较复杂、形式多样,搜集到的就业信息有的是模糊、多余、滞后的,有的甚至是虚假信息或骗人的广告。

2. 筛选

在真伪辨析、删掉无效、内容残缺不全的信息的基础上，毕业生要根据自己的实际情况、专业和特长等设置一套标准，对信息进行进一步筛选，把力量真正用在刀刃上，记住适合自己的才是最好的。

3. 加工分类与编制储存

加工分类与编制储存是就业信息整理的最后阶段，其意义在于理清事实，便于记忆，便于实践。

小 贴 士

就业信息分析

招聘信息五花八门，其中内涵丰富多彩。每一则招聘信息都应认真研读，找到其中真实的内核。比如报刊上的就业信息、电视电台播放信息都会因为费用问题而简洁明了，并且有些内容不适宜在信息中和盘托出，因此，求职者要从多而杂和异常简洁的招聘信息中获得有用的东西，一定要"看门道"。

（1）注意时效性。由于报纸发行量大，覆盖面广，因而应聘的人多，竞争激烈。求职人员应尽可能早地买到报纸，早作准备，早点去应聘，以增加就业机会。

（2）注意广告刊登次数。同一单位在短时间内连续刊登相同的招聘广告，说明该企业招聘的人数多且急，求职的可能性较大。若一个单位数周后再次刊登同样的广告，说明该单位待遇不是很好，很难招到人或者招到人后留不住人，求职者应三思而后行。

（3）理智看待高薪广告。目前许多广告打出的工资高得惊人，如年薪十万、百万。这些单位大多对学历、经验、能力、社会关系要求较高，一般不适合刚毕业的学生，而且许多广告是为了制造轰动效应，起促销的作用，大可不必理会它。

（4）充分利用缓冲期。许多广告都列明见报三天后现场招聘。求职者可利用这段时间打电话或实地考察招聘单位，了解经营和福利状况，做好思想准备，把握主动权，做到正式应聘时心中有数，增加成功机会。

（5）注意选择对象。目前广告上最多的是招聘营销和保险人员。这些工作一般没有底薪和劳动福利，按销售提成，工作辛苦且有一定风险，选择时宜慎重。

（6）留意附加条件。许多招聘广告都注明年龄、学历、职称等要求，这是硬条件，活动余地较小，不容突破。研读信息时注意，在招聘信息对上述三项条件出现"一般情况下……""特殊情况可适当放宽"等注释时，或注明"……条件优先"等字样时，求职者可以抓住机会，针对自己的特长大胆应聘，集中推销自己的长处，争取获得成功。在应聘时可集中渲染自己的优势，这样也许会使招聘者顿生好感，从而获得意想不到的成功。

（7）注意判断企业规模的大小及发展前途。一般而言，企业会利用招聘的机会为自己扬名。大公司往往会在招聘信息中大肆宣传，借以扩大在社会上的知名度，巩固自己在社会中的地位。而在招聘信息中避而不谈本单位的历史、现在和未来的，其规模往往不大。那些在招聘信息中除了留下电话号码外，什么都没有的招聘单位往往也不可信。

二、就业信息利用

就业信息的利用是指对经过求职者理解并加工处理后的信息的一个转换过程,即依据信息进行择业的过程。对搜集到的各种职业信息,进行了认真的分析辨别,并分门别类整理出自己的首选信息和备选信息之后,就可以通过这些信息明确职业选择的思路,确定职业选择的优先次序,制定相应的行动方案并开始行动。

(1) 通过所获得的职业信息进一步了解市场需要和自身优势及不足,并对自己的职业规划进行必要的调整。所谓"隔行如隔山",各行各业都有自己的特点和对从业者的不同要求。通过对职业信息的分析与整理,大学生应正确估计自己的市场行情,对过高或过低的职业期望以及原有的职业规划进行适当的"微调",使其更加符合实际情况。

(2) 对职业信息进行分类之后,按优先次序确定择业的范围并锁定目标。经过对收集到的职业信息进行系统的分类之后,学生就可以根据个人的情况和市场对人才需求的符合程度确定大致的择业范围,即确定可供自己选择的职业和工作岗位。然后,就要在大致的择业范围之内确定若干个"重点培养对象",以便集中精力"择优录取"。

(3) 制定行动方案并开始行动,包括及时与用人单位取得联系和主动发出个人求职信息等。一般来说,职业信息的时效性很强,而且要获得一个工作岗位可能还要面对若干个竞争对手,所以在确定择业目标之后应该在尽可能短的时间内与用人单位取得联系,先入为主,争取主动。

另外,在搜集职业信息时有可能出现的情况是,对所有的信息都不满意。这时,就可以考虑通过各种渠道把个人的求职信息发布出去,等待"伯乐"的光临,虽然通过这种方法成功就业的概率较低,但也不失为一种择业的好方法。毕业生要学会合理、充分地利用这些有效信息。

当有些信息对自己不一定有用,可是对他人十分有用时,要及时输出对他人有用的信息,千万不要抓住这些信息不放。主动输出对他人有用的信息,不仅对他人是个帮助,同时也增加了自己与他人交流信息的机会,说不定也会从别人手中获得对自己十分有益的信息,帮别人就等于帮自己。

小 贴 士

利用就业信息应注意的问题

(1) 即时信息及时利用。对那些急需就业人员的招聘信息,要放入优先级考虑,判断要准,反应要快。否则,信息一旦过时,将失去其价值。

(2) 信息可信度要验证。要通过正规渠道,从不同的侧面、角度对就业信息进行可信度调查,以确保真实有效,具有利用价值。

(3) 不要草率放弃任何一条信息。就业信息从搜集、整理到分类、利用花费大量时间和精力,因此不要轻易听信别人的谗言,而放弃有利用价值的信息。

(4) 要与家人沟通。当采纳了自己认为理想、满意的就业信息,确立了求职择业的重要选择方向,准备"初出江湖"上岗工作时候,应该清醒地看到自己的经验、阅历、财力等都不足,所以,一定要告诉自己的父母、亲人,免去挂念和担忧。

探索与思考

获取的就业信息是否可靠? 如何进行分析、整理和利用?

活动与训练

就业信息大收集

活动目的:通过该活动,事先练习如何收集就业信息。

活动过程:针对你感兴趣的一个企业(单位)或目标就业的企业(单位),尽可能地收集它们的企业概况、企业文化、用人标准等方面的信息内容。

制作"防骗宝典"

活动目的:通过该活动,制作一份专属个人的求职防骗宝典,为将来正式求职提供警醒作用。

活动过程:在求职、收集信息、面试、签约这四个求职的重要阶段,仔细分析每个阶段的各个环节,制定一份属于自己的"防骗宝典"。

拓展阅读

张艺谋的职业发展之路

1. 从农民到摄影师和演员

1968年初中毕业后,张艺谋在陕西乾县农村插队劳动,后在陕西咸阳国棉八厂当工人。1978年入北京电影学院摄影系学习。1982年毕业后任广西电影制片厂摄影师。1984年作为摄影师拍摄了影片《黄土地》,崭露头角。1987年主演影片《老井》,颇受好评。

2. 从《红高粱》到奥运会开闭幕式总导演

1987年,张艺谋导演的一部《红高粱》,以浓烈的色彩、豪放的风格,颂扬中华民族激扬昂奋的民族精神,融叙事与抒情、写实与写意于一炉,发挥了电影语言的独特魅力,广获赞誉。正是这部电影,让张艺谋成功地实现了从演员到导演的转型,并以一个成功导演的角色进入公众视野,奠定了张艺谋成功导演的地位。从此,张导便一发不可收拾,在经过一段艺术片的成功后,他又转向了商业大片,《英雄》《十面埋伏》《满城尽带黄金甲》等一部部商业大片的红火为他带来了巨大的声誉,并最终带他走到了中国电影旗帜的位置。

2008年北京奥运会,张艺谋又以其独特的大手笔,面向全世界展示了一部绝对中国的完美"大片",也使得张艺谋站上了职业生涯的巅峰。

揭秘张艺谋导演成功轨迹

从插队劳动的农民,到工人、学生、摄影师、演员、导演,一次次巨大的职业跳跃和转型才最终造就了一个成功的导演。让我们共同来探析张艺谋导演的职业规划过程。

• 职业准备期

特殊的历史环境,使年轻时的张艺谋未能上高中就插队当了农民和当工人,很多人像他一样没有选择，但能像他一样坚持自己梦想的却不多。终于，在 1978 年。张艺谋以 27 岁的"高龄"去学习自己钟爱的摄影，为自己未来的转型进行积累。

- 职业转型期

重新进入课堂学习后，张艺谋老老实实地做起了摄影，虽然他的志向是导演，但他显然十分清楚自己要做什么。这个时候的他仍在学习，不是在课堂上，而是在实践中学习。

- 职业冲刺期

在《黄土地》获奖后，张艺谋有两个选择，继续作为一个已经很成功的摄影师或者转型开始做导演。然而，意料之外，他却做了另外的选择——做一名演员！ 不过也可以说，这实在是最明智的选择。要做导演，特别是要想成为较有建树的导演，最好能亲身体验过做演员的感受，以便在拍片的时候和演员们足够契合。

- 职业发展期

《红高粱》成功之后，张艺谋拍了一段时间的文艺片，在全国大众都熟悉了他的名字后，张艺谋敏锐地捕捉到了商业片的市场价值，这也与中国电影市场的需求相契合。他开始转向了商业大片，开始了自己的大片之旅，并一直延续到现在。尤其是借助 2008 年北京奥运会开幕式的无形宣传，使张艺谋导演闻名中外。

张艺谋导演的职业发展历程告诉我们，清晰的职业规划是成功的保障。同学们有更好的学习环境，也有更好的成才条件，应该抓住机遇，合理规划职业发展，获得职业生涯的成功。

（资料来源：佚名.解密张艺谋导演成功的职业规划［EB/OL］.（2007-08-31）［2020-08-07］.https://www.eol.cn/mi_ji_4344/20070831/t20070831_251738_1.shtml.）

模块六

简历撰写与面试技巧

模块导读　简历是每个求职者获取工作机会的敲门砖,当今社会求职找工作的方式有很多,但是简历适用于每一种、每一阶段的面试,从招聘者打开招聘邮箱的第一刻开始,映入眼帘的就是简历。简历以书面形式传达一个人的学历、经历、专长、嗜好及其他,勾勒出他(她)的完整样貌,甚至根据书写的格式、排列逻辑、语词字汇,也可判读出撰写者的气质、内涵。

俗话说"百闻不如一见",多少语言也不如你亲眼看到一次体会更深或更加现实。判断一件事物时,用自己的亲身体会去感受,是非常重要的。一个企业在招聘新职员时,面试是最直观的判断。

简历和面试是求职者绕不开的话题,它们是求职成功的前奏。书写好个人简历,学习面试的相关技巧是每一位求职者所必须经历的。通过本模块的学习,同学们能够很好地掌握以上内容,为个人求职成功添砖加瓦。

6.1　简历撰写

名人名言

一个明智的人总是抓住机遇,把它变成美好的未来。

——托·富勒

学习目标

1. 了解各类型简历的特点、区别。
2. 了解个人简历的撰写技巧与原则。
3. 学习个人简历、自荐信的制作。

案例导入

简历的力量

24 岁的女孩小小遇到了梦寐以求的求职机会,却因为紧张而错过了火车,失去了面试机会,这该怎么办?

　　小小在错过面试之后并没有放弃自己的理想。她手绘了 200 多幅简笔画,拍摄了 5000 张照片,又精选了 3000 张来制作视频。她将自己对手工制作的热爱、现实的处境和对求职公司的挚爱,编辑成了一个温暖的视频故事发给了公司。最终,这份独特的个人简历打动了公司。公司认为小小的简历体现了她对工作的热爱和努力,也体现了一种精益求精的工匠精神,最终决定录用她。

　　分析:小小在错过面试机会后,用自己独特的简历让公司看到了自己的价值所在,最终获得了工作机会。个人简历是毕业生个人信息、学习成绩、工作经历及有关能力的概括集锦,也是展示自身能力和价值的重要载体。一份成功的简历,不仅可引起用人单位的注意,还可以让招聘单位从中看到毕业生优秀的品德、出众的才华、强烈的事业心、卓越的团队意识等。

　　现代社会的飞速发展,使许多繁复的事情变得简单,就业资料也是其中的一项。简化后的就业资料,基本上已经被简历覆盖。从简单的制式简历到全面的个人简历,甚至是在互联网上迅速传播的微简历,都拥有各自不同的特点与功能。

一、制式简历

1. 制式简历的含义

　　制式简历是用人单位提供的一份固定格式的履历表,求职者需按照用人单位的要求填履历表,然后返还给用人单位,制式简历范例如表 6-1 所示。

表 6-1　制式简历

姓名		性别		出生年月		相片
民族		婚姻情况		身高		
学历		籍贯		联系电话		
健康状况		性格		求职意向		
兴趣爱好						
工作经历						
个人简历						

2. 制式简历填写注意事项

（1）要突出自身特点，突出专业特长和能力特长。

（2）要严格按照用人单位的要求填写，特别是对时间、日期等信息的格式要求。

（3）明确求职目的，与工作无关的事情不要写。

（4）书写规范，避免超格。计算机录入时，避免改动简历格式。

（5）避免出现错别字或歧义字眼，要慎重检查再提交。

（6）如实填写，不要弄虚作假。

（7）教育经历、学习经历应填写完整，不要有中断。

（8）填写个人荣誉时，应遵循时间就近原则。

3. 制式简历的使用

制式简历一般是用人单位为了简化招聘流程而提前准备好的，其内容和项目往往和用人单位想要了解的信息相关。在使用制式简历时，要特别注意对用人单位有针对性，填写的内容要贴近用人单位感兴趣的方面和领域。返还给用人单位应及时准确，避免延误了要求的时间。因为制式简历的便捷性，使用时还应该注意用人单位是否要求提供其他证明材料。

总之，制式简历的使用要认真理解用人单位的各项要求，并尽量与之相符，避免给用人单位留下缺乏诚意的印象。

二、个人简历

个人简历是区别于制式简历的更全面的一种简历形式，在用人单位不提供制式简历的时候，可以选取制作更全面和更具有个性化的个人简历。

（一）个人简历的内容

一份成功的简历一般应包括以下几个方面的内容。

1. 个人基本信息

姓名、性别、出生日期、籍贯、政治面貌、婚姻状况、身体状况、兴趣爱好及住址、电话等。

2. 受教育的程度

就读学校，所学专业，学位，外语、计算机掌握程度等。

3. 本人经历

本人经历主要包括自己从事某项工作的起止时间，所担任职务的名称、主要成就等。在介绍这部分经历时，一定要突出与自己自荐目标相关的工作内容。

4. 所获荣誉

所获荣誉包括三好学生、优秀团员、优秀学生干部及奖学金等方面所获荣誉。

5. 其他技能培训

外语等级证书、计算机操作等级证书、汽车驾驶执照等。另外，所参加过的与该工作有关的其他辅导或培训课程，也应该反映出来，并注明完成的日期。如果目前正学习某一科目，就应把将完成的日期写出来，例如，"参加二级建造师考试，将于×年×月完成"。

6. 研究工作及成果

应该把做过的重大研究项目写进个人简历,要注明在项目中的角色、项目合作者及该项目的赞助单位,最后注明完成该项目的时间。

7. 自我评价及个人期望

总结大学阶段的表现,并由辅导员(班主任)或学院主管领导填写意见。根据自己的爱好、兴趣和特长,表明自己期望从事的工作。

8. 说明部分

如果说明的内容能引起招聘者的兴趣,那么简历上也应包括这部分。

（二）个人简历的撰写技巧

个人简历真正的用处就是让用人单位充分了解自己,从而提供可能的就业机会。因此简历要写得简洁精炼,切忌拖泥带水。简历的格式要便于阅读,有吸引力,从而使用人单位对自己有良好的印象。

1. "简""力"结合

简历要"简",一是要阐明总体情况,二是要有针对性,三是针对应聘的职位列出自己学过什么,能做好什么,有什么实践成果和创意设想。简历要有"力",即要有说服力,让招聘者一看个人的简历就认为应聘者"就是单位急需的人才"。例如,一位学广告设计的毕业生,一掏出简历,用人单位当场拍板要了他,原因很简单,他把简历设计成了一张普通名片,正面是个人基本情况、自荐意向,背面是设计作品。在厚厚的一沓资料面前,它无疑是有创意、有说服力的。

2. 突出成就

仅有漂亮的外表而无实际内容的简历是不会吸引人的,招聘人想要应聘者以证据证明个人的实力。所以,简历要证明毕业生以前的成就,以及从中得到了什么益处。强调以前的经历,一定要写上结果,例如,参与了某著名跨国公司组织的计算机软件竞赛活动,并获得了一等奖。不要平铺直叙自己过去的经历,短短一份"成就纪录",远胜于长长的"工作经验"。

3. 坦率真诚

内容真实是简历最基本的要求。有一些自荐者,为了博得用人单位对自己的好印象,不惜给自己的简历造假。例如,过分渲染自己的学业成绩和能力,甚至擅改自己的学业成绩。造假者可能一时未被人识破,但终归有暴露真相的一天,到时候,对自己的伤害会更大。

4. 重点突出

由于时间的关系,招聘人员可能只会花短短几分钟的时间来审阅一个人的简历,因此简历一定要重点突出,应将能力分析和能够胜任这份工作的理由作为重点予以突出。一般来说,对于不同的用人单位、不同职位的不同要求,自荐者应当事先进行必要的分析,有针对性地将其设计为简历的点睛之处,既要深思熟虑、写得精彩,又要巧妙布局、不落俗套。

5. 精准用词

许多负责招聘的工作人员都说他们最讨厌错别字,甚至有人说:"我一发现错别字,就停止阅读。"因此,自荐者最好不要使用拗口的语句和生僻的字词,更不要有病句、错别字。外文要特别注意不要出现拼写和语法错误,一般招聘人员考查应聘者的外语能力就是从其简历开始的。同时行文也要注意准确、规范,大多数情况下,作为实用型文体,句式以简明的短句为好,文风要平实、沉稳、严肃,以叙述、说明为主。

6. 凸显专业

适当引用应聘职位所需的主要技能和经验术语,能使简历更显深度。例如,要应聘办公室人员,就要熟悉计算机操作系统;招聘工程师,需要掌握绘图和设计软件。招聘单位对不同的职位有相应的具体的素质和技能要求,引用一些相关专业术语在简历中,能表现出自荐者具有这方面的资历。

7. 扬长避短

撰写自荐简历还要考虑到竞争对手的因素,要知己知彼,突出自己的长处,回避自己的短处。例如,招聘者通常看重有更多实际经验的人,刚刚走出校门的毕业生,不可能具有相关职业的工作经历,在自荐时应该更着重强调最近的教育与培训,尤其是与正在申请的工作最直接相关的课程或实践活动。同时,可以强调自己具有较强的适应能力来弥补工作经验的欠缺,列举在校期间参加过的勤工助学、实习和实践的成就证明自己"勤奋肯干""能迅速掌握新技能"。另外,还可以考虑表达接受困难条件的意愿,例如"愿意在周末和晚上加班"或"能够出差或外派"等。

(三) 个人简历的撰写原则

一份卓有成效的个人简历是开启事业之门的钥匙。正规的简历有许多不同的样式和格式。大多数求职者把能想到情况的都写进简历中,但实际上没有人会愿意阅读一份长达五页的流水账般的个人简历,尤其是繁忙的人事工作者。

撰写出色的个人简历,第一原则是要有重点。一个招聘者希望看到应聘者对自己的事业采取认真负责的态度。应牢记雇主在寻找的是适合某一特定职位的人,这个人将是数百名应聘者中最合适的一个。因此如果简历的陈述没有工作和职位目标,或是把自己描写成一个适合于所有职位的求职者,则很可能将无法在任何求职竞争中胜出。

第二条原则是把简历看作一份广告,推销自己。最成功的广告通常简短而且富有感召力,并且能够多次重复重要信息。个人求职简历应该限制在一页以内,工作介绍不要以段落的形式出现,尽量使语言鲜活有力。在简历页面上端写一段总结性语言,陈述自己在该职位上最大的优势,然后在工作介绍中再将这些优势以工作经历和业绩的形式加以叙述。

制作简历的第三条原则是陈述有利信息,争取面试机会,也就是尽量避免在简历阶段就遭到拒绝。因为面试阶段所进行的简历筛选过程就是一个删除不合适人选的过程。如果站在招聘者的立场就会明白,招聘时每次面试都需要较长时间,因此对招聘者来说进入面试阶段的应聘者人数越少越好。招聘者对理想的应聘者也有要求,如相应的教育背景,工作经历以及技术水平等。应聘者只有符合这些关键条件,才能打动招聘者并赢得面试机会。此外,简历中不要有其他无关信息,以免影响招聘者对你的看法。

切记,撰写简历时,要强调工作目标和重点,语言简短,多用动词,并且避免会使自己被淘汰的不相关的信息。

（四）个人简历模板及实例

1. 标题

个人简历多用"个人简历""求职简历"作标题。

2. 正文

正文有一段式和多段式两种结构方法。

（1）一段式。从姓名、性别、籍贯、出生年月、民族、团体党派写起，按时间顺序叙述主要学习、工作经历，主要成绩、贡献。

（2）多段式。适用于经历较丰富、年岁较大的人。先总述主要经历，再分段叙述各阶段或各方面主要经历。个人简历书写要求是不夸大不缩小、概括集中、语言朴素、真实可信。

3. 简历范例

如表 6-2 所示，为一份个人简历的范例。

表 6-2　个人简历

应聘者		应聘岗位	管理（行政、人事）主管、策划营销

个人信息

姓名		性别	
籍贯		民族	
出生年月		年龄	
政治面貌		身高	
联系方式		邮箱	

学习经历

- ××××年，小学，就读于×××学校
- ××××年，初中，就读于×××学校
- ××××年，高中，就读于×××学校
- ××××年，大专，就读于×××学校

工作经历

- ××××年×月—××××年×月，在×××公司，从事电脑销售、维修、售后等工作，同期取得省二级计算机上岗证
- ××××年×月—××××年×月，在×××公司，负责行政后勤、人事招聘等工作，并在同期参加职业经理人培训
- ××××年×月—××××年×月，在×××有限公司工作
  ① 职务：市场营运部，主要负责公司广告用品制作、宣传用品印刷、部门人才招聘等
  ② 职务：督察组，主要负责公司行政工作落实、查处违纪、考勤检查、内务管理等
  ③ 职务：网络部，主要负责各项办公耗材的采购、库管等
- ××××年×月至今，在×××中心工作
  ① 职务：市场部策划岗，主要负责市场策划工作
  ② 职务：总经理办公室主任，主要负责公司行政、人事、策划、外联等工作

续表

相关技能
• 熟练操作 Office 办公软件 • 大学英语六级

个人特长
• 善于沟通,有较强的组织协调能力,在工作中能独当一面 • 具有计划、统筹等管理经验 • 工作作风精干,自信,有长远的规划能力 • 良好的仪表和语言表达能力

✉ 小 贴 士

一份好的简历好比一篇精彩的文章,既要有骨架,也要有肌肉(工作经验)和血液(自我评价)去充实和丰满,这样才能呈现一个栩栩如生的自荐者。要写出一份引起 HR 注意的简历,切记不要犯以下错误。

1. 自我评价过于简单

有人觉得简历中的自我评价只要把形容词堆砌上去,把自己夸赞一番就好,但这样写很容易流于形式,如"百折不挠的精神"、"寻找更大的挑战"。要结合职业匹配度来描写自己的个性或能力,要把与工作岗位紧密结合的优势和特质放进去,让人力资源主管感觉应聘者的性格和自我评价非常适合应聘的工作。

2. 求职意向过于宽泛

有些人简历中的求职意向横跨五个行业,目标职能覆盖十几个岗位,这样不但不会给人力资源部门主管"复合型人才"的印象,反而会让他觉得自荐者的职业方向定位不清,什么也做不了。求职意向一定要有关联度,要让招聘单位觉得应聘者对自己的职业生涯有所规划,有稳定性,否则他们会觉得该人进来后很快会走掉。

3. 工作经验没有针对性

一个有 3 年工作经验的人,简历上的工作经验只写了短短四行,而有些人,在"工作经验"这一栏巨细无遗地罗列了一天的工作内容,包括收发邮件等,这些都是不可取的。用人单位不是想知道应聘者一天的工作流程,而是想了解通过这份工作从中获得了什么业务能力。这对面试者判断一个人是否符合应聘职位有很大影响,一定要作详细描述。

另外要注意,不要写无关经验,要写相关经验。如果应聘的是营销工作,就不要赘述你会网页设计,这和你的目标职位没太大关系,但如果你有论坛或者社交网站推广经验,就可以详细描述。

三、自荐信

(一)注意事项

自荐信就是自我推荐信,是以信件形式书写的一份推荐表,它的格式要求与书信要求一致。基本的注意事项有以下几点。

(1)符合书信格式。有标题、有称谓、有问候、有结尾祝语、有落款。

（2）实事求是。书写内容要符合自己的实际状况,切莫弄虚作假。

（3）简明扼要。自荐信以一页为佳,切莫长篇大论。

（4）突出重点。内容有限,以时间就近、重点事件就前为原则。

（5）书写工整。手写的字迹和电子文稿的排版都应该干净整齐、美观大方。

（二）自荐信案例

【案例一】

自　荐　信

尊敬的领导:

您好!

感谢您百忙中抽空看这封信。我在招聘网站上见到贵公司的招聘启事,得知贵公司因业务发展需要一名人力资源专员,特来应聘。

我是×××学校毕业的全日制专科大学生,所学专业为人力资源管理,大学期间,我以做一名优秀的人力资源管理师为目标,不断充实和完善自己。学习上,我刻苦认真,成绩优异,除了专业课学习外,还注意优化自己的知识结构,适应时代人才要求,考取了计算机国家一级证书及普通话等级证书。

在英语学习方面,我具备了一定的阅读、口语能力,现在正向更高的目标努力。通过全面、系统的学习,我不仅掌握了人力资源管理专业的相关知识,还具备了一定的实际操作能力和技术。对于 Office 等常用办公软件,都能熟练应用.

此外,我在校团委学生会组织部工作了两年,有一定的工作经验和能力,工作踏实认真,吃苦耐劳。我性格开朗,具有良好的待人接物能力,乐于与别人合作,注重细节,做事谨慎负责,有耐心,能服从上级领导的安排,协助各项事务的顺利展开。

诚然,我不具备最高的学历,但我好学勤奋,具有务实的工作态度。我渴望学成之后能够施展身手,更急盼有伯乐的赏识与信任。我会用我的实际行动回报您对我的选择,用我的青春与才智为贵公司的快速发展做出贡献。如蒙慨允,给我一个面试的机会,对我进行全面考察,我将十分感谢。

此致

敬礼!

求职人:×××

××××年××月××日

【评析】

案例优点:格式正确,文笔流畅,语言干净,文字信息容量大,体现了比较好的语言文字功底,所选岗位和自身能力相吻合。

有待改进的地方:

（1）应简要体现对求职企业的了解,以增加亲切感。

（2）应明确提出自己能够符合岗位要求(得知贵公司因业务发展需要招聘人力资源管理专员,认为自己能够符合岗位要求,特来应聘)。

【案例二】

自 荐 信

尊敬的××校长:

您好,首先感谢您在百忙之中审阅我的自荐书,当您翻开这一封自荐信的时候,已经为我打开了通往机遇与成功的第一扇大门。我将努力让您在短时间内了解我。

贵校是成都乃至四川职业教育培训的先驱者之一,是一所声名远扬、锐意进取、善育英才,既有优良的办学传统又充满着生机活力的培训单位。在近二十年的发展进程中,贵校培养了数以万计的优秀人才,形成了鲜明的办学特色,为成都职业教育培训的发展做出了重要贡献。

我是一名×××学校即将毕业的专科生,所学专业是商务英语。当年高考填报志愿时也不知道商务英语专业具体学什么的,只是毫无目的地填了这个专业。经过这将近三年的学习和一些其他经历,我萌生了当一名教师的想法。虽然我学的是非师范专业,但是我已通过自己的努力拿到了教师资格证书,希望贵校给我一个展示自我的平台。我希望求得英语教师这个职业,为学校做出我的一点贡献。

在这几年的学习里,通过自己的努力,我拿到了计算机二级证书。在大学期间,我拿过两次英语演讲比赛二等奖。我个人有着良好的交际能力,也很有亲和力,我可以很好地与学生进行交流沟通。我有很强的责任心,我不会落下班级里的任何一个同学。

尊敬的校长,诚恳地希望贵校给我提供一个舞台,让我在这个舞台上展示自己的才华。希望尽快面试。

我的邮箱是:×××@126.com

我的电话是:×××××××××

此致

敬礼!

求职人:×××

××××年××月××日

【评析】

案例优点:对职业教育培训学校有所了解和介绍,体现了自己具有做英语老师的基本素质。

有待改进的地方:有多余的语言,表达逻辑差,最后的语气略显生硬。

(三)互联网时代的简历演变趋势

互联网的发展颠覆了人类对各个领域的认知,就连一份小小的简历也不能逃脱互联网的冲击。个人简历从传统的印刷纸张到今天的数码传播,内容虽然依旧,但是形式完成了从有形到无形的转变。

不可否认,互联网让人类的生活越来越便捷,如今的简历可以扫码、可以电子邮寄、还可以上传至互联网,传播方式变得更加简单,传播的范围也更加广泛。在互联网时代,个人简历的发展呈以下五个趋势。

1. 个性化

未来的个人简历将会更加注重个性化的差异。在互联网中,人的差异化特性非常明显。简历的发展也受此影响,个性化的元素将会越来越多。今天,可以看见种类繁多的简历,这就是个性化需要的一种体现。未来这个趋势会越来越显著,以至于出现更多种类的简历,包括电子简历、视频简历,甚至 VR 简历也会应运而生,许多能体现职业特色和特殊技能的简历也会更多地走进人们的视野。

2. 国际化

在互联网时代,国际交流变得很容易实现。个人简历发展的一大趋势,就是需要能适应多国、多地区的需要。所以,未来个人简历的制作要具有国际化视野,即多种语言的简历或者同声翻译简历等也会成为一种潮流。在制作简历的时候,也可以考虑加入一些国际元素,来提升个人简历的档次和拓展使用的范围。

3. 网络化

互联网的即时性已经彻底改变了简历的投递方式,未来简历的使用将更依赖网络的发展。今天,人们可以利用丰富的网络资源制作简历,使用网络模板去创建个性化简历,也可以直接把简历信息保存在网络端。未来的发展趋势,则可能把简历、求职甚至工作完全网络化,简历将会变成人们的一个网络标签,人一生的表现将会经由网络自动生成一份人生简历。

4. 定向化

具有针对性的定向化发展也是互联网下个人简历的一大发展趋势。利用互联网的资源和传播能力,指向某一特定公司或者特定行业而制作的简历,往往能够发挥奇效。因为这一特性更能体现职业能力、创意,更能受到用人单位青睐。甚至有的求职者甘愿为用人单位制作免费广告,也成就了不错的简历典范。

5. 模块化

简历的不断演变,使简历的制作方式越来越丰富,也越来越简单。在互联网的催化下,未来的简历制作可能会像积木一样,通过制作者的拼装,就可以轻松地组成一份充满个性化元素的简历。而每一个模块的制作都可能是单独的,方便为不同公司组合成不同需求的简历,这样既体现了对用人单位的尊重,又节省了求职者重复劳动付出的时间成本。

🔍 探索与思考

1. 个人简历有哪些部分组成?
2. 你今后是否会使用自荐信进行求职,你将如何在自荐信中描述你自己?

✏️ 活动与训练

个人简历的制作

制作一份"个人简历"(见表 6-3)文档。需要在文档中插入并编辑表格,然后输入并编辑表格内容,完成后再插入并编辑照片。

表 6-3　个人简历

姓名		性别		照片
出生日期		民族		
政治面貌		身高		
工作经验		婚姻状况		
户籍		现居住地		
最高学历		毕业院校		
专业名称		外语语种		
邮箱地址		联系电话		
专业技能				
求职意向				
教育背景				
工作经历				
自我评价				

任务一　插入并编辑表格

1. 新建一篇空白文档,将其以"个人简历"为名进行保存。

2. 在第一行输入标题文本"个人简历"。

3. 插入表格。

4. 按表 6-3 所示设计表格。

任务二　输入并编辑表格内容

1. 按学生个人实际,输入表格内容。

2. 调整第 1~8 行的行高为 0.8 厘米,第 9~13 行的行高为 2 厘米。

3. 设置整个表格的文本对齐方式为"居中对齐"。

4.选择第一列第 9～13 行所有的单元格,设置文本"垂直居中,水平左对齐"。

任务三　美化表格

1.取消标题行应用样式选项。

2.为表格应用"列表型 7"样式。

任务四　插入并编辑图片

1.将素材"一寸标准证件照"插入到"照片"文本。

2.设置照片的环绕方式为"顶端居中,四周型文字环绕"。

3.设置照片的高度为 4 厘米。

4.删除照片背景。

5.为照片应用"棱台亚光,白色"样式。

任务五　保存文档

保存简历时一般命名为"姓名＋毕业院校＋应聘岗位＋电话",求职过程中发送简历可根据用人单位要求随时进行调整。

自荐书撰写

活动任务:根据学生个人实际情况,撰写一篇"自荐书"文档。

(1)将文档的标题设置为黑体,字号为二号,对齐方式为居中。

(2)将标题字体的字间距设置加宽 2 磅。

(3)将称呼、正文署名和日期设置为宋体,字号为四号。

(4)署名和日期的对齐方式为右对齐。

(5)将正文字体的文字效果设置成"赤水情深"。

(6)在页面设置中将上、下页边距设置为 2.4 厘米,左、右页边距设置为 2.4 厘米。

(7)将自荐书的主页面设置成"水印"。

(8)将自荐书保存到自己的文件夹下,文件名为"×××的自荐书.doc"。

6.2　面试技巧

名人名言

礼仪是在他的一切别种美德之上加上一层藻饰,使它们对他具有效用,去为他获得一切和他接近的人的尊重与好感。

——洛克

学习目标

1.了解面试的内涵。

2.掌握面试的形式。

3.理解面试的礼仪。

4.了解面试的障碍与禁忌。

案例导入

主持人李咏的面试

李咏,曾经是中央电视台的知名主持人,曾任中央电视台第二频道收视保证的拳头栏目《幸运52》《非常6+1》《咏乐汇》的主持人,也曾担任过中央电视台春节联欢晚会的主持人。

1991年7月,李咏从北京广播学院毕业,参加中央电视台的招聘考试。此次考试影响比较大,得到中央电视台领导的高度重视。面试那天,中央电视台负责人安排把内部的闭路电视开通,这样台里所有的人都能看到面试考场的画面。考场的台下黑压压地坐满了考官以及观众,这一切让初出茅庐的李咏有点慌张。

事已至此,李咏及时调整心态,随着面试开始进行,他逐渐适应了这种场面。当时中东正进行海湾战争,轮到李咏上场时,考官即兴提问:"海湾都有哪些国家?"李咏搜肠刮肚说了一些后,台下就有人发问了:"这些国家中怎么没有伊拉克呢?"李咏想都没想,脱口而出:"联合国正制裁呢,那是'敌'国呀!"一句话,台下的人全笑了,李咏因此给考官留下了深刻的印象。李咏从此进入中央电视台,为今后成就事业奠定了坚实的基础。

分析:李咏对台下的发问并非是答非所问、风马牛不相及,为什么效果却出奇的好呢?这是因为当时中央电视台招聘的是综艺节目的主持人,不是新闻联播主持人,更不是地理学家。考官对这个职位的要求是处理危机时的镇静自若能力,以及答辩时灵敏的反应,至于问题的正确答案,反而不是那么在意。面试是应聘者求职过程中非常重要的一关,不同的职位,其面试题目、形式、考察的内容也不相同。但不管是什么职位,如果在面试时,特别是遇到考官提出刁钻问题时,镇定自若的态度将会为面试加分不少。

一、面试概述

面试是应聘者求职过程中必经的、非常重要的一关,应聘者一定要在面试前做好相关准备,从而在面试时打一场漂亮的遭遇战。

(一)面试的内涵

面试不同于日常的观察和考察,也不同于一般的口试和面谈。求职者在面试前要做好充分的准备工作,以最好的状态应对面试。

1. 面试的含义

面试是用人单位在规定的时间和空间内通过与求职者当面交流来考核求职者的一种招聘测试。通过面试,用人单位不仅可以直接了解求职者的面貌和言谈举止,还可以了解应试者的总体素质和各方面的才能。

对于毕业生来讲,面试是一种综合性较强、集多种知识、能力于一体的多方面考核方式,是对多年学习、实践成果的一次检验。

面试给用人单位和求职者提供了双向交流的机会,使用人单位和求职者相互了解,从而使双方都能更准确地做出聘用与否、受聘与否的决定。

2. 面试的特点

面试有以下 3 个特点。

1) 以谈话和交流为主要手段

谈话是面试过程中一个非常重要的手段。在面试过程中,主考官精心设计谈话题目与求职者进行交谈,在交谈过程中,主考官会运用自己的感官,特别是听觉和视觉,观察求职者的非语言行为,进而通过表象考察求职者的深层心理。

2) 互动性

面试过程中,主考官和求职者面对面交流,双方即时交流和反馈,求职者的语言及行为表现与主考官的评判直接相连。面试的互动性提供了主考官和求职者之间相互沟通的效果与面试的真实性,面试是主考官和求职者之间双向沟通的过程。在面试过程中,求职者切忌成为完全被动的角色。

在面试过程中,主考官可以通过谈话和观察来评价求职者,求职者也可通过主考官的行为来判断其价值观、态度偏好、对自己表现的满意度等,从而调节自己在面试过程中的表现。同时,求职者也可以借此机会了解自己想要知道的信息,以此决定是否接受这一工作。

3) 灵活性

面试的灵活性主要包括两方面,一是由于不同职位有不同的要求,面试可以根据职位特点灵活地采用不同方式,二是面试内容也应根据双方现场的表现来灵活把握。

(二) 面试的种类

随着科技发展,面试也由以前单一的真实面对面方式发展到视频面试等多种面试形式。下面分别讲解现在流行的几种面试类型。

(1) 集体面试。集体面试是指由很多求职者在一起进行的面试。就招聘者来讲,这样可以在专业、地域及其他各方面都有较大的选择余地。

(2) 单人面试。单人面试是指由用人单位对求职者进行单独的面试。

(3) 视频面试。视频面试包括在线视频面试和异步视频面试两种,其中在线视频面试是指通过即时性视频聊天软件进行在线同步的视频面试方式;异步视频面试是利用异步视频面试系统,用人单位主考官用短信或者邮件将面试邀请发给求职者,求职者可以通过智能手机、摄像头等设备录制并上传视频答卷,用人单位主考官通过观看、评价、分享和比较视频,完成求职者的筛选。

(三) 面试前的准备

求职者面试前的准备相当必要,主要有以下几个方面。

1. 深入了解用人单位

古人说:"知彼知己,百战不殆"。面试和打仗有着同样的道理,在面试前深入了解用人单位的情况非常重要。一般来说,求职者可通过用人单位的官方网站、自媒体平台(如微信)、广告宣传手册和新闻媒体报道等渠道来了解用人单位。求职者通过这些渠道可对用人单位的以下内容进行仔细了解。

(1) 用人单位的性质、规模、特色、组织机构、金融状况、发展前景、企业信誉等情况。

（2）用人单位对员工的工作、职责要求以及给予员工的报酬、培训等情况。

（3）用人单位所招聘职位的性质、工作内容、所需知识和技能等。

若求职者对这些情况一无所知或知之甚少，在面试时则容易处于被动境地，也容易给用人单位招聘人员造成"不关心应聘单位"的不良印象，从而影响面试成绩。

2. 充分准备材料

求职者参与面试要带好个人简历、自荐信以及有关证书等面试时所需要的材料。如果应聘外资企业，最好将自荐信、个人简历等准备成中英文对照格式。即使求职者曾经给用人单位发过求职信和个人简历，在参加面试时也应该再带上一份材料，以备用人单位查看。

另外，求职者应当熟记自己的求职简历内容，用人单位可能会根据求职者的简历内容进行提问，如果求职者的回答与简历有所差距，这必定会让用人单位对求职者的诚信度以及过去的经历产生怀疑。

3. 训练面试技巧

由于刚毕业的大学生缺乏求职经验，所以在面试前有必要进行一些面试技巧训练。面试技巧训练包括学习聆听、敏捷反应、沉着应对、说话具有条理性、得体的举止、面试礼仪等。大学毕业生可以通过学校就业指导课讲座、有关面试的指导书籍或模拟面试等途径进行训练。

4. 调整面试状态

用人单位对求职者最重要的印象就是面试时的状态，求职者面试状态的好与坏，与最终是否被录用有非常密切的关系。

1）调整心情

面试时一定要精神饱满，在参与面试前要适当放松，搞好个人卫生，调节生活规律，保证充分的休息时间，以饱满的精神状态面对主考官。

2）准备面试服装和物品

在面试的前一天，准备好面试的服装、公文包、皮鞋、笔、记事本及第二天的早餐等。

3）独自前往

在各类面试及咨询中，一定不要让自己的父母或亲戚朋友陪同，要独自前往，这样可以避免用人单位怀疑个人的独立能力和自信心。

4）参加面试

求职者最好比约定时间提前到达面试地点（一般提前 10 分钟到达），以稳定自己的情绪和做好面试准备。到达用人单位后礼貌对待前台接待，在规定的地方等候，不可随意走动。如果有意外情况，最好能够在面试前通知用人单位并说明理由，告之自己不能准时到达面试地点。

二、面试形式

面试的形式包括结构化面试、情景模拟面试、无领导小组讨论面试、文件筐测验面试和情景模拟测试、答辩与演讲式面试六类。在实际面试过程中，用人单位可使用一种面试形式，也可使用几种形式的组合。下面分别讲解几种面试形式。

（一）结构化面试

1. 含义

结构化面试是指依照预先确定的内容、程序、分值结构进行面试的形式。面试过程中，主试人必须根据事先拟订好的面试提纲逐项对被试人测试，不能随意变动面试提纲。被试人也必须针对问题进行回答，面试各个要素的评判也必须按分值结构合成。也就是说在结构化面试中，面试的程序、内容以及评分方式等标准化程度都比较高，面试结构严密，层次性强，评分模式固定。

面试前，要根据具体职位的需要对人的素质的不同方面进行问题设计，有时还会预先分析这些问题的可能回答，并针对不同的答案划定评价标准，以帮助主试人进行评定。在面试中，主试人根据面试提纲逐项向被试人提出问题，被试人必须针对问题进行回答。多个被试人都会面对同样的一系列问题，面试的内容具有可比性。由于被试人对同样问题进行回答，主试人根据统一的评分标准进行评价，操作起来比较方便而且也容易做出公正的评判。

目前，结构化面试因其直观、灵活、深入、具有较高的信度和效度而不断为许多用人单位接纳和使用，它作为现代人员素质测评中一种非常重要的方法也日益受到人们的重视。但它在实际操作中还存在测评要素设计、评委评分一致性等问题。

2. 结构化面试的组织实施程序

结构化面试的组织实施程序，主要包括建立考官队伍、选择和布置面试考场、面试具体操作实施三个环节。

1）建立考官队伍

面试考官的选取，明确要选那些德才兼备的人。如果考官不是德才兼备的人，就很难保证能通过面试得到德才兼备的人才。同时，对考官的培训也是不可或缺的，研究和实践都证明，经过培训的考官不论是评分的信度还是评分的效度都明显比没有经过培训的考官要高。另外，结构化面试的规范性和程序性要求很高，也要求在面试实施前必须对他们进行集中培训。

2）选择和布置面试考场

面试的具体组织实施工作很烦琐，包括面试考场的选择和布置、候考室和考务用品的配备、应考者的面试通知与联系、事先抽签决定面试顺序等。这些工作看起来很不起眼，但任何一项工作没做好都有可能影响面试实施。

对面试考场的基本要求有四条：一是考场所在位置的环境必须无干扰、安静；二是考场面积应适中，一般以 30～40 平方米为宜；三是温度、采光度适宜；四是每个独立的面试考场，除主考场外，还应根据考生的多少设立若干候考室，候考室应与主考场保持一定的距离，以免相互影响。

面试考场的布置也是很有讲究的，就考官与应考者的位置安排来说，通常就有如下几种模式。

① 圆桌会议的形式，多个考官面对一位应考者；
② 一对一的形式，考官与应考者成一定的角度而坐；
③ 一对一的形式，考官与应考者相对而坐，距离较近；

④ 一对一的形式,考官与应考者相对而坐,距离较远;

⑤ 一对一的形式,考官与应考者坐在桌子的同一侧。

上述考官与应考者不同位置的安排,其产生的面试效果是不同的。在面试中,如果采用③这种形式,考官与应考者面对面而坐,双方距离较近,目光直视,容易给对方造成心理压力,使应考者感觉自己好像在法庭上接受审判,可能会紧张不安,以致无法发挥其正常的水平。当然,要想特意考查应考者的压力承受能力时可采用此形式。像④这样的形式,双方距离太远,不利于交流,同时,空间距离过大也增加了人们之间的心理距离,不利于双方更好地进行合作。如果采用⑤这样的形式,考官与应考者坐在桌子的同一侧,心理距离较近,也不容易造成心理压力,但这样考官的位置显得有些卑微,也显得不够庄重。而且也不利于考官对应考者的表情、姿势进行观察。采用①这样的形式,应考者不会觉得心理压力太大,同时气氛也较为严肃。采用②这样的形式,考官与应考者呈一定有角度而坐。避免目光过于直射,可以缓和心理紧张,避免心理冲突,同时也有利于对应考者的观察。因此,通常情况下一般采用①、②这两种位置安排面试。

3) 面试的具体操作实施

如前所述,规范化的操作实施过程是结构化面试的重要特点之一。在公务员录用面试中,便常采用这种形式,具体操作步骤如下。

① 对进入面试的考生讲解本次面试的整体计划安排、注意事项、考场纪律。比如,应考者在面试前不能与已面试过的应考者进行交流,因为同一职位的应考者面试试题很可能是完全相同的。鉴于此,应考者在等待面试时,不许使用手机等通信工具,也不允许在外面随便走动。

② 以抽签的方式确定考生面试顺序,并依次登记考号、姓名。在公务员录用面试中,形式上的公平性与内容上的公平性同样重要,甚至形式上的公平性会更令人关注,因为形式的公平与否是人们容易看到的。面试顺序往往由应考者本人在面试开始前抽签决定,以确保面试的公正性和公平性。

③ 面试开始,由监考人员或考务人员依次带领考生进入考场,并通知下一名候考人准备。每次面试1人,面试程序为首先由主考官宣读面试指导语,然后由主考官或其他考官按事先的分工依据面试题请应考者按要求回答有关问题,根据应考者的回答情况,其他考官可以进行适度的提问,最后各位考官独立在评分表上按不同的要素给应考者打分。

④ 向每个考生提出的问题一般以6~7个为宜,每个应考者的面试时间通常控制在30分钟左右。

⑤ 面试结束,主考官宣布应考者退席。由考务人员收集每位考官手中的面试评分表并交给记分员,记分员在监督员的监督下计算面试成绩,并填入考生结构化面试成绩汇总表。

⑥ 记分员、监督员、主考官依次在面试成绩汇总表上签字,结构化面试结束。

(二) 无领导小组讨论面试

1. 含义

无领导小组讨论是评价中心技术中经常使用的一种测评技术,一般是对应试者进行集体的面试。它通过给一组应试者(一般是5~7人)一个与工作相关的问题,让应试者进行一定时间(一般是1小时左右)的讨论,来检测应试者的组织协调能力、口头表达能力、辩论能力、说服能力、情绪稳定性、处理人际关系的技巧、非言语沟通能力(如面部表情、身体姿势、语调、语速和手势等)等各个方面的素质是否达到拟任岗位的用人要求,以及自信程度、进取心、责任心和灵活性等个性特点和行为风格是否符合拟任岗位的团体气氛,由此来综合评价应试者的优劣。

在无领导小组讨论中,一般不给应试者指定特别的角色(不定角色的无领导小组讨论),或者只给每个应试者指定一个彼此平等的角色(定角色的无领导小组讨论),但都不指定谁是领导,也不指定每个应试者应该坐在哪个位置,而是让所有应试者自行安排、自行组织,评价者只是通过应试者的活动,观察每个应试者的表现,对应试者进行评价,这也就是无领导小组讨论名称的由来。

无领导小组讨论主要测试应试者的论辩能力。其中既包括对法律、法规、政策的理解和运用能力的检验,又包括对拟讨论问题的理解能力、发言提纲的写作能力、逻辑思维能力、语言说服能力、应变能力、组织协调能力的考评。

2．无领导小组讨论的程序

(1)讨论前事先分好组,一般每个讨论组 6～8 人为宜。

(2)考场按易于讨论的方式设置,一般采用圆桌会议室,面试考官席设在场四边(或集中一边,以利于观察为宜)。

(3)应试者落座后,监考人员为每个应试者发空白纸若干张,供草拟讨论提纲。

(4)主考官向应试者讲解无领导小组讨论的要求(纪律),并宣读讨论题。

(5)给应试者 5～10 分钟的准备时间(构思讨论发言提纲)。

(6)主考官宣布讨论开始,依考号顺序每人阐述观点(5 分钟),依次发言结束后开始自由讨论。

(7)各面试考官仅观察,并依据评分标准为每位应试者打分,但不准参与讨论或给予任何形式的诱导。

(8)无领导小组讨论一般以 40～60 分钟为宜,主考官依据讨论情况,宣布讨论结束后,收回应试者的讨论发言提纲,同时收各考官评分成绩单,应试者退场。

(9)记分员用去掉一个最高分、一个最低分,然后求得平均分的方式,计算出最后的得分,主考官在成绩单上签字。

3．无领导小组讨论的特点

无领导小组讨论能检测出笔试和单一面试法所不能检测出的能力或者素质;可以依据应试者的行为、言论来对应试者进行更加全面、合理的评价;能使应试者在相对无意中显示自己各个方面的特点;使应试者有平等的发挥机会,从而很快地表现出个体上的差异;节省时间,并能对竞争同一岗位的应试者的表现进行同时比较(横向对比),观察到应试者之间的相互作用;应用范围广,能应用于非技术领域、技术领域、管理领域等。

但无领导小组讨论对测试题目和考官的要求较高;同时,单个应试者的表现易受其他应试者的影响。

(三)文件筐测验面试

文件筐测验是国外人才测评中常用的方法,在国内人才选拔中正被逐渐运用。

1. 概念

文件筐测验,通常又叫公文处理测验,是评价中心最常用和最核心的技术之一。文件筐测验通常用于管理人员的选拔,是考查授权、计划、组织、控制和判断等能力素质的测评方式。一般的做法是让应试者在限定时间(通常为1~3小时)内处理事务记录、函电、报告、声明、请示及有关材料等文件,内容涉及人事、资金、财务、工作程序等方面。一般只给日历、背景介绍、测验提示和纸笔,应试者在没有旁人协助的情况下回复函电、拟写指示、做出决定以及安排会议。评分除了看书面结果外,还要求应试者对其问题处理方式做出解释,根据其思维过程予以评分。文件筐测验具有考查内容范围广、效率高的特点,因而非常受欢迎。

2. 文件筐测验的步骤

文件筐测验可以集体施测,实施过程分准备、测试和评分三个步骤。

1) 准备阶段

准备阶段主要指测验材料和测试场所的准备。给每个应试者的测验材料事前要编上序号,答卷纸也要有相应序号,实施前要注意清点核对。答卷纸主要由三部分内容构成,一是应试者姓名(或编号)、应聘单位和职位、文件序号等,二是处理意见(或处理措施)、签名及处理时间,三是处理的理由。文件序号只是文件的标识顺序,不代表处理的顺序,应允许应试者根据轻重缓急进行调整,但给所有应试者的文件顺序必须相同,以示公正。测试的场所要求比较宽敞、安静,每个人一桌一椅,相互之间无干扰。为了保密,最好所有应试者在同一时间完成。如果文件内容涉及招聘单位内部的一些情况,测试前应对所有应试者提供培训,介绍相关情况,缩小内部应试者和外部应试者对职位熟悉程度的差别。

2) 实施阶段

主试人要对测验要求进行简单介绍,说明注意事项,然后发给应试者测试指导语和答卷纸,回答应试者的提问,当应试者觉得没有问题后再发测试用的文件,应试者人数比较少时,也可以一次将材料发给应试者,但要求应试者严格遵从主试人的要求,先看指导语再看文件。测试指导语是测试情境、应试者扮演的角色、应试者的任务和测试要求的说明,必须明确、具体,一目了然。有时在初级人员的文件筐测验中,发给应试者指导语后,让应试者完成一个指导语的测验,强迫应试者熟悉理解指导语,这在文化水平低的群体中有时十分有用。在应试者正式进入文件处理后,一般不允许应试者提问,除非是测验材料本身存在问题。

3) 评分阶段

评分宜在应试者做完后立即进行,当有质询应试者的设计时,特别应该如此。为求客观,可将应试者编号,由一个人将应试者的处理意见和处理理由念给所有评分者听,由各位评分者进行独立评分。为了保证评分的一致性,事前的评分者培训很重要,可以考虑对一部分应试者(或者模拟应试者)进行试评分,考查各个评分者对标准的掌握及评分过程中存在的问题,待取得一致意见后再往下进行。评分时,可按号序逐一评定,也可按文件内容分类评定。前一种办法可以对应试者的素质形成整体印象,后一种办法则容易达成评分标准的一致性。

3. 文件筐测验的优点

(1) 考查的内容范围广。作为纸笔形式的文件筐测验,测评应试者的依据是文件处理的方式及理由,是静态的思维结果。因此,除了必须通过实际操作的动态过程才能体现的要素外,任何背景知识、业务知识、操作经验以及能力要素都可以在文件中体现,都可以通过应试者对文件的处理实现对应试者素质的考查。

（2）表面效度高。由于文件筐测验所采用的文件十分类似于应试者应聘职位上常见的文件，有时就是完全真实的文件。因此，若应试者能妥善处理测验文件，就理所当然地被认为具备职位所需的素质。

第一个优点使文件筐测验具有广泛的适用性，而后一个优点使之易为人所理解和接受。因此，文件筐测验在众多情景模拟测验手段中属于最普遍使用的一种。

（四）情景模拟测试

1. 含义

情景模拟测评是设置一定的模拟情况，要求应试者扮演某一角色并进入角色情境处理各种事务及各种问题和矛盾。考官通过对应试者在情境中表现出来的行为进行观察和记录，以测评其素质潜能，或看其是否能适应或胜任工作。情景模拟测试有以下特点。

1）针对性

由于模拟测试的环境是拟招岗位或近似岗位的环境，测试内容又是拟招岗位的某项实际工作，因而具有较强的针对性。

2）直接性

模拟测试的素材多来源于现实生活，需要应试者在真实的环境中去应对工作，因此具有直接性。

3）可信性

由于模拟测试接近实际，考查的重点是应试者分析和解决实际工作问题的能力，加之这种方式又便于观察了解应试者是否具备拟任岗位职务的素质，因此模拟测试比笔试和其他面试形式更具有可信性。

2. 情景模拟测试的方式

1）工作活动的模拟

这个测试项目可以采用以下两种形式进行。

（1）上下级对话形式。模拟接待基层工作人员的情境，由应试者饰演上级，测评人员饰演下级，或向上级领导汇报或请示工作。这种模拟测试可采用主考人员与其对话，其余测评人员观察打分的方式进行。测试前应让应试者阅读有关材料，使其了解角色的背景和要求。测试主题可一个专业一题，需有一定难度和明晰的评分标准，时间以每人半小时左右为宜。

（2）布置工作的测试。要求应试者在阅读一份上级文件或会议纪要后，以特定的身份结合部门实际，对工作进行分工布置和安排，这一项目可以按个别测试的方式进行，测评人员一般为招考部门领导。在一定条件下，测评人员可向应试者进行发问，以对其进行较深入的整体测评。最后，依据评分标准分别进行评分。

2）角色扮演法

角色扮演法是指事先向应试者提供一定的背景情况和角色说明，模拟时要求应试者以角色身份完成一定的活动或任务。例如接待来访、主持会议、汇报工作等。

3）现场作业法

现场作业法是指提供给应试者一定的数据和资料，在规定的时间内，要求应试者编制计划、设计图表、起草公文和计算结果等,被普遍应用的计算机操作、账目整理就属于此类形式。

4)模拟会议法

将若干应试者(10人左右)分为一组,就某一需要研讨的问题、需要布置的活动或需要决策的议题,由应试者自由发表议论,相互切磋探讨。具体形式有会议的模拟组织、主持、记录及无领导小组讨论等。其中,文件筐测验、无领导小组讨论是近几年在借鉴国外先进测评技术的基础上开发的面试方法。

3. 情景模拟测试的作用

情景模拟测试的特点决定了它在选录国家机关工作人员和公开选拔党政领导干部中有着不容忽视的作用。这种作用主要体现在以下三个方面。

1)为考查应试者的业务能力提供依据

从上述组织较好的几类模拟测试来看,无论是模拟测试的内容,还是模拟测试的方式,都较笔试和面试答辩更接近拟招岗位的工作实际。这一点,使模拟测试在考核应试者业务能力方面发挥着笔试和面试答辩难以替代的作用。

2)有利于避免高分低能现象

模拟测试注重业务能力的考核,考核的标准是依据实际工作的要求拟定的,考评人员一般由用人单位的业务骨干担任。这些因素决定了模拟测试不仅能够为实践经验丰富、具有实际工作能力、胜任拟招岗位工作的应试者提供"用武之地",而且可以避免笔试成绩较高、实际业务能力差的应试者进入录用行列。

3)为用人单位安排录用人员的具体工作岗位提供依据

实践表明,应试者在模拟测试中表现出的个体能力,与他们的实际工作能力往往十分相似。因此,模拟测试的成绩一般都被用人单位作为安排录用人员具体工作岗位的依据。据对某市三个单位录用人员的追踪调查表明,95%的录用人员之所以能够成为单位工作骨干,其中一个重要的原因就是用人单位能够依据模拟测试成绩,本着扬长避短的原则,妥当安排录用人员的具体工作岗位。

(五)答辩与演讲式面试

1. 含义

答辩与演讲式面试是指根据岗位需要试前确定一些要考生回答的问题,制成题签,应试者入场后通过现场抽签向考官们解答题签上提出的问题。一般来说,题签的数量由应试者的多寡而定,每个题签内含1~3道问题。应试者回答问题过程中,考官依据试前准备好的评分标准,综合应试者回答这一问题时的整体表现为考生打分。这种面试方法的优点是较易操作,评分确定,评分的客观公正性好掌握。不足的是测查面窄,缺乏针对性和灵活性,掌握不好易流于"笔试口答"的模式,不利于考生发挥其独有的特长。此外,由于不同的应试者抽到不同试题,而试题间很少完全等值,这就意味着报考相同职位的考生可能面对难度不同的试题,给测评带入不公正因素,可比性降低。

2. 答辩的技巧

(1)充分利用准备时间审题并草拟简要的作答提纲。

(2)以提纲为主线,紧紧围绕主题作答,突出重点。

（3）实事求是，力求客观，同时要随机应变，灵活发挥。

（4）语言得体，表意清楚。

（5）作答内容要有头有尾，思路清晰，观点正确，结论明确。

要求应试者演讲，这是对面谈法和小组讨论法中应试者表现的一个更集中、更直接的测评。这时，没有谈话的对方，没有考官提问，只有听众。应试者是讲台上唯一的演员，更可以充分、自主地表现自己的气质、风度、口头表达能力、见解和观点。

面试演说不同于一般场合下的演说，面试演说面对的观众主要是面试考官，他们要依据应试者的演讲来决定其是否适合所争取的职位。因而要以此为中心，向听众展示自己，博得好感与赞同。另一部分听众是参与竞争的其他应试者。他们对于演讲不能发表意见，没有决定考官判断的权利，但他们的情绪反应仍会影响考官的评价。如果一个应试者能在演讲的气势上胜过其他人，在演讲内容上使他们心服口服。那么成功的把握就很大。

下面介绍一些注意事项。

（1）演讲要感染听众。首先要内容充实、可信，调动出自己的真实情感。用有说服力的事实证明知识和技能、工作经验、特长等适合应聘单位、职位的要求。

（2）演讲前要对演讲的内容有充分的准备，厘清演讲的结构，哪些内容先讲，哪些内容后讲，什么作为重点，什么可以一带而过，时间是否充足，开始和结尾的部分如何充分引起听众的注意，如何恰到好处地结束。

（3）可以考虑在表达重要信息时，运用形象手势和表情以便于听众理解，还可以适当穿插一些小故事、幽默话语。

（4）在结束前进行总结是必要的。因为在演讲中听众随着话语的流动来思考，或许不能及时地总结概括内容的要点。那么，结束前的总结会给听众留下印象，记清楚要点。

（5）尽量不要拿演讲稿上台，以免产生依赖性，成为念稿而非演讲。可以把要点写在小纸条上，字的大小最好为稍微一瞥就能看得清楚。

（6）演讲前反省自己是否有惯用的语气词，如"嗯""哈""哪"……有的人每句话就要带一个，听了使人厌烦，也表明演讲者缺乏自信，思路不清，准备不充分，内容空洞。

（7）不要自我标榜。自我表现要诚恳，言之有据，这不同于自我标榜。自我标榜者会使人反感，产生抵触情绪。

（8）演讲的速度要适中，可以用新闻节目中的播报速度为参考，易为人接受。初次演讲或心情紧张时，说话速度容易让人觉得太快了，要注意调整。

（9）话语流畅不一定就是好的演讲。台下练习时不要强记，而要根据要点对主要的思想和观点了然于胸。演讲时，根据听众的反应，调整具体的语气和用词。

三、面试礼仪

穿着打扮和行为举止可反映出一个人的修养和生活风格，仪表往往是招聘者对应聘者的第一印象。

（一）仪容与服饰

面试是主考官与求职者比较正式的接触，求职者应该懂得仪表的重要性，仪表直接影响主考官对求职者印象的好坏,进而决定是否被录用。

1. 化妆与发型

在面试时,化妆与发型也很重要。在面试前,应整理仪容,头发清洗干净,梳理整齐,不要染颜色奇怪的头发。

男性去面试前,要保持头发合适的长度,如果不是去面试广告创意、艺术工作等强调创造性的工作,长发不是一个好的选择。注意仔细地打理发型,并且不要忘记刮胡子,保持面容整洁。女性去面试前,应该稍稍化一下妆,这样会使自己看起来更有精神。但不要化浓妆,要选择自然清淡的颜色,稍作修饰,清新自然,保持整个妆容的干净,注意不要掉妆。保证头发是干净清洁的,仔细梳理。如果是长发,需要盘起来,或者梳成其他看起来专业舒服的发型。

2. 服装服饰

服饰能够反映一个人的文化素质和修养,是重要的体态语言。在某种程度上,外表装束能反映一个人的心态。大学生参加面试时服装穿着应做到整洁、大方、符合职场形象。

在应聘不同岗位时,衣着应与之搭配。根据所应聘的工作性质和类型来确定穿着,是一个较稳妥的做法。不同职业对人的要求是有差异的,而这种差异同样体现在穿着上。尽管没有成文的规定来划定某种职业的穿着标准,但人们的心理上存在着各种各样的模式化思维。通常而言,可按照以下服饰要求去做。

1)男性

(1)西装。男生应该选择裁剪良好、款式经典的西服套装,切忌太过前卫的设计。颜色以黑色、灰色、深蓝色为宜,并且是纯色的,不要有大格子、大条纹,这些在宴会上比较合适,但不适用于面试。衣服的面料是比较易于打理又不易变形的。

(2)衬衫。要选用面料挺、好一点的衬衫。白色的长袖衬衫是上上之选,永远都不会错。别的颜色的衬衫也可以,但是不如白色那么正式,要注意和西装的颜色搭配是否合适。短袖的衬衫太过休闲,不推荐。

(3)领带。领带宜选用保守一些的,传统的条纹、几何图案和佩斯利螺旋花纹都很不错。还要注意和西装、衬衫颜色的协调性。

(4)鞋子。在面试前把鞋子擦干净并且上些鞋油,确保鞋子是完好的。光亮的鞋子能够表现出果决的做事风格以及良好的职业素养。如果鞋子的鞋底有一个洞的话,会留下非常负面的印象。要注意鞋子的颜色和套装相配,黑色是个很好的选择。

(5)袜子。袜子是很容易被忽视的一个环节,很多求职者往往有特别准备的西装和鞋子,却在袜子上功亏一篑,与整体不和谐。可以在面试前的晚上,把细心挑选好的新袜子放在桌上,一定要注意颜色的选择。一般来说,白袜子黑鞋子的搭配是很不专业的,要加以避免。此外,袜子也不宜过短,以免坐下来的时候,把小腿露出来。

(6)饰品。男生少带饰品,越简单越好,不要佩戴项链、手链、耳环、鼻环、手镯等,手表是可以接受的。

2)女性

(1)西装。对于女生来说,选择西装的时候也要注意颜色,黑色、深蓝色、灰色等稳重的颜色是比较理想的选择。款式不要太过新颖前卫,宜保守传统。如果是裙装,一定要注意裙子的长度,不要在膝盖以上,裙子太短是不专业的表现,会使面试官的印象大打折扣。如果上衣是 V 领的,也要注意开口不能太低,如果很低的话,可以通过丝巾或者内衬上衣来弥补。

（2）衬衣。在挑选衬衣的时候,无论是颜色还是款式都以保守为宜。不要挑选那些透明材质的上衣,也不要蕾丝花边或者雪纺薄纱。在衬衣里面可以再穿一件小背心,以防走光。

（3）鞋子和丝袜。确保鞋子的款式专业,不花哨,颜色与套装相配。丝袜的颜色也是比较传统常见的,比如黑色、肉色、深灰色等,但必须和套装、鞋子和谐。不要穿明黄色、玫红色等鲜艳的颜色。

（4）包。选用的包应该是和整个穿着相配的,不要太大,中等或小型尺寸即可。如果可能的话,是皮制的最好。

（5）配饰。选择尽可能简单的饰品。面试属于正式交往场合,不应戴手链。一只手只戴一个戒指,且不要戴形状奇特的戒指,不然不方便握手,也会留下不好的印象。也不要戴很大很长的耳环,也不要戴太多耳环,简洁的耳钉就可以带来不凡的效果。

（二）面试举止

举止是无声的语言,主要通过人的表情、姿势、动作等表现出来,它是一个人是否具有修养的表现。求职者参加面试时的行为举止应注意以下几方面。

1. 敲门进入面试室

面试时,应在面试室外轻轻敲门（面试室的门一般是关着的）,得到许可后方可进入面试室。注意敲门不可用力太大,也不可未进时先将头伸进去张望一下再进门,更不可直接推门而入。进门后,应轻轻地转过身去关上门。

2. 主动与主考官打招呼

进入面试室后可与主考官点头微笑,也可进行问候（如上午好、下午好、各位领导好等）,要有礼貌地告诉主考官自己是谁,做到举止大方,态度热情。需要注意的是,面试时不宜与主考官握手,除非主考人员主动伸手与你握手。

3. 回答问题时精神集中

面试时,回答问题要集中精神,力求给对方以诚恳、沉稳、自信的印象。根据主考官的反应适时调整自己的语言表达方式,并且冷静地保持不卑不亢的态度。

在语言方面,谈话的内容和说话的方式同等重要。讲话应当条理清楚,并通过表情、语调、声音等诸方面的配合,传达出真诚、乐观、热情、大方的态度。

4. 微笑待人

微笑是世界上最美的语言,它表示欣赏对方的盛情,表示领略,表示歉意,也表示赞同。面对主试人,求职者的微微一笑可以使他解除戒备心理,使双方的心理距离迅速缩短。所以面试时面带微笑会提高成功率。

5. 姿势正确

站有站相,坐有坐姿,求职者进入面试室落座后的姿势也非常重要。正确的坐姿是全身放松,两腿自然并拢,手放在膝上,挺直腰板,身体微向前倾,既不可坐得太浅,也不能坐得太深。坐得浅了容易使自己紧张,导致注意力不集中,坐得深了斜倚在靠背上给人以懒散感。正确的坐姿是让人看见后会感觉到应试人精神振奋、朝气蓬勃。

小 贴 士

面试的过程中注意不要有小动作,以防给人不耐烦、不自信的印象,下面列出常见的一些不正确的小动作。

(1) 下意识地看手表。

(2) 坐着时双腿叉开,不停摇晃。

(3) 跷二郎腿,或不住地抖动。

(4) 讲话时摇头晃脑。

(5) 用手掩口。

(6) 用手挠后脑勺、弄头发等。

(7) 不停地玩弄随身携带的小物件等。

6. 认真倾听并注意目光交流

应试者在面试时与主试人保持视线接触,是交流的需要,也是最起码的礼貌,更是应试者自信的表现。若回避对方目光,会被主试人认为太胆怯,心中无底,或太傲气,不将主试人放在眼中。

正常状态下,应试者应将大部分时间放在向自己发问的主试人身上,但不要一直盯着对方的眼睛,这会让人感觉太咄咄逼人,正确的方法是把目光放在对方额头或鼻梁上方。并且保持目光的自然、轻松、柔和,传达出真实思想,这样会让对方觉得应试者是在聚精会神地和他交流。

7. 微笑告辞

当主试人示意面试结束时,应微笑起立,感谢用人单位给予面试的机会,然后道再见,没有必要握手(除非主试人员主动伸出手来)。

如果进入面试室时有人接待或引导,离开时也应一并向其致谢、告辞。

(三) 面试的后续礼仪

面试结束两天之内,根据需要可以向面试人员和其他人员写封感谢信。内容包括应试者的优点、对应聘职位十分感兴趣、能为用人单位做出的具体贡献以及希望早点收到用人单位的回音。感谢信最好在面试结束后 24 小时内发出。哪怕预感可能落选了,寄一封感谢信说明应试者即使没有成功但也很高兴有面试机会。

这样做不仅是出于礼貌,而且还能使接见者在其用人单位出现另一个职位空缺时想到自己,为自己创造一个潜在的就业机会。

四、面试障碍及应对

尽管大学生在面试前做了大量的准备工作,但是还可能出现一些意想不到的情况,若处理不好会直接影响面试的结果。这里介绍几种常见情况以及应对方法,以利于毕业生有针对性地加以准备。

（一）精神紧张及应对方法

经过调查,几乎95％以上的毕业生都承认自己在面试时精神紧张。在陌生的环境下,被陌生的人提问,表现如何则事关自己今后一段时间的发展前途,在这种情况下产生紧张的情绪是正常的。

紧张并不就是坏的,适度的紧张可以促进毕业生更加集中注意力而投入面试,但紧张过度则对面试极为有害,不仅可能使应试人注意力不集中,甚至可能使应试人将事先准备的内容忘得干干净净,头脑一片空白。

下面的三种方法可以帮助面试者克服过度紧张的情绪。

1. 做 30 次深呼吸

做深呼吸(腹部呼吸)是消除消极情绪很好用的一个办法,能让求职者消除紧张,冷静思考问题。方法是将整个身体尽可能放松,把手放在腹部,用鼻孔轻轻吸气到腹部,这时会感觉到腹部慢慢涨起来,然后轻轻通过鼻孔把腹部的气呼出去,呼气的最后稍微用点力,能够感觉到腹部贴着背后的脊骨。每次呼吸要饱满,反复 30 次,同时在心里数着呼吸的次数。通过深呼吸,可以调节求职大学生不知所措、对未来恐慌的精神状态。

2. 自问可以接受面试不成功吗

人的大脑是很复杂的,总喜欢回顾过去或展望未来,并推断可能发生的后果会很严重,但实际上发生的事情并不如大脑勾勒得那么严重。这时,深刻认识自己大脑勾勒的这个"复杂的事情",不去反抗与评论它,然后问自己:"这次面试最坏的结果就是不被录取,我可以接受吗?"人们其实都可以接受不成功的面试,只是因为不停反复的紧张情绪,忘记了自己要做的事情,只剩下一味地紧张。

求职者应保持积极向上的心态,想象事情正在按照预想的方向发展。虽然想象可能并不是实际存在的,但是通过这种方法,求职者能够得到更舒缓的心情,同时阻止内心消极想法的滋生。这是心理学上的一个有效手法,不仅是面试,对后期的工作和生活都有很大的帮助。

3. 不要急着回答问题

当主考官问完问题后,大学生可以考虑一下再作回答。在思考的过程中,不仅可以组织问题的回答思路,还可以稳定自己的情绪。如果对方问到一些难以问答的问题。可用比较委婉的语气避开,这也是一种诚实机智的表现。

（二）遇到不清楚的问题及应对方法

如果毕业生在面试时不知如何回答主考官提出的问题,可以婉转地问对方是否指向某一方面,但不可胡乱猜测,信口开河。如果真的一点也不清楚怎么去回答,就应实事求是地告诉主考官,这个方面的知识未接触过。

（三）讲错话及应对方法

人在紧张时很容易说错话。若讲错的话无关大局,就不要太在意,继续专心应对下一个提问,若感觉说错的话比较重要,则应该及时道歉,并表达心中本来要讲的意思。

(四)几位主试人同时提问怎么回答

如果一场面试,有几位主试人,当他们同时提问时,一些经验不足的应试者会胡乱地选择问题之一或部分问题加以回答,结果自然不能让所有主试人都满意。在这种情况下,应试者既要逐一回答,又要显得有礼貌。可以说:"对不起,请让我先回答甲领导的提问,然后再谈乙领导的问题,可以吗?"选择的顺序可以根据主试人提问的先后顺序进行。

五、面试禁忌

面试是一次表现应试者综合能力的机会,在面试的过程中应试者需要注意的事情很多。有些事情虽不伤大雅,但却可能成为面试成败的关键因素之一。下面具体讲解面试过程中的禁忌,大学生在面试过程中应尽量避免。

(一)忌不良用语

面试过程中最多的就是交谈,毕业生在与用人单位交谈时,应注意语言的使用。

1. 问待遇

待遇是每个求职者都非常关心的问题,但在实际面试过程中,千万不要急于询问对方"你们的待遇如何?"这会给用人单位留下"工作还没干,就先提条件"的印象。谈论报酬待遇无可厚非,但是要看准时机,一般在双方已有初步意向时,再委婉地提出。

2. 报有熟人

在求职面试过程中,有些求职者为了拉近自己与用人单位、主试人的距离,可能会说:"我认识你们单位的某某""我和某某是同学,关系很不错"等。这种话主考官听了可能会对求职者留下"走关系"的印象,如果主考官与你提及的那个人关系不太好,甚至有矛盾,那么,这些话所起的作用就会更糟。

3. 不合逻辑

在面试过程中,如用人单位问:"请你告诉我一次失败的经历。"有些毕业生为了体现自己的优秀,可能会说:"我想不起我曾经失败过。"或者用人单位问:"你有何优缺点?"求职者回答:"我可以胜任一切工作。"这样的回答都是非常不科学的,不但不能增加用人单位的好感,还可能带给人不可靠、不诚实的印象。

4. 关于公司的说法

面试不同于闲聊,说话不能过于随意,应对语言和遣词用字有所选择。如在面试过程中,有时用人单位会让毕业生自行提问,一些不太注意的毕业生往往会问:"你们公司怎么样",这种说法肯定会引起用人单位的反感。其实既然选择到该公司面试,那证明是对这个公司有好感的,这时可以十分礼貌客气地说"贵公司",为了拉近自己与公司之间的亲近感,还可以说"咱们公司"。

5. 本末倒置

在一些面试过程中,有些大学毕业生自恃清高,或为了故意表现自己的专业性,会提出一些让用人单位难堪的问题,如"请问你们单位有多大? 竞聘比例有多少?"这样的问题,这是由于毕业生没有将自己的位置摆正而引发的反问。

或者有时主试人问:"关于工资,你的期望值是多少?"此时的回答可正面,也可稍显礼貌地说:"我相信公司都有一套自己的薪资体系,这个体系已经运行得很成熟了,会根据每个职位的重要程度以及该职位涉及的个人的工作能力而定。多与少与我自己的努力程度也相关。"切忌反问对方:"你们打算出多少?"这样的反问就很不礼貌,很容易引起主试人的反感。

(二)忌不良态度

凡参加面试的人,不管能力、水平如何,一定不要忘记自己是在接受用人单位的挑选,所以与主试人谈话的态度应有所注意。下面列出一些面试过程中的不良态度,大学生应聘时应注意避免。

1. 盛气凌人

有的参加面试的大学毕业生,在学校时可能是学生干部,得到老师的好评、同学的尊重,各方面条件也较优越,有可能恃才傲物,在面试中态度傲慢,说话咄咄逼人。这主要表现在以下几方面。

(1)当对自己的回答主试人不够满意或进行善意引导时,常强词夺理、拼命狡辩、拒不承认错误。

(2)想占据面试的主动地位,反问主考官一些与面试内容无关的问题,如用人单位的福利如何,是否包吃住,自己将担任何种职务等。

(3)某些大学毕业生有一些工作经验,在被问及原单位工作情况时,常贬低原单位的领导及工作。过分地贬低原单位的领导及工作,会让人感觉喜欢背后议论别人,产生合作精神差,没有感恩心态的印象。

2. 态度冷漠

有的面试者由于自身性格等原因,在面试过程中常表现出冷漠,不能积极与主试人配合,缺乏必要的热情和亲切感。但是实际上所有的用人单位都希望自己的工作人员能够在工作中与人为善、使人感到轻松愉快,这样才能提高工作效率。

🖂 **小 贴 士**

面试是考察大学毕业生综合能力的活动。在面试过程中,求职者态度谦和、诚实大方,不过分拘谨,不夸大自己的能力,也不过分妄自菲薄,并且有技巧地将自己的真实情况告之用人单位。不仅可提高自己成功就职的概率,还可在就职后,与作为同事的"主试人"更好地进行相处。

🔍 **探索与思考**

回想你曾经的面试经历,思考自己在面试时做得好与不好的方面,并尝试将改进方法写下来。

📝 **活动与训练**

模拟面试——自我介绍

活动目的:通过模拟面试的自我介绍过程,发现自我介绍中存在的问题并与他人探讨改进方法。

活动过程：

1. 寻找 3～5 个有面试经验、熟悉面试流程的人作为"面试官"。

2. 在面试前,准备 3 分钟以内的自我介绍。

3. 进行正式的面试自我介绍环节。

4. 与"面试官"们探讨以下问题。

(1) 自我介绍有哪些吸引人的部分?

(2) 它令人信服吗?

(3) 还有哪些需要补充的方面?

(4) 如何使回答变得更好?

活动思考:

1. 通过此次训练,发现了哪些过程中存在的问题?

2. 将如何改进自我介绍,使它更具吸引力?

拓展阅读

面 试 素 材

案例一

宋濂小时候酷爱读书,但是家里很穷,也没钱买书,只好向别人借。每次借书,他都与人提前约好还书的期限,按时还书,从不违约,人们都乐意把书借给他。一次,他借到一本书,越读越爱不释手,便决定把它抄下来,可是还书的期限快到了。他只好连夜抄书。时值隆冬腊月,滴水成冰。他母亲说:"孩子,都半夜了,这么寒冷,天亮再抄吧。人家又不是等着书看。"宋濂说:"不管人家等不等着看,到期限就要还,这是个信用问题,也是尊重别人的表现。如果说话做事不讲信用,失信于人,怎么可能得到别人的尊重。"

启示一:诚信是力量的一种象征,它显示着一个人的高度自重和内心的安全感与尊严感。做人要信守承诺,它是人立足于社会的根本,不守诚信可以凭侥幸赢得别人的帮助,但是从长远来看,是不会有长足发展的。

启示二:人与人之间的尊重是相互的,只有先学会尊重他人,才能够从他人那里得到应有的尊重。

案例二

唐伯虎是明朝著名的画家和文学家,小的时候便在画画方面显示了超人的才华。唐伯虎也曾拜师学艺,拜在大画家沈周门下。起初他学习作画刻苦勤奋,能够很快地掌握绘画技艺,时常受到师傅沈周的称赞。不料,由于沈周的多次称赞,使一向谦虚的唐伯虎也渐渐地产生了自满的情绪,觉得在技艺上即将超过恩师。对于这样的情况,沈周看在眼中,记在心里。一次,师徒二人一起吃饭,沈周指示唐伯虎去打开窗户,出乎意料的是,唐伯虎发现自己手下的窗户竟是老师沈周的一幅画,这让唐伯虎非常惭愧,从此潜心学画。

启示一:古语说:"谦虚使人进步,骄傲使人落后。"谦虚的人更能看到自身的缺点与不足,让自己不断改进、不断成长。

启示二:谦虚的人也更能看到他人身上的优点与长处,让自己不断学习、不断进步。自满是自身进步最大的拦路虎。所以做人不要过高的估算自己的水平,轻视身边的人。

启示三:沈周并没有批评唐伯虎,而是启发式的教育。教育要讲究方式方法,因材施教。

案例三

沈括是北宋著名的政治家和科学家,对中国地理、物理等方面的发展做出了突出的贡献。一天,当他读到"人间四月芳菲尽,山寺桃花始盛开"这句诗时,沈括的眉头凝成了一个结,对于这句诗词疑惑不解。"为什么我们这里花都开败了,山上的桃花才开始盛开呢?"为了解开这个谜团,沈括约了几个小伙伴上山实地考察一番。最终,他发现山上的温度比山下要低很多,所以花季来得比山下要晚。

启示一:书中自有一方世界。学习过程中的第一手资料大部分是来源于书本,阅读可以增长知识。

启示二:尽信书不如无书。对于书本知识要有敢于质疑的精神,不能人云亦云,阻碍自己进步。

启示三:苏格拉底曾说过:"问题是接生婆,它能帮助新思想的诞生。"爱因斯坦曾说过:"提出问题比解决问题更重要。"如果前人写在书本上的东西,引起了自己的质疑,这个时候要敢于探索,敢于通过自己的调查研究去检验和证明。

(资料来源:佚名.面试素材的名人小故事[EB/OL].(2020-01-11)[2020-08-07].http://yingkou.huatu.com/2020/0111/1570594.html.)

求职困惑

求职心理是个人对待职业的态度和信念,反映了个人的心理素质状况。大学生在就业过程中容易遇到来自社会的压力以及走出学校、走向社会的各种问题,这时很容易产生心理问题。要让大学生形成健康的就业心理,需要社会、学校、家庭各方面的共同努力。

根据马克思主义哲学内外因辩证关系的理论,内因是根本,大学生作为就业的主体必须从自身实际情况出发,积极调适自己的就业心理,主动地适应环境,与环境保持协调,客观地分析自我与现实,有效地排除心理问题,达到合理择业、顺利就业和健康成长的目的。只有这样,大学生才能够以良好的状态顺利进入职业角色。

通过本模块学习,同学们可以认识到求职过程中存在的心理问题,学习应对自身不良心理状态的各种调适方法,为今后在求职过程中应对挫折打下坚实的心理基础。

7.1 求职障碍

名人名言

上天完全是为了坚强你的意志,才在道路上设下重重障碍。

——泰戈尔

学习目标

1. 了解职业生涯障碍。
2. 了解求职决策障碍。

案例导入

姜先生的职业危机

姜先生,研究生学历,已有5年的工作经验,现就职于国内一家大型知名企业,做销售工作。姜先生销售业绩不错,其敬业的工作态度也得到了大家的肯定。然而今年公司面对激烈的市场竞争,姜先生所在的部门结构重整,销售模式也发生相应改变,姜先生突然觉得自己不适合工作的要求了。因为公司赋予了销售人员更多的权利,工作环境也更加复杂,性格比较内向的他发觉自己处理不了那么多不确定的事情。他感到压力越来越大,工作业绩也不太理想,姜先生开始怀疑自己的性格不适合这份工作。

　　分析:姜先生的销售工作在前两年取得了不错的业绩,在公司制度、方法改变后,变得难以适应。姜先生职业危机的根本原因在于面对公司变革,适应力不够。姜先生将自己的工作危机归结为性格原因,是一种潜意识的对现实问题的逃避。对职业人来说,当面临职业发展问题时,不要轻易下结论,不要认为性格不适就放弃工作,要进一步挖掘深层次的原因。在职场中,尽管我们每个人都会根据所处的环境和所打交道的人采取不同的行为方式,但我们的性格是基本保持不变的。对现在的职场人士,接受自己的性格,改变工作的现状和方式,适应工作的需求,才是最切实际的做法。

一、生涯障碍

　　在测验的解释过程中,咨询师的脑海中就会不断浮现出不同的假设。"当事人真正的问题在哪里?""如何才能采取有效的干预策略来帮助当事人脱困?"有效的干预策略来自正确的诊断。进一步说,有效的干预策略涉及咨询师对改变历程的信念与做法。正确的诊断则有赖于完善的诊断分类系统。

　　完善的诊断分类系统是生涯咨询能否被视为一门应用科学的重要指标。在应用科学的领域,诊断分类系统至少有以下几种:①完整可信的分类系统有助于研究者与实务工作者以共同的语言彼此沟通,同质性的问题可以发展出有效的处理策略;②每一个属于某一类别的生涯问题,可以在不断出现类似症候的治疗过程中确认其改变的机制,而进一步形成改变的理论。干预策略则直接来自这种理论的假设,借由改变的一再发生,可以更细腻地调整干预策略。本节主要介绍描述性的诊断分类系统。

　　描述性的诊断分类系统(descriptive classifications),指以当事人自陈的行为或咨询师观察到的行为表征来区分生涯问题的一种分类方式。此种分类方式并不涉及病理学的争论,而留给咨询师较大的空间去分析生涯困扰行为背后的原因。主要的描述性诊断分类形式有以下三种。

(一)职业选择困惑

　　这是最早的职业问题分类方式。威廉森(Williamson,1939)早期为了咨询的诊断,将咨询者的问题分为职业的、教育的、个人—社会—情绪的、经济的、健康的与家庭的六大类问题。后来又加上学习问题,成了当时一般大专院校进行咨询的问题诊断分类依据。随后他又将职业问题做了更详细的分类,包括①没有选择;②不确定的选择;③兴趣与能力倾向的落差;④不聪明的选择。在每一项的大类下,另有详细的说明。

　　1. 没有选择

　　(1)当事人没有喜欢的职业,不知道该如何选择。

　　(2)当事人有一个以上的选择机会,不知道如何从中选择。

　　2. 不确定的选择

　　当事人也许已经选择了一个职业,但是希望能求助于专家,告知他(她)所具备的资质可以确保成功。

3．兴趣与能力倾向的落差

（1）当事人对某项工作有兴趣，但是并不具备该项工作所需的能力。

（2）当事人对某项工作有兴趣，但是他（她）的能力远超过能够胜任的层次。

（3）当事人在不同的职业上（相同的职业水平）有着不同的兴趣与能力。

4．不聪明的选择

（1）工作需要的能力与动机水平，高过当事人所拥有的学术能力倾向、学习技巧与动机。

（2）某项工作所需的特殊能力倾向不足。

（3）选择没有兴趣的工作。

（4）选择与自己人格特质不相称的工作。

（5）选择就业机会少的工作。

（6）选择就业机会大的工作。

（7）选择大材小用的工作。

（二）兴趣与能力倾向落差的分类

在上述分类系统中最受学者们重视的是"兴趣与能力倾向落差"的部分。随着心理测验的蓬勃发展，有关兴趣与能力倾向的测量愈见精细。因此，寇来兹（Crites，1969，1981）针对兴趣能力倾向的测量发展出另外一套诊断分类方式，如图 7-1 所示。

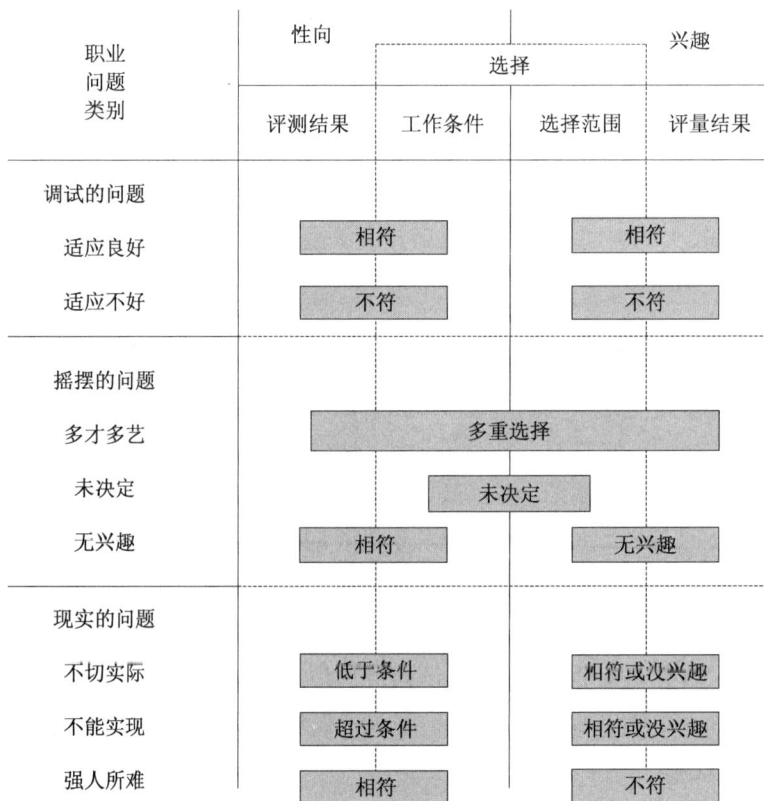

职业问题类别	性向		兴趣	
		选择		
	评测结果	工作条件	选择范围	评量结果
调试的问题				
适应良好	相符			相符
适应不好	不符			不符
摇摆的问题				
多才多艺		多重选择		
未决定		未决定		
无兴趣	相符			无兴趣
现实的问题				
不切实际	低于条件			相符或没兴趣
不能实现	超过条件			相符或没兴趣
强人所难	相符			不符

图 7-1 兴趣与能力倾向落差的诊断分类

按图 7-1 中的分类,共有三种问题。

1. 调适的问题

(1) 适应良好。兴趣与能力倾向都相当一致,符合工作的需要。

(2) 适应不良。兴趣与能力倾向都不符合工作的需要。

2. 摇摆的问题

(1) 多才多艺。具有多方面的兴趣与能力倾向,无法在众多选择中择一而行。

(2) 未决定。原因不详,只是无法做出决定。

(3) 没有兴趣。能力倾向能够符合工作的需要,但是对该项工作没有兴趣。

3. 现实的问题

(1) 不切实际。对某项工作有兴趣,但是能力不足。

(2) 不能实现。能力超过工作的需要,但是在兴趣方面,可能符合也可能不足。

(3) 强人所难。指能力倾向符合工作的要求,但是兴趣在另外一个工作上。

二、决策问题

这一套诊断系统专为成人设计,基本的分类理念是从发展理论中出发,观察一个成人在工作世界中的发展任务是什么。如果不能满足当时的发展任务,就有可能经历不适应的工作(Campbell&Cellini,1981)。这四个任务主题分别是生涯决定、生涯规划、组织表现与组织适应。

(一) 生涯决定的问题

1. 生涯的开始

(1) 缺乏要做决定的觉察。

(2) 缺乏生涯决定历程的知识。

(3) 能够觉察到做决定的需要,但是逃避为自己负责。

2. 信息的搜集

(1) 信息的不当、矛盾或不足。

(2) 信息超载,信息太多,无从着手。

(3) 不知如何搜集信息。

(4) 搜集的信息和自己的想法不一致,拒绝接受。

3. 产生、测量以及选择新的选项

(1) 无法从多重喜爱的选项中选择一个,即多项冲突。

(2) 由于自身因素而无法找出适当的生涯选项,例如健康、能力或教育等。

(3) 由于层层焦虑的阻碍而无法下定决心,例如害怕失败、害怕别人的拒绝、害怕为行动负责等。

(4) 不切实际的选择,例如眼高手低或眼低手高等。

(5) 周围的限制影响了个人的选择,例如家人不希望换工作等。

（6）无法测量自己的选项，缺乏测量的标准，如价值、兴趣、能力倾向、技能、资源、健康、年龄以及个人环境等。

4. 形成生涯计划

（1）缺乏形成计划各个步骤的知识。

（2）无法运用时间透视的能力研拟计划。

（3）不愿意或不能获得形成计划所需的信息。

（二）生涯计划的问题

1. 个人内在的特质

（1）无法按照预定的计划进行。

（2）无法完全按照预定的计划达成目标。

（3）个人的身心状态发生了不可预期的改变。

2. 个人外在的特质

（1）经济、社会或文化环境发生了不可预期的改变。

（2）工作环境发生了不可预期的改变。

（3）家庭环境发生了不可预期的改变。

（三）组织表现的问题

1. 技术、能力与知识的不足

（1）在新的职位上缺乏必需的技术、能力与知识。

（2）由于任务中断（如他调之后再回任）而产生的技术断层。

（3）无法及时吸取新知识而落伍。

2. 个人因素

（1）个人特质与工作特质格格不入。

（2）身心状态产生的不适，如背痛等。

（3）外在的个人因素或压力，如家庭压力、经济问题、个人冲突等。

（4）工作上的各种人际冲突。

3. 组织环境的因素

（1）工作要求的不当，如指令不清、工作超载、指令冲突等。

（2）组织结构的运作有问题。

（3）后勤支持不足或工作环境欠佳。

（4）奖励制度有缺失。

（四）组织适应的问题

1. 新上任

（1）缺乏对组织规定的了解。

（2）不能融入组织的规定或文化。

（3）无法吸收大量的新知识，认知超载。

（4）无法适应新的工作地点。

（5）理想与现实的差距过大。

2. 个人与环境的变化

（1）个人的变化。随着时间的改变，个人内在价值、需求、态度、生活方式、生涯计划也会改变，产生个人与环境的落差。

（2）环境的变化。随着时间的改变，组织的结构与要求也会发生改变，产生个人与环境的落差。

3. 人际关系

（1）由不同的意见、风格、价值、态度所导致的人际冲突。

（2）语言或身体上的性骚扰。

探索与思考

根据职业生涯障碍的分类，思考未来可能面临的问题，并试想有什么解决办法？

活动与训练

吕蒙的职业生涯困惑

吕蒙，通过专升本，成功读上了本科，专业为会计学。在读本科后，她越来越发现自己并不喜欢会计专业，将来也不想从事会计行业。她去了职业咨询师那里。在咨询师的引导下，她说："我妈妈是一家大公司的会计，她认为会计这个职业很稳定，收入也比较高，而且年纪大了也不会被淘汰，属于'越老越吃香'的职业。当时，我对专业不是很了解，所以就听从了妈妈的意见。上大学之后，我才发现自己并不喜欢这个专业，但是觉得自己要提升学历，只好很努力地学习，后来就成功专升本了。"

读本科以后，随着对专业学习的深入，以及对日后就业方向和职业发展道路的了解，吕蒙越来越发现，从事本专业的工作不是自己想要的生活。而升本意味着自己在会计专业方向上又前进了一步，未来的职业道路似乎更要局限于财务、审计、会计等工作了。想到这里，她开始焦虑起来，一种强烈的转行愿望开始在她头脑中弥漫开来。

职业咨询师对吕蒙进行了测评。结果显示，她是一个比较外向的女孩子，她的职业兴趣偏向社会型和企业型，喜欢与人打交道，喜欢变化和创新，喜欢在快速成长、变化的环境中从事有创造性和开拓性的工作，对重复性和细节性的工作则缺乏兴趣和耐心。很明显，会计和财务工作多偏向于与数据、图标、公式打交道，属于事务型，与吕蒙的兴趣类型正好相反，所以，吕蒙不喜欢她的专业，也不想从事会计和财务工作。

职业咨询师告诉吕蒙："职业规划并不是绝对的，要根据社会环境的发展变化以及对自我和职业了解程度的变化而调整和发展。任何职业和个人都不可能百分之百地匹配。我们做职业规划，不是把自己限制在一个很小的职业范围之内，而是要开阔视野，充分了解自我和职业，还要在积极的行动中根据现实情况不断进行调整和修正自己的职业方向，最终达到正确选择职业道路的目标。"

讨论：

1.吕蒙为什么会在她不喜欢的专业上浪费了那么多的时间？

2.除了考虑职业兴趣和性格外,职业规划中还需考虑自身的哪些因素？如何整合这些因素？

3.吕蒙应该如何做出职业决策呢？有哪些方法？

○. 7.2　心理适应

名人名言

最高明的处世术不是妥协,而是适应。

——吉姆梅尔

学习目标

1.了解求职中的心理障碍。

2.认识求职中的情绪压力。

3.了解求职中的自我调适。

案例导入

落入枯井的驴子

有一天,某个农夫的一头驴子不小心掉进一口枯井里,农夫绞尽脑汁想办法救出驴子,但几个小时过去了,驴子还在井里痛苦地哀号着。

最后,这位农夫决定放弃,他想这头驴子年纪大了,不值得大费周折去救它,不过无论如何,这口井还是得填起来。于是农夫便请来左邻右舍帮忙一起将井中的驴子埋了,以免除它的痛苦。

农夫的邻居们人手一把铲子,开始将泥土铲进这枯井中。当这头驴子了解到自己的处境时,刚开始哭得很凄惨。但出人意料之外的是,一会儿这头驴子就安静了。农夫好奇地探头往井底一看,出现在眼前的景象令他大吃一惊:当铲进井里的泥土落在驴子的背部时,驴子的反应令人称奇。它将泥土抖落在一旁,然后站到铲进的泥土堆上面。就这样,驴子将大家铲倒在它身上的泥土全抖落在井底,然后很快地再站上去,这头驴子便得意地上升到井口,然后在众人惊讶的表情中快步地跑开了！

分析:就如驴子的情况,在人生的旅程中,人们难免会陷入"枯井"里,现实的压力一次次往自己身上倒土,但有适应能力的人却可以一次次抖落这些土,让它们成为成长的垫脚石。如果以肯定、沉着、稳重的态度面对困境,助力往往就潜藏在困境中。一切都取决于我们自己,要学会放下一切得失,勇往直前迈向理想。最容易取得成功的人是那些善于寻求改变和顺应潮流的人。他们不会顽固坚持,而是虚心学习,随机应变。只有那些不能容忍变化的人才会饱受紧张和烦躁的困扰。其实,无论做什么事情,都会面临两种选择,即要么接受现实,随遇而安;要么积极应对,作出改变。

一、心理障碍

(一)求职不良心理状态

即将由相对单纯的"象牙塔"迈入瞬息万变、竞争激烈的职场,毕业生在择业之初心态纷呈,难免具有幼稚的冲动、盲目的激情、过分的自信,甚至由于自身缺乏明确信念的导向性。导致他们往往不能客观地把握个体择业的恰当坐标,以致产生心理问题和技巧操作失误。理性客观地分析当前毕业生择业时的心理状况,做好择业心理准备和确立良好择业意识是非常必要的。大学生的择业心理障碍是指大学生对于职业选择的不良心理状态,主要表现为以下几种。

1.自卑心理

自卑是一种缺乏自信心的表现,是一种消极的失去平衡的心理状态,常和怯懦、依赖等心理交织在一起,它不仅使一些毕业生悲观失望,不思进取,而且有碍于自身聪明才智的正常发挥。在择业过程中,有自卑感的毕业生主要问题是,看不起自己,不相信自己,对自己缺乏了解,缺乏自信心,缺乏勇气,不敢竞争。在"供需见面会"上,不敢面对用人单位,有的甚至不敢与招聘单位洽谈。这种现象多见于自我意识不健全的大学生、部分女大学生以及性格内向或有生理缺陷的学生。这部分学生在屡遭挫折之后,很容易产生强烈的自卑心理,胆小、畏缩、悲观失望。有些毕业生在选择职业时优柔寡断,挑三拣四,结果错失良机,把原本适合自己的工作,轻易地丢掉。在用人单位的"专科生去!去!去!本科生看、看、看,研究生来、来、来"的人才高消费思想指导下,一些专科生由于学历较低,求职相对较困难,而长线专业的毕业生由于供大于求,用人单位则在选择上十分挑剔,致使一些毕业生连连碰壁,因而沮丧失望。一些自身条件较差,综合素质不强或者平时专业成绩不突出的学生,产生了强烈的畏难心理,他们认为自己竞争实力不强,难以找到理想的职业,因此怨天尤人,不思进取。

2.自负心理

自负也是不能正确估价自己而产生的一种心理现象。自负心理在部分大学生身上反映比较突出。他们过高地估计个人的能力,缺乏自知之明,自认为高人一等,非常傲气。或者认为自己已学了很多知识,各方面条件也不错,不会没有归宿;或者认为现实太落后,"英雄无用武之地"。他们认为自己接受了高等教育,择业中应该高于其他社会成员,有自己的理想归宿。在这种自负心理的支配下,他们在求职中总是自负骄傲,好高骛远,看不上这个单位,瞧不起那种职业,使自己的择业目标与现实产生很大反差。倘若不能如愿,情绪就会一落千丈,从而产生失落、烦躁、抑郁等心理现象。

3.挫折心理

挫折心理是指人在从事有目的的活动中遇到障碍时所表现出来的诸如苦闷、焦虑、失望、悔恨、愤怒等多种复杂的情绪。例如,某学生参加第一个用人单位的目测、面试后,他排在第四位。该单位对前五名学生都很满意,但因为名额有限,只录用了前三名,这位同学落选了。接着又有几个用人单位来招聘，因为种种原因又没有录用他，眼看同去的同学越走越少，该同学开始烦躁不安，吃不下、睡不着，对老师说："老师，我都成垃圾没人要了。"虽然在老师的开导、安慰、指导下，他最终被别的单位录用了，但像他这样感情脆弱、承受挫折能力差的毕业生不在少数。

4. 依赖心理

依赖心理往往是过分依靠别人，是一种懒惰的心理表现。在择业过程中，毕业生受社会、家庭、亲朋好友、外界舆论的诸多影响，往往举棋不定，顾虑重重，产生"缺乏主见，依赖他人"的心理误区。有一些毕业生把寻找接收单位的希望寄托在家长和学校的身上，还有一些毕业生是独生子女，在家里娇生惯养，缺乏基本生活能力，社会实践经验不足，缺乏参与竞争的勇气。他们择业不是凭借自身的能力，而是凭借父母、亲朋的"关系网"。他们惧怕失败，过分依赖家长、亲友，请他们作为自己的代言人，由家长带着面试、代填表格、代答问题，更有甚者，报到上班也要家长护送，他们虽然即将步入社会，但心理能力还远远滞后于生理能力。

5. 平庸心理

平庸在词典中的解释，平为一般的、平淡无奇的；庸为平常的、不高明的。在择业过程中，平庸心理是指缺乏竞争意识，对择业采取"生死由命、富贵在天"的消极态度。少数毕业生缺乏竞争意识，还抱着金饭碗不放，认为自己进了大学门，就是"公家人"。文凭到了手，"官票"怀里揣，自己"稳坐钓鱼台"，还在坐等"伯乐"上门来"相"自己。他们到了人才市场，把推荐材料一递便站在一旁，一言不发，仿佛在等待用人单位的恩赐。在就业竞争中，这些缺乏竞争意识的人，很快就将被淘汰出局。

6. 求稳、求全心理

有的大学生由于对原来所学专业存在思维定式，他们用过去职业门类的老观念，凭借已有的定势来思考问题，从而影响了对新职业的选择，甚至失去了一些本来可供他们就业和发展的机会。思维定式还反映在"一业定终身"的传统观念上。有些大学生对择业和就业持特别慎重的态度，因为按照"专业对口"的传统模式，职业一经选定，就终身束缚于此，不能再加以改变了。这种思维定式使他们不敢轻易地在更大的范围内选择职业，害怕一旦选错就终身难改了。有的大学生在择业时求稳求全，不敢冒风险，思前想后，谨慎过头，缺乏风险意识和风险承受力，从而妨碍了自我推销的有效展开。也有的大学生出于求全而慎重，也会表现出迟疑、犹豫的心态，他们对未来职业利弊的权衡过于挑剔，缺乏果断性，最终也将妨碍择业的成功。事实上，现代社会信息化和继续教育的发达已在日益动摇这种"一业定终身"的局面，这不仅使原来的体力劳动者获得了受教育的机会，而且为其他人由一种职业转向另一种职业提供了可能。

此外，有的大学生择业时名利心理过重，对金钱、名利的看法出现了偏差。他们认为"理想、理想，有利就想""前途、前途，有钱就图"，表现在择业时，把最容易出名、赚钱又多的职业视为最佳选择，既无视国家和社会的利益，又置自己所学专业于不顾，认为有了钱就能实现自己的人生价值，其结果，也可能会丧失许多有利的就业和发展机会。

7. 焦虑心理

焦虑是一种紧张不安并带有恐惧体验的情绪状态，是成功就业最大的敌人。目前，大学生求职呈现出多元化的趋势，职业选择面大大拓宽。然而，职业选择自由度越大，职业选择行为的责任就越重,择业心理压力便越大。

面对纷繁复杂的社会,面对严峻的就业形势及日趋激烈的就业竞争,面临着种种剧烈的心理冲突,该如何作出正确的抉择,缺乏社会经验的大学生们深感困惑,出现焦虑不安的心理,有的担心不能如愿以偿,有的害怕就业无门等。择业时焦虑心理的特殊表现就是急躁,主要表现在就业单位没有最终落实之前,不是恨时间过得太慢,就是怨用人单位迟迟不给回音,他们希望能在供需见面会上当场就决定下来,希望不费周折就能如愿以偿。那些毕业离校前还没有落实单位的大学生就更为急躁和恐慌,他们没有目标,四处出击,病急乱投医,不能冷静、客观地思考,情绪处于一种难以自制的急躁状态中。

这种状态使学生在面对用人单位严格的录用程序——笔试、面试、心理测试等手段时,会感到惊慌意乱。在遭受挫折后,对因自己"无能"而招致的"失败"怀有深深的自卑或自咎。

8. 功利心理

在校期间比成绩、比荣誉,离校以后还要比工作、比收入,这是现在很多毕业生的一种真实写照。其实,大学生千万不要为了所谓的名和利而忽略了自身需要和发展,符合自己的才是最好的。盲目地追求大城市、名企业、高收益,如果和自己的能力或者发展需要不匹配,也就很难有所成就。

9. 自傲心理

好高骛远、手高眼低,也是一些毕业生现存在的问题。因为没有经历过太多的实践工作,毕业生经常会以学校成就为准绳来衡量自己的能力。这样是不完全准确的,一定要在基础工作中锤炼自己、发掘自我,才能锻炼一身过硬的本领和技能,才能具备引以为自豪的资本。

10. 从众心理

缺乏独立自主做决策的勇气,选择随着好友、同学或者大众追逐热门,放弃自主权。这种情况通常都会影响毕业生的准确定位,而且一旦事后产生任何问题,从众心理者都会将问题归责给当初追随的人,而忽略了自己缺乏独立自主能力的因素。

11. 侥幸心理

在求职过程中,毕业生有时会觉得竞争力太低,而选择弄虚作假。这其实就是一种侥幸心理,冒着被发现的风险,去造假学历、荣誉、履历甚至证书等。现代鉴别真伪技术如此发达,单纯造假是无法提升自身的核心竞争力的,在职场竞争日渐激烈的今天,弄虚作假终究是会败露的。

(二)影响求职心理的主要因素

毕业生求职心理是多种因素综合作用的结果,归纳起来可以分为外部因素和内部因素两大类。

1. 外部因素

1)社会环境

社会环境的变化、社会潮流的变革会直接影响求职者心理的变化。以中国的社会发展来说,从曾经的分配工作到现在的自由就业,再到近几年兴起的第二次创业浪潮,求职者的心理也在不断发生变化,危机感剧增。

2）家庭因素

家庭成员,特别是父母的职业观念,对子女的求职心理会产生重要的影响。职业声望和地位较高的长辈,带来的职业影响更大。父母的职业,则更会直接影响子女的求职心理预期。

3）社会文明认知

社会文明的发展以及法治的进步,反映了社会整体发展对职业的需求。在不同的社会文明时期和不同的法治背景下,社会对职业的要求是不同的,对求职者的求职心理的影响也不同。

4）群体的求职心理

所处社会群体的求职心理及对职业的评价,也会对求职者产生重大的影响。

2. 内部因素

1）心理因素

求职者的兴趣、气质、性格、能力、观念等对其求职心理起着重要作用,个性差异是求职者心理差异的内在依据,例如兴趣差异会使个体的求职心理与其他个体产生重大差异。

2）生理因素

求职者的性别、身高、年龄、相貌、体能等,也会对求职者心理产生影响,根据不同的生理特性,求职者的心理动态也是不一样的。例如,男性和女性在职业类别的选择上会有比较明显的差异,这就是由求职者心理不同而造成的。

（三）求职中应有的心理准备

良好的求职心理是适应社会的需要,在应对具体的求职活动中,需要有一些基本的心理准备。

1. 适应环境变化的心理准备

人是社会人,是不能脱离社会存在而去寻求单独发展的。所以,无论是在生活还是工作中,只有能够适应环境变化的人,才能够更快更好地发展。特别是毕业生,将要面对从学习状态到工作状态的巨大转变,很多同学无所适从。因此,要做好适应环境变化的心理准备,无论是生活环境、学习环境还是人际环境的改变,都应该积极地去寻求适应,而不是盲目地抵触和反抗。

2. 吃苦耐劳的心理准备

要做好吃苦耐劳的心理准备,注重培养吃苦耐劳的精神,不断磨炼自己的意志。当代青年在顺境中成长的居多,家庭溺爱、父母宠信,对于吃苦耐劳的认知程度非常低。一旦遇到一些挫折和困难,要么选择逃避,要么选择放弃,这些都是有害无益、阻碍发展的。毕业生要做好充分的心理准备,在生活和工作中发扬吃苦耐劳的精神。

3. 适应社会竞争的心理准备

竞争是推动社会进步、人类自身发展的内驱力,人们通过竞争完善自我获得成就感。因此,在职场中必须要正确地面对竞争态势,要做好适应社会竞争的心理准备。每个大学生都应有意识地参与竞争,培养良好的竞争意识和竞争心态。因为良好的竞争心理具有自我激励的作用,可以促进人们挑战自我、协调适应的能力,有利于养成独立、进取、坚韧、勇敢等良好的性格特征。

4. 宽容合作的心理准备

人类社会是一个共同体,个体之间如果没有合作,共同体就会瘫痪,人类社会将不复存在。所以,人与人之间必然要互相合作、学会宽容,流畅的合作就会发挥比"1+1=2"更加显著的效果,互不配合可能还不如分头工作。因此,可以这样认为,宽容是合作的前提,合作是实现价值的手段。

我国自 20 世纪 80 年代开始,采取了独生子女政策,再加上改革开放后经济发展、生活水平提高,独生子女和非独生子女所享受的宠爱都要多于以往,导致多数年轻人社会实践少,缺乏宽容和合作意识。因此,大学生应该积极地参加社会实践,多与人进行交流合作,有意识地培养谦逊、宽容、礼貌和互相协作的优良品质。

5. 长远发展的心理准备

长远发展的心理,是对社会形势理性认识的一种表现。了解社会,放眼未来,才能戒骄戒躁、脚踏实地地前进。确定了自己的职业目标,就要坚持不懈地去努力实现,这种坚持就是对长远发展的一种笃定,是对未来的一种期许。因此,毕业生在求职和择业过程中,还要有良好的未来意识,做好长远发展的心理准备。

二、情绪压力

情绪压力不是自发的而是由刺激所引起的,而这些刺激有外在的也有内在的,有时这些刺激是具体可见的,但有时也是隐而不显的。就引起情绪的外在刺激而言,生活环境中的任何人、事、物的变化都会影响人的情绪。笑声、哭声、风声、雨声、读书声、歌声等皆能令人产生不同的情绪,尤其是当求职受挫的时候可能更容易被这些外在的刺激激发起情绪感受。至于内在的刺激,生理上的如身体的激素分泌、器官功能失常(疾病),都会成为内在刺激而影响情绪,记忆、联想、想象也会令人产生不同的情绪,如想到伤心的事,不禁潸然泪下。

同时,即使外在地看到了某事与物、内在地想到了某事与物,不同的人也会有不同的情绪反应。由此可以说明三点,一是情绪产生因人而异,二是情绪产生不是直接由观察事物引起,而是由人的信念加工所造成的,三是情绪具有可调控性,否则每个人面临相同的刺激会有相同的情绪反应。

(一)情绪压力来源

1. 生存、经济压力

根据马斯洛的需要层次理论,人的首要需求是生存需求,然后是安全需求。在衣食无忧的时候,人开始考虑社交需求,并需要表现以获得别人及自己对自己的尊重,达到尊重需求。当人们有了能够施展自己才华与潜力的空间时,则是在追求自我实现需求。

就大学生而言,毕业谋职要先满足生存需要。面对求职与生存的压力而产生焦虑等情绪反应都是正常,或者说是积极的。只是有时这种情绪反应过于极端,比如一入学就开始为将来毕业找不到工作而焦虑,因为这种焦虑,反而越来越认为自己不会找到好工作。由此可以看到,初始情绪的产生基本上都是有积极意义的,只是情绪过于强烈或者持续时间过久,最终转化为一种消极因素时,就需要加以控制。有时个人所面临的并非生存问题,而是个体欲望问题。一个人为自己设置过高的人生目标,到最后未能如愿时就会表现出一种失败感。正如北京师范大学心理学教授郑日昌所说的,如果将成功作为一个变量且当作分子来看,就与自己的成就、学历、职位、金钱与幸福成正比。但是分子下面还有一个分母,这个分母就是欲望。当自己的欲望无限增大时,其实快乐也就无限减小,就像有些人"端起碗来吃肉,放下碗来骂娘"。

2. 选择机会太多

如果一个人在面临过多的选择时,他也会有压力感。斯坦福大学的研究者做过一个实验,他们让人们在 6 种口味与 30 种口味的巧克力中去选择,结果参与 30 种口味选择的人,更多感觉到巧克力不大好吃,比较后悔选择。后来斯坦福大学又进一步实验,他们摆了两个果酱摊,一个有 6 种口味,另一个有 24 种口味,结果 24 种口味的摊位前的 242 名过客有 60%停下来试吃,6 种口味的摊位前 260 名过客只有 40%停下来试吃。但是,在 6 种口味的摊位前试吃者 30%都至少买了一瓶果酱,而在 24 种口味摊位前试吃者只有 3%购买了东西。

当人们面临太多选择时就会产生选择冲突,反而会增加不满意感。例如两个好工作都想要、奖学金与社会实践都想获得等。但是鱼和熊掌常常不可兼得,因此就必须在其中做出衡量取舍,这个就是"双趋冲突"。如果一直陷于这种冲突中不可自拔,那结局就是两个工作机会都失去、学习实践双失误。

当两种不利于自己或令人讨厌的事情同时出现在一个人的面前时,而这个人如果躲开其中一件却又必定会碰到另一件时所出现的心理冲突就是双避冲突。比如癌症患者手术治疗会有很大风险,但药物治疗效果不能确定,而且药物不良反应很大,这就造成了这种心理冲突。

当既对人有吸引力,又要付出代价的目标出现在面前时所引起的心理冲突就是趋避冲突。比如有人想致富,又不想干事情,有人想抽烟,又怕危害健康。这种状态下的人始终处于在两种动机中间徘徊的不安状态之中。

(二)应对措施

1. 保持良好的自信心

拥有良好的自信心是让职业活动事半功倍的一大助力。要做到树立良好的自信心,首先应注意不要过分谦虚,因为过分谦虚可能会给人留下能力不足的印象,更甚者还可能让人误以为是在炫耀。其次,自大也不可取,盲目的乐观和自我吹捧,只会更快地暴露自己的不足,而实事求是则更能博得用人单位的信任。最后,不气馁、不退却是工作的不二法宝,遇到挫折和失败以后,千万不要恐惧和顾虑,只需要总结经验,重整旗鼓再试一次就可以。

2. 保持健康的竞争心理

在求职过程中,竞争是无处不在的。如果大学生具备的是一种良性竞争心理,那就可以增强自己在求职活动中的竞争力。良性的竞争心理让人满怀希望、充满朝气,是一种健康的心理状态。但是,一旦竞争心理失控,出现情绪紊乱、不择手段等情况,轻则影响职业活动,重则还会出现精神问题。所以,大学生们应尽量保持健康的竞争心理,避免恶性竞争害人害己。

3. 自我调节

在求职过程中,难免会有一些挫折和失败,这时应该学会如何安慰自己。情绪低落时,可以选择游玩放松、舒缓身心,可以从事体育锻炼、宣泄压力,还可以自嘲解闷、自我娱乐。总之,时常进行自我调节,缓解心理压力,也是解决求职中心理问题的一种绝佳对策。

4. 心理咨询

目前学校基本都建立了心理咨询室,目的是为了解决大学生出现的一些不良心理问题。如果出现了焦虑、烦恼、抑郁、烦躁等不良情绪,应该求助于专业人士,而不是自己解决或者羞于启齿。这些不良情绪一旦转变为心理障碍,后果是相当严重的。可以选择求助学校的心理咨询室的老师,或者寻求校外的专业心理治疗师的治疗。

三、自我调适

(一) 应对改变

人们或许会碰到这样的情况,在做某一件事时,最好的解决办法便是接受现实发生的一切,而在另外的时间地点做同样的事情时,最佳的选择却是去改变现实。对于这种情况,自己很可能会不加区分,采取同样的策略,要么都接受,要么都改变。实际上,此时需要认真厘清思路,专心做好每一件事,仔细考虑是接受还是去改变现实。

其实,即使渴望改变,但内心仍旧会对改变心有余悸。著名心理学家维克多·弗兰克尔(Viktor Frankl)在《追寻生命的意义》一书中描写了他在纳粹集中营中的狱友,他们中的一些人在监狱中度过了漫长时光,虽然极度渴望自由,但当最终被释放,走出监狱来到太阳底下时,却无法承受炫目的阳光,只能又回到漆黑的牢狱中。这就是现实,绝无戏剧的夸张,所有人在生活中都能真切感受到。

很多人都有舒适的生活状态,并已经保持多年,身处其中的人们喜欢每样熟悉的东西,喜欢每样使人感觉安全的事物,愿意花许多时间和精力来维持这一现状。金鱼也有类似的反应,清洗鱼缸时,有时会把金鱼临时安置到盛满水的浴盆中,但在浴盆中,金鱼们只会在一个类似它们居住空间大小的地方游来游去,而不会利用整个浴盆空间来嬉戏、游玩,它们会始终待在自认为安全的地方。

如果生活安逸,那么人会竭力避免改变,力图保持现状。但是,改变始终会发生。当改变不期而至时,人会感觉更紧张。因此,重要的是在改变的过程中尽量调整自己,使自己能更加从容应对。当试图做一些改变,人却感到不舒服、陌生和尴尬时,要明白此刻正朝着自己要实现的目标迈进。如果在向目标迈进的途中,感到有种莫名其妙的焦虑,也许自己已经处于进退维谷之中,内心正在试图放弃改变,回到老路上去那个最初的安全所在。

人之所以会产生负性情绪,就是因为事情发展不顺。但如果能够分析其原因,做出针对性的安排,也许就可以解决问题,这是问题应对的根本所在。人产生的许多问题正是因为事情安排不当,导致问题大量积累,最后使自己疲于奔命,结果不得以产生焦虑、紧张、气愤、抑郁等情绪反应。因此最有效的情绪应对方法,就是把面临的难题、压力事件处理妥当,即"问题解决应对"。

以下说明一些常用的问题解决应对的策略与方法。

1. 转 移

从引起情绪的刺激因素来看,情绪管理的一个首要方法就是离开现场。当然这里指的是引起消极情绪的现场。求职的过程中,毕业生可能会面临许多压力氛围。这时可以转移一下焦点,使自己从过分紧张的情绪中转移出来,以保证最佳的求职表现。比如,坐在椅子上等待面试时,缓解紧张的一个好方法就是双手努力去抓椅子,试着把自己抬起来,这样让思想的紧张转移到手臂肌肉的紧张,然后再放松,就可以达到快速缓解紧张的效果。

2. 升 华

情绪压抑犹如筑坝,水不及时泄出,结局只能是溃堤。歌德在年轻的时候失恋了,很痛苦,也想过自杀了之,但觉得这样死有点不值。于是他就用写作的方式来发泄自己的情绪。但是他写着写着就发现了乐趣,并写出了《少年维特的烦恼》。奥地利心理学家阿尔弗雷德•阿德勒因为从小驼背,行动不便,产生了极强的自卑感,这种自卑成了他生命的原动力,为了克服自卑,获得他人尊重,他拼命努力,决心成为一名医生,最后他如愿以偿,并以《超越自卑》一书成名。

情绪是一种强烈的力量,这种力量如果应用在积极的方向上,一定会有所价值。有一个小伙子上班几个月后,感觉上司非常"不地道",很想辞职。被问:"你恨你的上司吗?""我恨他恨得要死。""那么,你为何不在这里把自己锻炼成不可缺少的骨干,然后辞职,这样他的损失岂不很大。"升华,就是把所有可能的消极力量,都转化成自我成长的动力。

其实,升华的本质就是把焦点从关注求职受挫转移到总结吸取教训上。如果每一次都能够从失败中吸取教训,相信成功就在不远处。

3. 代 偿

康德说:"发怒,是用别人的错误惩罚自己。"人为什么会发怒,就是因为事情没有如愿。但是如果这时能停下来,分析一下是什么因素导致这个结局的,也许会突然发现是自己的原因——因为自己做或者没有做某些事情,而使事情如此结局;或者因为自己的能力不足以处理当前的问题而烦恼。代偿有时就是转移与升华的结合,首先清楚地衡量自己目前的能力边界,然后选择有意义、可为的方向做出努力。例如在失恋时,也许可以使用代偿的方式,在专业学习、拓展交友圈、增强体育运动方面提升自己。

(二)情绪调节

面对压力与问题,人们习惯于从建设性的角度来考虑。但是如果解决问题的难度过大,或者解决问题的成本过高,那么就可以使用情绪导向的方式解决——即自我安慰来获得内心平衡,情绪应对有时只是权宜之策。在界限之内做些妥协,合理的"知止",也是一个人成熟与成长的关键标志。

1. 宣 泄

宣泄的方法有许多。例如有一位妇女常常头痛,但是医生检查不出她有什么毛病,因为她的头痛并不是生理性的,而是由心理因素所引起的。她离婚了,又不好意思告诉别人,因此就"选择"了头痛来发泄自己的情绪。像这种发泄方法在现实生活中经常发生,还有些人选择胃痛来逃避工作、选择头痛来避免参加不情愿的活动,甚至选择自杀来逃避别人的言论。这些都是消极的宣泄方式。

心理咨询师总结了五种情绪宣泄的方法,即唱歌法、跑步法、枕头法、撕纸法和绘画法。以无害的方式进行自我表达,就是一种很好的应对方法。现在 KTV 如此多,也是因为人们的竞争压力越来越大,需要一种合法、合理,甚至高雅一些的宣泄方式。除此之外,还有以下方法可供选择。

1)胡言乱语

找一个安静的房间,或对着一棵大树,闭上眼睛,说出一些无意义或不连贯的话。由于大脑是用语言来思考的,乱语可以打破常规的表达模式,不用考虑任何语法或内容,可以自由表达内心需要宣泄的东西,把任何不舒服的东西都扔出来。

2)做白日梦

闭上眼睛,深呼吸,想象自己来到一个世外桃源,尽情享受着微风的吹拂,静静聆听着流水的乐音,深深嗅着迷人的花香……

3)写控诉书

找一张纸,把所有的愤怒或不满挥毫纸上,然后烧掉。如果某个人特别惹你生气,可以取来信纸,痛快淋漓地责骂对方一番,然后把信纸装入信封里,但千万不要寄出去。而是把信锁在抽屉里,等将来气消了再撕掉。如果有写日记的好习惯,也可以毫不掩饰地抒发几页。

4)长吁短叹

焦虑时,心率和呼吸会加速,缓慢的深呼吸有助于镇静。心情不佳时,选一处清静的地方,先通过鼻腔吸气以扩张肺部,然后,将肺内气体慢慢呼出。

5)悲伤音乐

负性情绪久居心中时,若强求听一些欢快的音乐,终究只是强颜欢笑。不妨放上一段很"悲惨"的音乐,随着忧郁旋律的缓缓流淌,内心的不快可能随之倾泻而出,换得一身轻松。

6)倾诉委屈

约上一两个好朋友,找个清净的地方,就着一盏清茶、一杯咖啡,将积压的委屈倾诉出来,这是一种很有效的调节方式。然而,切忌找那些唯恐天下不乱的"损友",一定要选择可以保守秘密的朋友,最好是那种能帮自己理性分析问题的人,否则只怕越诉苦越烦乱。

7)号啕大哭

现代研究发现,因感情变化而流出的眼泪可排出体内两种神经传导物质,从而缓解紧张情绪,减轻痛苦和消除忧虑。因此,痛哭是一种心理保护措施,忍眼泪等于慢性自杀。不过,如果遇事就哭,经常悲悲戚戚,反而会体验到更严重的负性情绪。

此外,阅读、运动、怒吼、旅游等方式,都是不错的情绪宣泄途径。但是在宣泄时候,也要注意一方面不要因宣泄过度而造成新仇旧恨的叠加,而使行为更极端,另一方面,在发泄表达自己的负性情绪的时候,也不能忘记与别人分享自己的积极情绪,或主动倾听别人的痛苦。

2. 放松

在上文"转移"部分,本书讲述了一个"逃离现场"的方法。在心理上也可以逃离现场,即让自己的关注点转移,然后使自己的身体总体上放松一些。放松的方法很多,最快的方法就是喊"停",无论是出声喊还是在心里喊。因为在情绪状态,经常会产生连锁性灾难想法,这里及时中止会是一个必要的步骤。有一个形象的比喻,当遇到情绪激动的时候,理智的孩子让血液进入大脑,能聪明地思考问题,野蛮的孩子让血液进入四肢,大脑空虚,疯狂冲动。喊

"停"时还可以立即照一下镜子,当看到自己那张难堪的脸,可能情绪也会有改善。科学实验证明,当人在压力之下变得过度紧张时,血液的确会离开大脑皮层,于是举止会失常。此时,大脑中动物的本性起到了主导作用,使人像最原始的动物那样行事。及时放松是控制情绪爆发的一个很好的策略。还可以通过把注意力转移为关注自己的心律上以达到放松的目的,当心跳快至每分钟 100 次以上时,身体分泌出比平时多得多的肾上腺素,这时就需要使用恰当的放松方法来平静心情。

(1)深呼吸,直至冷静下来。慢慢地、深深地吸气,让气充满整个肺部,把一只手放在腹部,确保呼吸方法正确。

(2)自言自语。比如对自己说"我正在冷静"或者"一切都会过去的"。

(3)水疗法。洗个热水盆浴,可能会让怒气和焦虑随泡沫一起消失。

(4)可以尝试美国心理学家唐纳·艾登的方法,想着不愉快的事,同时把指尖放在眉毛上方的额头上,大拇指按着太阳穴,深吸气。据艾登说,这样做几分钟,血液就会重回大脑皮层,自己就能更冷静地思考。

人体是一个非常复杂而有效的自我管理组织,因此只要给其空间与时间,便会恢复到最佳的平衡状态。

3. 阿 Q 法

原始的阿 Q 精神包括欺弱怕强、极端幻想、泼皮耍赖、投机取巧、自欺欺人,奴性十足。这里的阿 Q 法是取其精华而用之,其实就是适当地自我安慰。要特别强调这与自轻自贱不能混为一谈。自轻自贱会使人变得自卑、懦弱、迟钝;而自我安慰则会使人变得自信、坚强、明智甚至体现出智慧的光辉。

张三过年坐火车回家。在路上,他去上厕所回来的时候发现座位被别人坐了。于是他就站在边上,想着让对方也休息一下。但是很长时间过去了,对方也没有要让座的意思,于是他说:"能不能把座位还给我,让我也休息一下。"结果对方说:"哪是你的座位,你叫它一声看它应不应声。座位谁占了就是谁的。"在这个时候,该怎么办? 也许会叫乘警处理,但等找到乘警几个小时就过去了。张三用了阿 Q 法,他大声对这位大汉说:"好吧,这就是我的座位,你不让就算了。看这形势打架的话,我也打不过你,干脆就算我学雷锋做好事了。"听到这句话,那个大汉也不好意思了,主动让出了座位。

可以看到,这里说的阿 Q 法绝对不是一种软弱的自贱,而是一种自信与自我控制的自然流露,与怒目而视的怒目主义和"在肚子里暗暗咒骂"的腹诽政策相对。阿 Q 法也绝对不是一个表面的方法,而是对自己深层次把握及比较强的自信的外化展示。面对一次次被拒绝的处境,有时需要用这种自我安慰的方法让自己先从灰暗的心情中走出来。

(三)意义转换

正如前面所说,人是必然会身在某个框架下思考问题的,有时跳出这个框架有可能会发现不一样的景象。当与人吵架时,感觉自己占尽道理却被人纠缠,而当看别人吵架时,感觉他们像游戏一样好笑,当看那些看别人吵架的人时,可能会感觉有些无聊……人的自由就是对这种框架的层层突破。

意义转化的本质,就是这种框架的提升。这种提升需要强烈的智慧与冷静的头脑。例如去饭店吃饭,服务员问顾客"要啤酒还是橙汁",其实这句话已经给出一个框架,那就是要么 A 要么 B。意义转化的方法就是问："我可以什么都不要吗?"意义转换就是人格与智慧的升华与超越。每当有意义转换的时候,经常会有一种幽默与智慧的效果与感染力。

1. 幽默

一家日报社招聘采编人员。一位求职者和另外 9 个人一起进入了最后的角逐。不管是学历还是专业,他都和那 9 个人都有一定的差距。一开始,面试官们对他也不怎么看好。但在面试中对一个问题的回答,竟让他成功地被录用了。在面试时,面试官问他:"你应聘这个岗位有什么优势?"他说:"我的优势是有过 3 年的办报经验,而且我深爱着这一行。不是夸张,只要我拿起一张报纸,就会不自觉地给人家挑错:哪个标题有些烦琐,哪些词用得不恰当,哪些错别字没有校对出来,哪个版面设计得不合理,等等。有一次,我在菜市场买菜,愣在那儿了。管理员走过来问我怎么了,我说没事儿,我在看你们管理制度里有没有错别字……"听到这里,几位面试官都笑了。事后,有人告诉他,他之所以被录用了,主要就因为他的幽默感,而其他几个人虽然条件胜过他,但在面试中的表现过于正统,回答会过于死板,完全不适合做采编工作。

幽默是自信和良好心态的表现。如果面试者擅长发挥幽默感,能够适时地调节一下紧张或尴尬的气氛,往往可以让面试增加胜算。

2. 暗示法

在美国一个大学,同宿舍几个人开玩笑把一个舍友用麻袋装上抬到了铁轨上。几辆火车经过,这位舍友就昏厥了。但不是被火车轧的,因为他是被放在旁边一个废弃的铁轨上的。这就是暗示的消极作用。中国古代杯弓蛇影的故事,也说明了心理暗示的强大影响力。当头脑中浮现出来的形象更积极一些时,则会离成功更近一些。例如,在体育比赛前,如果能够生动、清晰地想象一下自己如何上场、如何通过努力取得更好的成绩、如何向观众致意、如何领得奖牌,便更容易有好的比赛表现。

但要强调一点,积极暗示不能过于想入非非。如果总在那里想自己如何在毕业后就找到一个几万元月薪的工作,然后上班时开着自己的宝马……当这么想的时候,可能内心另外一个声音会说"这不是开玩笑吧",一下子积极想象就变成消极的自欺欺人了。

3. 希望意义法

希望是一种使生活有意义的表现。与此相反,一个人没有希望就成了绝望。生活的意义感是非常重要的。人需要找到为之奋斗的目标,这样生活的动力才会被唤起。

有位寺庙的住持有过一次挽救自杀青年的例子。一天寺庙来了个小伙子,看起来很绝望。住持与他交谈,小伙子说他失恋了,准备烧完香后表达一下对父母不孝之意就自杀。住持在交谈中得知这小伙子是个油漆工,就说:"我们这个庙已经多年没有漆过了,我们一直想刷但都没有技术。今天佛祖显灵把你派来帮我们。反正你也不想活了,在临死之前能否做点好事积点阴德,帮我们把寺庙油漆一下吧。"小伙子开始刷漆,住持则不停夸他手艺好。最后小伙子想通了,发现自己人生的意义并不在于恋爱中获得的价值。

在情绪应对过程中的某些方法可能带有委曲求全、自我安慰的意味,但人经常进行"德比于上,物比于下"的思考,可能就清楚自己在某个状态时应该如何自处。情绪控制与超越的最高境界,就是这种意义感的正确认识与实践。人是被教育成了环境的附庸,从而不自觉地把霉运、失败、失控归咎于环境,常会认为"就因为当初父母逼我上这个专业才使我现在找不到工作""都是他脚踩几只船,才把我甩了"。但实际上,自己幸福、快乐与未来,都需要自己为自己负责。大学毕业生现在认识到这些,并不是要去找父母、社会、学校的责任,而是要清楚自己该负起什么样的责任来。

大学生求职的过程是一个面对压力的过程。因此首先需要从完善自我,塑造自身生存本能入手,改变自己的消极心理状态。要改变错误、狭窄、扭曲的自我认知与社会认知。大学生要加强自我理解与分析,以保持冷静的思维来进行生活中所谓重大的抉择。要孕育真、善、美的感受,保持良好的心境,完善情绪情感。排除诸如不满、愤怒、嫉妒、焦虑、恐惧等负性情感对正常思维、决策的干扰。要打破传统意义上的"就业—终身职业"和"一锤定终生"的择业观和就业观。强化择业的自主意识,树立正确的择业、就业观,跳出从众、攀比等社会心理陷阱。

(四)提升个人素养

现在很多年轻人都有自怜的倾向,更直接的含义就是同情自己。这种心态会让人产生麻痹感,同时脱离工作现实去想问题,把自己放在不现实的环境中,使自己有意识或无意识地去逃避现实。

1. 客观冷静地认识社会,评价自己,树立科学的择业观

正确认识社会和评价自我是进行自我调适的基础。就业市场化、择业自主化给大学生带来了机遇与实惠,但许多大学生对"市场"的复杂性认识不足,对就业市场的客观了解不够。大学生作为社会的个体,不可能脱离社会而存在。在求职择业前,首先应认清就业形势,了解职业对择业者的要求,了解职业特点。其次应正确认识和评价自我,找到适合自己的职业方向,扬长避短,用发展的观点来看待自己,要知道自身存在的某些缺点并不可怕,可以先就业然后在工作岗位上不断克服缺点,发展和完善自己,从而正确定位,科学地进行"人职匹配"。大学生只有在择业过程中正确、客观地评价自己,保持健康良好的心态,做到扬长避短,才能最终获得成功。

职业是人生的重要组成部分,选择职业就是选择自己的未来,决定自己今后的发展方向,因而大学生树立科学的择业观是十分必要的。树立正确的择业观,必须认识社会、了解国情,充分认识当前的就业形势,正确处理好国家利益、集体利益和个人利益的关系。大学生要树立远大的理想,树立起报效祖国、献身社会的责任感,培养竞争和拼搏精神,自觉地服从社会的需要,到基层去实现最大的人生价值。大学生在择业时必须具备超前意识、危机意识、社会意识和竞争意识,把价值观由个人本位转向社会本位,明确"自我实现"是一个为社会和他人做贡献,履行社会责任的过程。总之,盲目地到一些表面上看来不错,但却不适合自己,自己的才能又不能得到有效发挥的单位工作,是不会让自己满意的。与其将来后悔,不如现在就改变自己,建立适应市场经济发展、人才需求规律的合理的职业价值观,以指导自己正确择业。

2. 培养优良的非智力因素

非智力因素是相对于智力因素而言的,它主要指个体的情绪、意志、人格等因素。非智力因素是心理素质的重要组成部分。认知心理学研究表明,非智力因素与成就关系密切,与创造能力关系密切,并在成就与创造活动中起着重要作用。特别是作为受过系统、正规高等

教育的大学生,理应成为具有系统的、优良的非智力因素的优秀人才。优良的非智力因素包括良好的兴趣、良好的情绪情感、良好的意志、良好的性格和积极的价值观。大学生应增强兴趣的广度,培养中心兴趣,善于控制和调整消极情绪、情感,引导情绪和情感变成巨大的热情和力量;培养意志的自觉性、果断性、自制力和坚韧性,培养自信自强、正直坦率、谦虚谨慎、敢于开展批评与自我批评、敢于追求真理的性格,将价值观与自身成才联系起来,与崇高的人生目标联系起来;防止盲目从众,盲目趋新,盲目选择,树立积极的职业价值观。

3. 提高心理素质,增强抗挫折能力

挫折在人生中是不可避免的。大学毕业生的择业过程并不是一帆风顺的,被用人单位拒绝是一件很平常的事,要保持良好的心态,经受得起意想不到的困难和考验。对于这些挑战,如果大学生能积极调整自己的心态,化阻力为动力,必能使自己的心理素质得到更大的提高,以增强抵抗挫折的能力。

1) 增强自信心

自信心是一个人对自我价值的表达,是对自身力量的认识和充分估计。自信心是一个人前进的动力,是成功的第一要诀,它体现了求职者的精神面貌,同时也直接影响到招聘单位对求职者的第一印象,进而决定了择业能否成功。求职者只有坚信自己有实力能胜任某项工作,才能表现出坚定的态度和从容不迫的风度,才能赢得用人单位的赏识和信任。相信自己的实力和水平,相信自己有能力做出一番事业,就会热情地、努力地投身到这个事业中去。而缺乏自信或自信心不足的人则常表现为过分自责,常常因为一点的挫折而过分自卑,忽略自己的长处,拿自己的短处比较别人的长处,自暴自弃,或自尊心太强,置身陌生人之中不知所措等,这些都不利于择业。增强自信是择业成功的重要因素,也是大学生择业必需的重要心理素质之一。

2) 培养顽强的意志

所谓意志是人为了达到一定的目的,自觉地组织自己的行动并与克服困难相联系的心理过程。意志是人的意识的能动表现。求职择业同样需要有顽强的意志。在当今竞争激烈的环境下,对于即将步入社会的大学毕业生来说,在求职过程中遇到种种挫折已是普遍现象,这对他们来说是进入社会第一次面临的巨大考验。这就需要他们有“屡败屡战”的顽强意志,要注意提高受挫折后的心理承受能力,把挫折转化成认真总结求职失败的动力,锻炼自己意志,增强求职能力,争取更好的机会。千万不可因此灰心丧气,怨天尤人,一蹶不振。心理健康的人,勇于向挫折挑战,百折不挠;心理不健康的人知难而退,甚至精神崩溃,行为失常。只有具备顽强意志力的人才会克服困难,通向成功。

3) 树立强烈的竞争意识

每年就业市场上有几百万大学毕业生在相对集中的时间里求职,对每一个高校毕业生来说都存在很多压力,如果没有强烈的竞争意识,没有主动竞争的思想准备和积极参加应聘的行为,一味被动地“等”和“靠”,是很难顺利实现就业的。在就业市场上,一个职位往往有许多毕业生希望获得,不积极竞争,消极等待,永远也得不到这个职位。要具有强烈的竞争意识,积极地进行竞争,才有可能获得这个职位。

4) 培养人际交往能力

人际交往能力主要包括人际理解力,表现在聆听及理解他人说话的能力,以及对他人未充分说明或部分表达的思想、感情及关注点的领悟能力;团队精神,表现在为达到共同的目标与他人合作的能力；谈判能力，表现为通过交流和沟通，采取妥协、调整或与他人合作等方式解决争端的能力。大学生即将走向社会，更应该正确面对社会，要主动融入社会，积极参与各种社会实践活动。尤其是对那些性格内向、不善言谈、不善交际的大学生更应该注意培养自己的人际交往能力。在人际交往的过程中，如果交往顺利活跃，便心情舒畅、身心健康。通常交往受挫或封闭，便心情郁闷，身心受损，产生各种不良后果。我国老一辈心理学家丁瓒曾说："人类的心理适应，最主要的就是对人际关系的适应。所以人类的心理病态，主要是由于人际关系的失调而来。"所以，大学生应该克服社交恐惧症，认清交往的障碍所在，掌握沟通技巧，端正择业心态。

4. 建立合理的知识结构

知识结构指一个人知识体系的构成情况与结合方式。它是一个由诸多要素组合而成的有序列、有层次的整体信息系统。知识结构是文化素质的质的方面，它与知识程度两者有机地结合，共同构成一个人的文化素质。文化素质的掌握是能力得以提高的前提。大学生的就业能力是指通过教育所获得的知识、技能以及适应劳动力市场变化的能力，其评估标准包括两个方面，一是大学生所具有的知识水平、学习能力、生产能力，二是学生参加社会互动时调动社会资源的能力。分析不同类型用人单位所组织的高校毕业生的招聘录用工作，系统比较用人单位的需求，可以发现，大学生应当具备的知识结构主要包括以下几方面。

1）注重知识和基本技能的掌握

大学生在校期间应当接受和掌握的知识和技能是综合的，一些共性的基本技能主要表现为在以后工作中所必须具备的阅读、写作、计算、听说以及计算机应用能力，这些技能需要终身学习，不断提升。有的行业还会涉及具备特殊职业所需的技术知识和技能，以及完成某项工作所必备的知识、技术和能力。在这一点上，缺乏实力的大学生往往使用人单位对其完成工作的能力产生怀疑，在择业过程中注定处于劣势。

2）提高自身思考和学习的能力

思考能力反映的主要是一个人建立在智力和知识水平基础上但绝不仅限于此的智慧程度，包括提取问题、解决问题的能力，以及包括分析思考能力、创造思维能力、决策能力等方面。用人单位往往会通过笔试、面试、心理测量等多种科学的方法来衡量和评价大学生这些方面的能力结构和水平。大学生在校学习期间，重要的是学会适应环境，增强自己的适应能力，提高自身综合素质。学习能力、适应能力是能动的，可以不断挖掘和培养出来，具体的某一项专业技能则是静态的，没有学习能力的支持就无法更进一步。

🔍 探索与思考

1. 总结大学生求职的不良心理状态及解决对策。

2. 根据大学生求职心理问题，想想自己可能存在的心理问题，并找出可以解决相关心理问题的方法。

📝 活动与训练

我还能做什么？

活动目的：通过这次活动认真探索个人技能，挖掘自身职业潜力，增强自信。

活动过程：拿出两张空白的纸，在其中一张纸上填写以下问题。

1. 在纸上列下自己曾经成功完成的工作(如办一项社团活动，某门考试成绩考了 90 分以上，打游戏破纪录等)，并于其后写下完成这项工作所需要的技能或能力。

2. 回顾所受过的教育、所修的课程，在此过程，你掌握了哪些技能或能力，将它们一一列出。

3. 想想你平常从事的活动，列下这些活动所需要的技能或能力。

4. 回想一次你在工作上(不单指职业，也可是你曾做过的事)所经历的一次高峰经验(意指很快乐、感动的一刻)，分析在此次经验中显现出了哪些技能或能力，把它列下来。

5. 将以上你的所有技能或能力归纳在另一张白纸上，分享给你所信任的人们，并与他们探讨与这些能力有关的职业有哪些。

活动思考：

1. 活动开始前你是否觉得一些技能或能力不值一提，在活动结束后，你又有何感想？

2. 这个活动对你寻找合适的工作有什么帮助？

拓展阅读

当梦想萌芽时，坚持最重要

林清玄先生曾连续十年被评为"台湾最畅销书作家"、创下 150 万次再版热卖记录，至今已出版一百三十多部作品，散文被收录到各年级的语文课本，被誉为"当代散文八大家"之一。他的作品充满了温暖和趣味，文笔清丽，语带禅意，影响了无数的人。回顾他的一生，让人颇有感触。

1. 贫困家庭中盛开的梦想之花

林清玄出身一个贫困之家，兄弟姐妹 18 个(其中包括了伯父家的孩子)，他排行第 12。在几年前中央电视台《开讲啦》节目中，林清玄分享过自己的童年经历，说从小家里每个孩子就没吃过一顿饱饭，然而就在这样艰苦的环境下，在林清玄 8 岁那年就有了一个梦想，希望今后能成为一个杰出的作家。

他说，在他们生活的小村庄，300 年来没出过一个作家，一个小孩子说要成为一个作家是非常奇特的，连父亲也觉得这样的好事是轮不到他的，但母亲却一直相信他可以成功的，甚至会时不时关注儿子的写作之路，母亲很多平凡质朴的话，对未来林清玄的写作产生了很大的影响，让他致力于去创造那些能让人感到积极阳光的文字。

对于年幼的林清玄来说，那时可能根本没有什么职业规划的概念，但在小阳君看来，8 岁时的他已经对人生有了规划的蓝图，很多人至今都认为职业规划那是大学毕业以后才考虑的事，就算再早也应该是高考选专业才开始思考的问题。但殊不知，越早有自己的职业规划，越早有明确的目标，就越有可能更快获得成功。

你的环境不能决定你的未来，你的过程也不能，心中向往的方向才能决定自己未来的人生方向。

2. "天才"背后的坚持和努力

林清玄先生在他的散文文选《心有欢喜过生活》中这样写道："那会儿我十七岁，开始陆续发表作品，被一部分读者视为'天才'。我一直坚持写作，希望能变成一名成功的作家。在我们那个地方,几百年来没有出现过一名作家,我知道要实现自己的理想,一定要比别人更勤快。"

从小就知道作家路不好走的他,用勤奋和坚持创造了一个"天才",初出茅庐就备受出版社的青睐,30岁之前便拿了所有中国台湾文学类的奖项,而在这背后,林清玄从小学三年级开始,就开始每天坚持写500字,中学写1000字,高中写2000字,大学写3000字,一直笔耕不辍。很难想象,一个有如此毅力的人,人生怎么会不成功。

年少求学时,因为生活穷迫,林清玄曾经在餐馆当过服务生,做过码头工人,摆过地摊,还在洗衣店烫过衣服,甚至还杀过猪。但杀完猪,回到家,洗完手,他依然是有着作家梦的林清玄,他会继续提笔写作,为了真正成为一个作家而不断努力。

很多人都会觉得,林清玄笔下字里行间的优雅和灵动与他幼年的经历形成了极其鲜明的反差,小阳君却觉得正是那些艰苦的岁月,给了他一笔无形的财富,越是经历越磨炼了他的对于这个世界的洞察,才让他的文字始终如拂面而过的春风,给人以力量。

林清玄先生的成就,天赋是助力,但如果没有此后40年的笔耕不辍,就没法一次次刷新自己的成就,所谓的"天才",无外如是。

3. 当大作家遭遇职业瓶颈,他会如何应对?

少年成名,20多岁的林清玄曾选择去报社上班,第六年就当了总编辑,同时还在报纸上写十八个专栏,主持节目,当电视公司的经理,还做了广播节目《林清玄时间》,一时风头无两,是大众眼中典型的成功者,但只有他自己知道,这样每天从早到晚开7、8个会,要和很多不喜欢的人应酬,这样的生活并不是他所想要的。

到后来,他甚至发现,自己已经很难静下心来写一篇文章,而且幽默和浪漫精神不见了,对年轻时候向往的东西都失去了兴趣。这样的状态其实他作家职业生涯里的一个瓶颈,以他的能力完全可以继续现在的生活,把每天的工作完成得很好,但工作的目的如果仅只停留在物质层面,一定很难让人感到开心和成就感。

于是他选择了暂时放下,在32岁那年辞掉所有工作,闭关清修思考,3年后重新出发提笔写作,此后他的作品里更多了几分通透、超脱、有趣,变得至真、至情、至性。在自己的职业生涯遭遇瓶颈时,及时发现自我,找到内心真正想要的东西,才是最好的破局之道。

而再看现在很多的职场人士,在遭遇职业问题时,有的积极面对,有的却因为种种原因,宁愿工作得并不快乐也不愿意跨出那一步。向阳生涯曾经遇到过这样一个咨询客户,他做了十几年的销售,已经是公司的销售总监,但依旧感到不快乐,想要谋求转型,才找到了向阳生涯希望听听专业职业规划师的建议。能想到借助外力帮助自己突破瓶颈,也总比硬撑着让自己工作的难受要强得多。

林清玄先生曾经说过:"人生不怕转弯,每一次选择都可能是新的出发。"各位在职业生涯遭遇问题的人,如果已经走了弯路,别怕重新选择,说不定"山重水复疑无路,柳暗花明又一村"了呢。大师尚且有迷茫的时候,普通人就更有可能了。大师已经走远,但他的文字仍鼓励着我们,当我们在遭遇瓶颈时应尽力梳理寻求帮助,希望每个人都能在自己的职业生涯中取得成就!

(资料来源:向阳生涯.著名作家林清玄去世:当梦想萌芽时,坚持最重要[EB/OL].(2019-01-23)[2020-08-07]. https://www.sohu.com/a/291000647_124987.)

创业探索

随着高等教育从"精英教育"向"大众教育"迈进,高校毕业生就业形势日益严峻,大学毕业生数量将远远超过空缺岗位的数量。因此,当代大学生自主创业是社会发展的内在需求,也是改善就业结构和缓解社会就业压力的重要途径。作为充满活力和生机的一个群体,大学生蕴含着很高的热情和创业的潜能。

大学生能够通过自主创业,把自己的兴趣与职业紧密结合,做自己最感兴趣、最愿意做和自己认为最值得做的事情。在五彩缤纷的社会舞台中大显身手,最大限度地发挥自己的才能,也能够在竞争激烈的就业市场中创出自己的一条谋生之道。因此,大学生创业已成为一种趋势。为更好的鼓励大学生创业,对其进行一定的创业教育是必需的。

在本模块中,同学们可以了解创业的内涵及影响因素,熟悉创业准备及实施的流程,增加自身对创业的认知。

8.1 创业导论

名人名言

创业要找最合适的人,不一定要找最成功的人!

——马云

学习目标

1. 理解创业的内涵。
2. 了解影响创业的因素。

案例导入

创业大学生李晓

李晓有两个身份,他是学生,还是某生物科技有限公司的总经理。

大学生创业园正式启动后,李晓的公司正式成为入园孵化的大学生企业。他的公司目前有固定员工3个人,总经理、总工程师和市场经理。"我们公司现在的人员只是按需配置,在公司慢慢壮大后,人员会逐渐增多。"李晓对自己公司的前景充满期望,"我们志在研发自己的生物科技产品,拿下技术认证,推广市场。如果可以,再研发其他产品,或者帮助学校其他同学推广他们研发的产品,帮助他们创造产品的价值。"目前,他的公司的产品还处在认证阶段,大约需要半年到一年的时间。

对于未来的发展规划,踌躇满志的李晓也有理智的冷静:"我们现在感到最大的问题是缺乏社会知识。进入创业园后,创业园在工商、税务、管理上对我们进行不定期的培训,给予大学生创业者们很及时的帮助,让我们逐步清楚市场规律、市场运作机制,使公司逐步成熟。"

李晓认为,现在有不少学生在学校自己研发出了技术,创业园通过政策、管理等方面的培训,为学生提供了创业的可能性。学校和创业园结合,才能为大学生创业提供良好平台。"这是一次经历,即使失败了也为以后打下了基础,为后来的学弟学妹走出一个模式。"李晓说。

分析:李晓充分利用了大学生创业园这一项目,在学校的支持下,开启了个人创业项目,并取得了一定的成果。创业需要天时地利人和,它是一种思考、推理和行为方式,为机会所驱动,创业需要在方法上全盘考虑并拥有和谐的领导能力,需要贡献出时间、付出努力,承担相应的财务的、精神的和社会的风险。在创业成功后,会获得金钱的回报、个人的满足,实现自我价值。

一、创业概述

(一)创业的概念与内涵

《现代汉语词典》对"创业"的解释是创办事业。而"事业"是指人所从事的,具有一定目标、规模和系统并对社会发展有影响的经济活动。《辞海》对"创业"的解释是创立基业。"基业"是指事业的基础。由此可见,创办事业是创业的本质。

创业有广义和狭义之分。狭义上讲的创业概念源于"entrepreneur"一词,因而对其理解通常带有经济学的视角。如精细管理工程创始人刘先明认为"创业是指某个人发现某种信息、资源、机会或掌握某种技术,利用或借用相应的平台或载体,将其发现的信息、资源、机会或掌握的技术,以一定的方式,转化、创造出更多的财富、价值,实现和捕捉机会并由此创造出新颖的产品或服务,实现其潜在价值的过程。"

可见,狭义的创业特指个人或团队自主创办企业,具体定义为创业个人或创业团队不拘泥于当前资源约束,寻找和把握各种商业机会,投入已有的知识、技能和社会资本,调动并配置相关资源,创建新企业,为消费者提供产品或服务,具有创新或创造性的,以创造价值为目的的活动过程。

(二)大学生创业意义

1. 有利于缓解大学生就业压力

大学生创业有利于解决大学生就业难的问题。在创业过程中体现的创业能力是一个人自我生存、自我发展的能力。一个创业能力很强的大学毕业生不但不会增加社会的就业压力,相反还能通过自主创业活动来增加就业岗位,以缓解社会的就业压力。

2. 有利于大学生谋求生存与自我价值实现

大学毕业生通过自主创业,可以把自己的兴趣与职业紧密结合,做自己最感兴趣、最愿意做和自己认为最值得做的事情,最大限度地发挥自己的才能。创业并非人人成功,但为什么还有众多的人选择了创业这条路径呢?谋求生存乃至自我价值的实现是创业最主要的原动力。

3. 有利于大学生实现致富梦想

如果大学生要想变得非常富有,开创自己的事业是最有希望实现致富目标的方式,没有人靠为别人工作能把自己变得惊人地富有。当前,大学生的就业观念正在悄悄地发生改变,一个鼓励创业、保护创业、崇拜创业的大环境正在逐步形成。原先由政府包揽的就业和创业活动逐渐被市场取代,产业结构调整带来的巨大创业机会,以及政府出台"创业带动就业"的政策,促使大学生通过自主创业实现致富梦想。

4. 有利于促进中小企业的快速发展

从国际经验来看,等量资金投资于小企业,它所创造的就业的机会是大企业的四倍。一个国家有99.5%的企业属于小企业,65%～80%的劳动者在其中就业。美国对中小企业的发展一直比较重视,称其为"美国经济的脊梁",美国企业创新产品中82%来自中小企业。而我国小企业太少,鼓励大学生自主创业有利于中小企业的快速发展。

5. 有利于培养大学生艰苦奋斗的作风

大学生自主创业的过程中,困难和挫折,甚至失败都在所难免,这就要求自主创业的大学毕业生具备顽强的意志和良好的品格,勇于承担风险,自立自强,艰苦拼搏。通过创业培养自立自强意识、风险意识、拼搏精神和艰苦奋斗的作风。

6. 有利于培养大学生的创新精神

创新是一个民族的灵魂,是一个国家兴旺发达的不竭动力。青年大学生作为中国最具活力的群体,其创业活动,有利于培养勇于开拓创新的精神,把就业压力转化为创业动力,培养出越来越多的各行各业的创业者。

二、创业因素

关于创业要素的认知分析中,最为经典的创业要素模型是蒂蒙斯模型。该模型提炼出了创业的三大关键要素,即创业机会、创业者及其创业团队、创业资源。一般认为,这三个核心要素是创业活动中不可或缺的。如果没有创业机会,创业活动就成了盲动,难以创造真正的价值;机会是普遍存在的,关键要看创业者及其创业团队能否有效识别和开发机会,如果没有创业者及其创业团队的主观努力,创业活动是不可能发生的;创业者及其创业团队把握住合适的机会后,还需要有相应的资金和设备等资源。如果没有必要的资源,机会也就难以被开发和实现。

多数大学生为满足自身某种需要,被激发去寻找创业机会、实践创业行为,这种动机因素称为创业动机。推动大学生选择自主创业的原因主要有以下六点。

1. 政策

为支持和鼓励大学生创业,国家和各级政府出台了很多优惠政策,形成系统的支撑体系,这有利于整体创业环境的发展。在"大众创业,万众创新"的号召下,国务院推出了支持"双创"的一系列优惠政策。2015 年以来,国务院印发《关于大力推进大众创业万众创新若干政策措施的意见》《关于加快构建大众创业万众创新支撑平台的指导意见》两个创业指导性政策文件,同时有 15 项政策直接涉及大学生创新创业问题(8 个国发文件,7 个国办发文件),各部委也相继出台配套细化政策。2015 年 5 月,国务院办公厅出台了《关于深化高等学校创新创业教育改革的实施意见》,全面部署深化高校创新创业教育改革工作。教育部门为了更好地帮助大学毕业生创业,出台了一系列政策,包括创业大学生可享受各地各高校实施的系列"卓越计划",科教协同育人行动计划等,同时开设跨学科专业的交叉课程、创新创业教育实验班等,以及探索建立跨院系、跨学科、跨专业交叉培养创新创业人才的新机制等。2016 年,科技部印发《专业化众创空间建设工作指引》,龙头骨干企业、高校院所等建立的专业化众创空间加快发展。银行等机构也制定和出台对大学生自主创业的各项资金支持,包括税收优惠、创业担保贷款和贴息、免收有关行政事业性收费、免费创业服务等,创新创业政策支撑体系的基础框架已基本形成,并进一步推动创业潮的快速发展。

2. 市场

经济的发展促使产业不断转型,传统的劳动密集型产业规模在不断缩小,而对劳动力有一定技能要求的产业迅速发展起来。社会的进一步发展需要大学生的参与和支持,大学生有了更多的机会,选择自主创业是经济发展规律的必然结果。随着高校应届毕业生人数的不断增加,大学生的竞争压力和就业压力也日益严峻起来,一方面就业岗位有限,门槛不断提高,除学历外,专业、外语、综合素质等都成了企业在用人选人的时候要考虑的因素;另一方面用人单位提供的工作环境、薪资待遇、培训晋级等方面与大学生需求存在差距,现实摆在面前,好的工作找不到,而普通的工作又无法实现自己的理想抱负,创业就成为许多大学生的一条出路。

3. 学校

大学生在学校期间,会听取老师、同学的意见,确定自己是否具有创业能力,是否应该创业。大学生在校期间接受的教育能够最直接的影响到学生,学校应该积极树立大学生创新意识,培养大学生知识创新、技术创新、管理创新的能力,时时注重培养大学生的探索精神,要更加注重从创新能力和人才素质方面来衡量教育教学质量。高校在校大学生的创业处于创业生存阶段,他们渴望创业项目能够生存成长,希望能够得到好的创业政策支持,高校应该大力推进创业教学资源、创业实践资源、创业文化资源和创业政策资源方面的协同,形成一个连贯的扶持体系,促进大学生选择创业的道路。

4. 技术

随着互联网和信息技术的不断发展,大学生创业的范围也变得更加广阔,而社会中有能力和有意愿为大学生提供信息技术支持和服务的专业团队越来越多,这些都能有效地帮助在校大学生进行"互联网+"式的创业,而政府、高校也在积极和这些组织进行接触和沟通,彼此达成合作意向,为其提供必要的资金、人员、技术等支持,为缺乏创业经验的在校大学生提供一条互联网创业的道路,更好地帮助其节省网站制作与维护管理、相应软件开发时间与精力成本,从而使大学生能够全身心地投入创业当中。

5.家庭

虽然中国家庭的主流思想仍是希望子女能够从事一份安定的工作,而不是进行创业,主要原因在于父母担心创业风险大且不稳定,子女会吃苦受累。但是随着创新创业理念的不断深入,家长正在逐步转变其就业观,鼓励孩子选择自己喜欢的道路。对于有一定经济基础的大学生,家长能够在财力、物力以及资源上给予帮助,充分利用家庭背景以及人际关系,甚至有可能协助、引导子女创业。而对于家庭经济欠佳的学生,学校的国家助学金、奖学金和贷款只能解决暂时的困难,有创业意识的大学生,更具有通过创业改变家庭经济面貌的强大动力。大学生创业初期也应向亲戚朋友咨询,听取更多方面的建议和观点,亲戚朋友对创业的态度、对创业的认知以及对创业的支持度会直接影响到大学生的创业意志和激情。

6.自我

互联网时代信息的流通使沟通不再成为障碍,大学生正处于朝气蓬勃、激情四射的青年阶段,作为思维活跃的年轻群体,接触到的前沿信息也就更多。很多大学生乐于接受新鲜事物和新的科研成果,敢于接受挑战,内心比较喜欢自主创业,而不是朝九晚五的工作,认为创业能够有机会实现更高的目标和人生价值,这是大学生创业的内在驱动因素。还有的学生受到榜样力量的影响,从而选择了创业之路,希望可以成为像榜样一样的成功人士。

小 贴 士

国家创业政策(部分)

来源:《国务院关于进一步做好普通高等学校毕业生就业工作的通知》

1.落实和完善创业扶持政策。各地区、各有关部门要进一步落实和完善各项创业扶持政策,改善创业环境,积极引导高校毕业生创业。持《就业失业登记证》(注明"自主创业税收政策"或附着《高校毕业生自主创业证》)的高校毕业生在毕业年度内(指毕业所在自然年,即1月1日至12月31日)从事个体经营的,3年内按每户每年8000元为限额依次扣减其当年实际应缴纳的营业税、城市维护建设税、教育费附加和个人所得税。2011年1月1日至2011年12月31日,对高校毕业生创办的年应纳税所得额低于3万元(含3万元)的小型微利企业,其所得减按50%计入应纳税所得额,按20%的税率缴纳企业所得税。发挥小额担保贷款政策促进就业的积极作用,对符合条件的高校毕业生自主创业的,可在创业地按规定申请小额担保贷款;从事微利项目的,可享受不超过10万元贷款额度的财政贴息扶持。对合伙经营和组织起来就业的,可根据实际需要适当提高贷款额度。要进一步改进和完善"小额担保贷款+信用社区建设+创业培训"联动工作机制。有条件的地区要加大财政投入,并积极引入风险投资资金,探索财政资金、风险投资等与大学生创业赛事的对接模式,规范发展民间融资,多渠道加大创业资金投入。要进一步完善和落实行政事业性收费减免等优惠政策,按照法律法规的规定,适当放宽市场准入条件,鼓励高校毕业生创业。

2.加强创业教育、创业培训和创业服务。各高校要广泛开展创业教育,积极开发创新创业类课程,完善创业教育课程体系,将创业教育课程纳入学分管理。积极推广成熟的创业培训模式,鼓励高校毕业生参加创业培训和实训,提高创业能力。对高校毕业生在毕业年度内参加创业培训的,根据其获得创业培训合格证书或就业、创业情况,按规定给予培训补贴。

要根据高校毕业生特点和需求,组织开展政策咨询、信息服务、项目开发、风险评估、开业指导、融资服务、跟踪扶持等"一条龙"创业服务。在充分发挥各类创业孵化基地作用的基础上,因地制宜建设一批大学生创业孵化基地,并给予相关政策扶持。对基地内大学生创业企业要提供培训和指导服务,落实扶持政策,努力提高创业成功率,延长企业存活期。

《国务院关于进一步做好新形势下就业创业工作的意见》(部分)

3. 支持创业担保贷款发展。将小额担保贷款调整为创业担保贷款,针对有创业要求、具备一定创业条件但缺乏创业资金的就业重点群体和困难人员,提高其金融服务可获得性,明确支持对象、标准和条件,贷款最高额度由针对不同群体的 5 万元、8 万元、10 万元不等统一调整为 10 万元。鼓励金融机构参照贷款基础利率,结合风险分担情况,合理确定贷款利率水平,对个人发放的创业担保贷款,在贷款基础利率基础上上浮 3 个百分点以内的,由财政给予贴息。简化程序,细化措施,健全贷款发放考核办法和财政贴息资金规范管理约束机制,提高代偿效率,完善担保基金呆坏账核销办法。

4. 加大减税降费力度。实施更加积极的促进就业创业税收优惠政策,将企业吸纳就业税收优惠的人员范围由失业一年以上人员调整为失业半年以上人员。高校毕业生、登记失业人员等重点群体创办个体工商户、个人独资企业的,可依法享受税收减免政策。抓紧推广中关村国家自主创新示范区税收试点政策,将职工教育经费税前扣除试点政策、企业转增股本分期缴纳个人所得税试点政策、股权奖励分期缴纳个人所得税试点政策推广至全国范围。全面清理涉企行政事业性收费、政府性基金、具有强制垄断性的经营服务性收费、行业协会商会涉企收费,落实涉企收费清单管理制度和创业负担举报反馈机制。

探索与思考

1. 创业是什么?
2. 总结创业因素及创业动机的驱动因素。

活动与训练

创业能力自测

测试题(请根据自己的实际情况,回答"是"或"否")

1. 你在学校是个成绩优异的学生吗?
2. 你在学生时代是否喜欢参加集体活动?
3. 你在少年时是否常常喜欢独处?
4. 你在童年时是否做过报童,或帮人做过小生意?
5. 你儿时是否很倔强?
6. 你少年时是否很谨慎,在活动时是否喜欢最后上场?
7. 你是否在乎别人对你的看法?
8. 你是否对每天都一样的例行工作感到厌倦?
9. 你会孤注一掷经营生意,即使亏本也在所不惜吗?
10. 你的新事业失败了,是否会立即另起炉灶?
11. 你是否属于乐天派?

评分标准：

1. 是：+4,否：−4　2. 是：+1,否：−1　3. 是：+1,否：−1　4. 是：+2,否：−2

5. 是：+1,否：−1　6. 是：+4,否：−4　7. 是：+1,否：−1　8. 是：+2,否：−2

9. 是：+2,否：−2　10. 是：+4,否：−4　11. 是：+1,否：−1

测试结果：请把各题的得分加起来,用总积分与下面的分析相对照。

19~23 分：表明你已具备了成为创业家的一切特质。

0~18 分：表明你虽然创业成功希望微弱,但仍有强劲的创业精神。

−10~0 分：表明你能自行创业成功的机会很勉强。

−11 分以下：表明你不具备创业能力,不是这方面的人才。

8.2　创业准备

名人名言

回头看我的创业历程,是不断寻找、不断纠正的过程。

——吴锡桑

学习目标

1. 了解创业胜任力的内涵。

2. 理解创业的模式。

3. 认识创业者的责任。

案例导入

连环创业者王兴

　　王兴是人们口中的"天才少年",高中没有参加高考就被保送到中国名牌学府清华大学,毕业后拿到全额奖学金,去了美国特拉华大学,师从第一位获得 MIT 计算机科学博士学位的大陆学者高光荣。随后归国创业,在前一两次不算成功的创业项目之后,王兴创立了中国版 facebook——校内网,并很快风靡于大学校园圈中。"校内网"于 2006 年 10 月被千橡以 200 万美元收购。2007 年 5 月 12 日,王兴创办"饭否网",这也是中国第一个类似 twitter 的项目,但就在"饭否网"发展势头一片良好之际却被关闭,让王兴事业受到挫折。连环创业者王兴于 2010 年 3 月上线新项目"美团网",并在千团大战之中脱颖而出,稳居行业前三,并先后获得红杉和阿里的两轮数千万美金的融资,这个连环创业客的事业正逐渐走上正轨。

　　分析：王兴在经过屡次创业中,一步步从稚嫩变为成熟。创业是一个过程,需要漫长的时间,从创业准备到实施,只有脚踏实地地进行,一步一步扩大自己的创业版图,最终才能获得成功。除此,创业既需要创业主体自身具有一定的创业能力,同时也需要与能力相适应的良好外部环境,即创业条件。一个成功的创业者,首先要学会对自己进行客观的估计,对自己的能力和潜质有一个科学的定位,还需对外部客观条件进行准确分析和判断,并具有善于发现和捕捉机遇的能力,从而实现自身的人生目标。

一、创业胜任力

创业胜任力是指在企业创业过程中,一个绩效优秀的创业主体所具备的能够胜任企业创业任务并取得高的创业绩效所要求的知识、技能、能力和特质,集中表现为在创业过程中能够识别、追求机会,获取和整合资源的综合能力,主要包括以下内容。

1. 创业者特质

(1) 创新精神。能够综合运用已有的知识、信息、技能和方法,提出新方法、新观点的思维能力和进行发明创造、改革革新的意志、信心、勇气和智慧。

(2) 成就动机。对目前状况的不满意,想要靠自己的努力获得成功,渴望受人尊重,想要出类拔萃。

(3) 承担风险。具有冒险精神,敢于承担风险。

(4) 内部控制力。相信自己能主宰自己的命运,待人处世比较积极、乐观、主动、自信。

(5) 精力充沛。体力强盛,精神充足。

(6) 正直诚信。品德公正刚直,做事坚持公平正义,待人处世真诚、讲信誉。

2. 创业者知识

(1) 技术知识。对本行业技术知识和现代科技知识(如计算机知识)的了解和掌握。

(2) 管理知识。对企业战略、财务、营销、人事、生产运营等领域知识的了解和掌握。

(3) 法律知识。对公司法、合同法、税法、劳动法等企业运营过程中所涉及的法律知识的了解和熟悉。

3. 创业者能力

(1) 机会识别能力。善于在市场中发现并评估潜在的创业机会。

(2) 资源整合能力。选择、汲取、配置、激活和融合企业不同种类型资源的能力。

(3) 人际关系处理能力。有效地与人沟通,建立和拓展人脉关系的能力。

(4) 时间管理能力。做事情能够分清轻重缓急,善于科学合理地分配和管理自己的时间。

(5) 自我学习能力。具备学习的动力、毅力和技巧,能够认识到自身的不足,并通过不断学习来提高自我综合素质的能力。

(6) 团队合作能力。协商合作目标,相互配合工作,与别人一起协作完成工作的能力。

(7) 战略规划能力。对整个行业的发展趋势有一个宏观的把握和预测,对整个企业的发展方向有一个准确的判断,为企业的发展做出明确的、具有前瞻性的战略规划。

(8) 解决问题的能力。能够准确地识别问题、分析问题并查找原因,利用有效的资源提出解决问题的可行性方案,正确决策并付诸实施,进行调整和改进,使得问题得到圆满解决。

二、创业模式

提起创业,人们想到最多的是开店、办公司、搞企业。随着时代发展的日新月异,创业方式正在不断发生变化,特别是 IT 业的崛起使当下的创业模式层出不穷,出现了网络创业、加盟创业、兼职创业、团队创业等多种创业模式。

(一)网络创业

网络创业主要有两种形式,其一是网上开店,在网上注册成立网络商店;其二是网上加盟,以某个电子商务网站门店的形式经营,利用母体网站的货源和销售渠道。

网络创业的优势是门槛低、成本少、风险小、方式灵活,特别适合初涉商海的创业者。如依托易趣、阿里巴巴、淘宝网等知名商务网站,它们不仅有较完善的交易系统、交易规则、支付方式和成熟的客户群,每年还会投入大量的宣传费用。

对初次尝试网上创业的人来说,事先要进行多方调研,选择既适合自己产品特点又具较高访问量的电子商务平台。一般来说,网上加盟的方式更为适合,能在投入较少资金的情况下开业,边熟悉游戏规则,边依托成熟的电子商务平台发展壮大。

(二)加盟创业

分享品牌近况、分享经营诀窍、分享资源支持,连锁加盟凭借诸多的优势,成为极受青睐的创业新方式。目前,连锁加盟有直营、委托加盟、特许加盟等形式,投资金额根据商品种类、店铺要求、技术设备的不同从 6000 元至 250 万元不等,可满足不同需求的创业者。

加盟创业的优势是利益共享、风险共担。创业者只需支付一定的加盟费,就能借用加盟商的金字招牌,利用现成的商品和市场资源,还能长期得到专业指导和配套服务,创业风险也有所降低。

随着连锁加盟市场规模的不断扩大,鱼龙混杂现象日趋严重,一些不法者利用加盟圈钱的事件屡有曝光。因此,创业者在选择加盟项目时要有理性的心态,事先进行充足的准备,包括收集资料、实地考察、分析市场等,结合自身实际情况再作决定。

(三)兼职创业

对于上班族来说,如果头脑活络,有钱又有闲,想"钱生钱"又不愿意放弃现有工作,兼职做老板应该是最佳选择了。

兼职创业的优势是,对上班族来说,无须放弃本职工作,能充分利用在工作中积累的商业资源和人脉关系创业,可实现鱼和熊掌兼得的梦想,而且进退自如,大幅减少了创业风险。

兼职创业,需要在主业和副业、工作和家庭等几条战线上同时作战,对创业者的精力、体力、能力、忍耐力都是极大的考验,因此要量力而行。此外,兼职创业者最好选择自己熟悉的领域,但要注意不能侵犯受雇企业的权益。

(四)团队创业

如今,创业已非纯粹追求个人英雄主义的行为,团队创业成功的概率要远高于个人独自创业。一个由研发、技术、市场、融资等各方面组成、优势互补的创业团队,是创业成功的法宝,对高科技创业企业来说,更是如此。

团队创业的优势在于,一群人同心协力,集合各自的优势,共同创业,其产生的群体智慧和能量,将远远大于个体。

创建团队时,最重要的是考虑成员之间的知识、资源、能力或技术上的互补,充分发挥个人的知识和经验优势,这种互补将有助于强化团队成员间彼此的合作。一般来说,团队成员的知识、能力结构越合理,团队创业的成功率就越大。

(五)概念创业

概念创业,顾名思义就是凭借创意、点子、想法创业。当然,这些创业概念必须标新立异,至少在打算进入的行业或领域是个创举,只有这样,才能抢占市场先机,才能吸引风险投资商的眼球。同时,这些超常规的想法还必须具有可操作性,而非天方夜谭。

概念创业具有点石成金的神奇作用,本身没有很多资源的创业者,可通过独特的创意来获得各种资源。

创业需要创意,但创意不等同于创业,创业还需要在创意的基础上,融合技术、资金、人才、市场经验、管理经验等各种因素,如果仅凭点子贸然行动,基本上是行不通的。

(六)内部创业

内部创业,是指一些有创业意向的员工在企业的支持下,承担企业内部某些业务或项目,并与企业分享成果的创业模式,创业者无须投资就可获得丰富的创业资源。内部创业由于具有"大树底下好乘凉"的优势,所以受到越来越多创业者的关注。

内部创业的优势是,员工在企业内部创业,可获得企业多方面的支援。同时,企业内部所提供的创业环境较为宽松,即使创业失败,创业者所需承担的责任也较小。

内部创业的受众面有限,只有那些大型企业的优秀员工才有机会一试身手。此外,这是一种以创造"双赢"为目的的创业方式,员工要做好周密的前期准备,选择合理的创业项目,保证最大化地创造利润,这样才能引起企业高层的关注。

三、创业者责任

托尔斯泰说:"一个人若没有热情,他将一事无成,而热情的基点正是责任心。"责任心是一个人能否立足社会、成就事业最基本的人格品质,某种程度上讲责任心多大,人生舞台就有多大。创业者作为社会中受人尊敬与钦佩的一员,承担着相应的责任。

(1)创业者要着力于培养良好的企业精神,注重用远大的理想、崇高的信仰、美好的道德统一员工的价值观,激发他们的工作热情,为整个社会的精神文明建设添砖加瓦。

(2)创业者要注意企业的方向、道路,应贯彻国家的方针、路线、政策,执行国家的法规、法令,自觉接受国家的监督和控制。

(3)创业者要正确处理各方面的利益关系,在维护和增加集体、个人利益的同时,按时、足额上缴税利,履行自己对国家的责任和义务。

(4)创业者要努力完成下达的行产计划,严格执行经济合同,了解市场需求,满足社会需要,为国家的繁荣昌盛多作贡献。

（5）创业者要重视树立企业在整个社会、在广大消费者心目中的形象,不贪图眼前的暂时利益。创业者要自觉地把个人的事业、企业的发展和社会的需要、人类的进步有机统一起来。

探索与思考

1. 什么是创业胜任力？它的内容是什么？
2. 创业模式有哪些？
3. 查阅创业计划书的撰写要点。

活动与训练

创业能力测评

测评说明

无论是刚从学校毕业的年轻人,还是多年的上班族,许多人都希望拥有属于自己的一份事业。当老板可不是一件容易的事,是否适合创业？有多少创业的潜力？下列测试可帮助决定是否应当投入做老板的行业。本测试由一系列陈述语句组成,请根据实际情况,选择最符合自己特征的描述。在选择时,请根据自己的第一印象回答,不要做过多的思考,相对直接地在符合情况的答案前打勾。

测评题

1. 是否曾经为了某个理想而设立两年以上的长期计划,并且按计划履行直到完成？
2. 在学校和家庭中,是否能在没有父母及师长的督促下,就可以自动地完成分派的工作？
3. 是否喜欢独自完成自己的工作,并且做得很好？
4. 当和朋友在一起时,朋友是否常寻求自己的指导和建议？是否曾被推举为领导者？
5. 求学时期,有没有赚钱的经验？喜欢储蓄吗？
6. 是否能够专注地投入个人兴趣连续 10 个小时以上？
7. 是否有习惯保存重要资料,并且井井有条地整理,以备需要时随时提取查阅？
8. 平时生活中,是否热衷于社会服务工作？关心别人的需要吗？
9. 是否喜欢音乐、艺术、体育以及各项活动课程？
10. 在求学期间,是否曾经带动同学,完成一项大型活动,譬如运动会、歌唱比赛,等等？
11. 当为别人工作时,发现其管理方式不对,是否会想出适当的管理方式并建议改进？
12. 喜欢在竞争中生存吗？
13. 当需要别人的帮助时,是否能充满自信的要求,并且能说服别人？
14. 在募捐或义卖时,是不是充满自信而不害臊？
15. 当完成一项主要工作时,总是给自己足够的时间仔细完成,而绝不会让时间虚度,在匆忙中草率完成？
16. 参加重要聚会时,是否准时赴约？
17. 是否有能力安排一个恰当的环境,使自己在工作时不受干扰,有效地专心工作？
18. 交往的朋友中,是否有许多有成就、有智慧、有眼光、有远见、老成稳健型的人物？

19. 在工作或学习团体中,被认为是受欢迎的人物吗?

20. 自认是个理财能手吗?

21. 是否可以为了赚钱而牺牲个人娱乐?

22. 是否总是独自挑起责任的担子,彻底了解工作目标并认真地执行工作?

23. 在工作时,是否有足够耐心和耐力?

24. 是否能在很短时间内,结交许多新朋友?

计分方式:每一个"√"计 1 分,请统计打"√"的总数。

测评参考:

0~5　目前并不适合创业,应当训练自己为别人工作,并学习技术和专业;

6~10　需要在旁人的指导下创业,才有创业成功的机会;

11~15　非常适合自己创业,但是在所有(否)的答案中,必须分析出自己的问题并加以纠正;

16~20　个性中的特质,足以使你从小事业慢慢开始,并从妥善处理中获得经验,成为成功的创业者;

21~24　有无限的潜能,只要懂得掌握时机和运气,将是未来商业巨子。

拓展阅读

哈兰·山德士:一千零九次之后,终于等到它

1. 山德士大叔的初次开始跟结束

山德士大叔年幼时,家庭并不富裕,但是也还算马马虎虎能够生活下去。但是在山德士 6 岁的时候,父亲的离世彻底改变了他的人生。白天母亲出去干活,作为家庭孩子老大的山德士就担当起了照顾家里众多兄弟姐妹的重任,在为期一年的时间内山德士学会了 20 多个菜,成了远近闻名的烹饪高手。12 岁时候,母亲的改嫁再次改变了山德士的生活。山德士跟继父的关系并不好,使山德士 6 年级便不再有继续上学的想法。辍学在家的山德士不习惯家里尴尬的气氛,决定外出工作,开启自己的人生。

在外出工作中,山德士更换了很多的不同职业,基本上什么工作都接触过了,直到 40 岁的时候工作才比较稳定,事业才算开始。40 岁的山德士,在肯塔基州(肯德基创建的地方)开了一家加油站。不忍看到加油客人每次都是饥肠辘辘地来又饥肠辘辘地离开,于是决定做点方便的食品提供给过往客户购买,满足客人的需求,也是不荒废自己这么多年的手艺。

于是乎,山德士推出了自己的餐饮,做一些简单的日常饭菜,招揽客户。在这期间,山德士推出了自己的特色食品——炸鸡(后来闻名遐迩的肯德基炸鸡雏形),由于炸鸡的味道鲜美、口味独特,迅速成为广大客户热捧的一款食品。山德士的炸鸡从此扬名在外,以致后来很多的客户不是来加油,而是为了来吃加油站的炸鸡。

随着经营的时间越长,炸鸡的名声已经压过了加油站的名声,使得山德士不得不扩充自己的餐厅。鉴于大家如此的热衷自己的炸鸡,山德士想让大家尝到更美味的炸鸡,边经营边研究炸鸡的特殊配料。炸鸡越来越好,名气越来越大,客人越来越多,手动制作炸鸡的速度已经跟不上客户的需求了,于是山德士又在琢磨如何更加有效地提升炸鸡的产量。偶然的一次压力锅的展示,给了山德士启发,于是他买了一个压力锅回来做尝试,最终发现了一种

独特的炸鸡方法。凑巧的是,压力锅出品的炸鸡是其制作过的所有炸鸡中最为美味的一种。炸鸡的质量、数量都能够达到山德士的要求,餐厅的效益越来越好。

"二战"的爆发,给了山德士不小的打击,完全破坏了山德士本该安逸的生活,他没有了加油站,没有了自己的餐厅,变卖了自己所有的财产去还债,从此山德士变成了一个一文不名的穷老头。

2. 山德士大叔的1009次尝试

什么都没有了的山德士大叔,在生活如此窘迫的时候,也依然没有放弃自己对人生的追求。为了摆脱这样的困境,山德士大叔意识到自己最大的价值就是炸鸡了,这是最大的无形资产。于是山德士大叔有了把炸鸡做法卖给其他饭店老板的想法。每卖一只炸鸡,山德士就能够得到5美分。既然成功了第一次就会成功第二次,于是山德士带着这样的想法,要把技术扩展开来,把这作为自己的第二次创业。

想到便去做。山德士带着一只压力锅,一个佐料桶,开着自己的老福特上路了。开始的时候,尤其是没有听过山德士大叔过去炸鸡名气的老板,对山德士大叔嗤之以鼻,没有多少人相信他,有人甚至认为这个怪老头是在胡诌,是在浪费时间。心中的信念支撑了山德士不畏艰险继续宣传自己的炸鸡。一直坚持宣传着,这样坚持了两年时间,被大家拒绝了1009次。

3. 山德士大叔的东山再起

成功的曙光不是那么容易被看到的,在创业的道路上,没有异于常人的毅力,没有坚如磐石的心,是很难成功的。山德士大叔正是有着这样的毅力跟决心,当他敲开第1010家餐厅的大门时,上帝终于被感动了,饭店老板同意了山德士大叔的游说。

第一次的成功,给了山德士大叔莫大的鼓舞和信心,使他更加积极地从事着自己的宣传工作。在这样的情况下,第二个、第三个、第四个……山德士的想法被越来越多的人认可。

到了1952年的时候,盐湖城第一家被授权经营的肯德基餐厅建立了,这便是世界上餐饮加盟特许经营的开始,也是山德士大叔事业的第二次开始。让大家,让山德士没想到的是,山德士的业务就像滚雪球般越滚越大,在短短的5年内,已经在美国及加拿大发展了400家连锁店。

4. 肯德基的不断转手

肯德基是成功的,要不是因为年龄、身体的原因,相信山德士是不会把这份自己辛苦打拼下来的事业转手交给别人打理的。在1964年的时候,山德士大叔把肯德基转手给了一个投资集团打理;1971年,因为业务的持续扩张,在山德士上校的同意下投资集团又把肯德基业务交给了休伯莱恩公司打理后……到如今的百胜餐饮集团旗下的主要业务。虽然肯德基不断转手、变化,但是肯德基特许经营的方式却一直没有改变,形象还是山德士大叔的标志性微笑,味道还是那最经典的味道。

1980年,因为白血病,创始人山德士大叔不幸离世,享年90岁。虽然受人敬仰的山德士大叔离世了,但是山德士大叔创立的炸鸡事业给肯塔基州带来了永恒的魅力,改变了人们对饮食的看法。

创业道路的艰辛,不是三言两语便能够说清楚的,借用屈原的经典名言形容创业情况是再适合不过了:路漫漫其修远兮,吾将上下而求索。

(资料来源:佚名.肯德基之哈兰·山德士:一千零九次之后,终于等到它[EB/OL].(2018-04-18)[2020-08-7].http://www.2ge.cn/brand-list/0/113-2-0/0.)

就业权益保护

权益是一种法定的利益,是权利与权利行使带来的利益之和。大学毕业生是一个特殊的社会群体,在就业市场中属于弱势群体。在当前就业形势十分严峻的情况下,企业的用人自主权不断地扩大。在求职的过程中,可能存在这各种各样的陷阱,大学生的合法权益受到侵犯的现象也逐渐增多。对此,求职者应当提高警惕,加强自我保护的意识。了解并熟知就业的相关政策法规,熟悉毕业后的就业流程,在就业时学会用政策法规保护自己,少走弯路,避免受到侵犯,成功就业。

在本模块中,同学们可以了解各项就业权益、大学生就业协议的相关内容及规定,也能够熟悉毕业离校后所需经过的各项流程,以此为将来求职过程提供强有力的法律保障。

9.1 就业陷阱与歧视

名人名言

我们必须相信有充分证据的事情,没有证据的时候就要保留自己的判断。

——卢伯克

学习目标

1. 了解就业陷阱的类型及应对措施。
2. 了解就业歧视的含义、类型及对策。

案例导入

受骗的小连

大学毕业后,小连在一家职业中介交了 10 元注册费,成为会员又交了 150 元的信息费后,中介为他联系 5 个用人单位进行面试。没想到,小连 5 次面试均碰了壁,对方要么称"已招到人",要么称"不合适"。小连发现,其他在该中介注册的大学生也遇到了和他一样的情况,他明白自己碰上了"黑职介"。

分析:"黑职介"利用大学生缺少社会经验,同时又挣钱心切的心理,收取信息费后提供虚假信息,找几家用人单位"忽悠"学生。甚至有些中介在收费后便人间蒸发,让学生投诉无门。对此,大学生应当擦亮眼睛,明辨是非,切勿心急求职导致上当受骗。

一、就业陷阱

就业陷阱一般是指犯罪分子利用人们求职心切的心理而采用的手段,用于骗取求职人员的财物、个人信息或者低廉甚至免费的人工。例如招聘会上的兼职推销,往往要附加诸如培训费等。根据最新调查,有五成求职者在求职包括兼职过程中遭遇过陷阱,招聘职位与实际职位不相符。收取各种名目的费用是求职陷阱中的惯用伎俩,如风险押金、培训费、服装费、建档费等。

(一)典型特征

大学生就业陷阱是指招聘单位、其他机构或个人,利用大学生的弱势地位如社会经验不足、自我保护意识差、就业竞争激烈等,以提供就业机会为诱因,采用违法悖德的手段,与大学生达成权利与义务不对等的各类就业意向或协议,以期侵害大学生合法权益的现象,主要有以下几个特性。

1.欺骗性

招聘者和求职者之间往往存在着信息不对称现象。招聘单位以虚假的宣传、不实的承诺来取得求职者的信任,然后在协议中提出苛刻条件,致使他们根本无法满足其要求。

2.诱惑性

年轻人通常好高骛远,一些毕业生在找工作时,不顾现实条件的限制,一心想找一份体面的工作。招聘单位在招工时正是利用了学生贪图虚荣的心理,引诱他们上当。在招工简章中夸大事实,使用"业务经理""行政助理"等职位名称,但不符合实际功能,只是在以各种招牌、待遇和发展前景来诱骗学生。

3.隐蔽性

违法用人单位的各种伎俩都有十分诱人的说辞,听起来入情入理,面面俱到,句句都令人心动,其实处处布下陷阱。涉世不深的大学生十分单纯,难辨真伪。

4.违法性

就业中的违法目的各有不同。一类是违法违规留人才,为留住人才而扣留大学生的户口、证件等,或软硬兼施,一方面开空头支票,另一方面强迫工作,迫使大学生逐渐接受不公正、不合理的现实。另一类就是坑蒙拐骗,使大学生掉进自己挖下的高薪陷阱、培训陷阱、中介陷阱,甚至诱骗大学生入股、推销、传销等,还有些用人单位给大学生设置了协议陷阱、合同陷阱或试用期陷阱,使大学生感到欲罢不能,求助无门。

(二)主要类型

1.招聘陷阱

第一类是招聘陷阱。具体表现其一是招聘会不合法,即有些"双选会"未经有关主管单位审批,参加的单位也良莠不齐,甚至有些招聘单位收取一些毕业生的信息进行交易,给一些违法之徒有可乘之机。其二是变相收费,如有些招聘单位不当场签约,要求通过网络或电话继续洽谈,而这些网络或电话都是收费的,或有些招聘单位收取应聘者报名费、资料费或培训费等。其三是用招聘掩盖违法行为,如有些企业打着招聘的幌子,逼迫毕业生做传销、推销或其他违法的事情。

2. 职业中介陷阱

就业形势的严峻促使了就业中介机构的产生。这其中虽不乏优秀的、对大学生就业产生正面影响的中介机构,但是"黑中介"(没有在工商管理部门登记备案)也随之产生,甚至有的中介机构为了个人利益,设置陷阱,骗取钱财。骗取钱财的方式通常有多荐少录,用工单位明明只招几名或十几名员工,中介机构却推荐几十名甚至上百名求职者前去面试,从中收取报名费、中介费、车辆使用费等费用,这些中介组织与求职者约定,推荐求职者到单位面试,如果因为求职者自身原因无法录用的话,只退中介费不退报名费,这样报名费顺理成章就到了违法中介机构的手里;虚假承诺,在介绍时,违法中介机构声称单位招聘的是比较好的工作岗位,如文员、销售人员等,但当求职者真正被录用后,才发现单位所安排的根本不是他们所说的岗位,工资或待遇也与所承诺的不同;会员经营,违法中介机构采取会员制的经营方式,一次性收取会费几百元,授予会员资格,然后在一段时间内给予免费的职业介绍服务,如果求职者到推荐单位面试不成功或非本人原因被辞退,在双方约定的"服务期"内,违法中介机构免费继续推荐。但当求职者真正成为会员后,他们会发现这些机构推荐的单位工作待遇和工作环境极差,根本无法忍受,只能主动辞职。

3. 传销陷阱

一些传销组织以单位的名义招聘毕业生,根据诱骗对象的情况以招工、做生意等为诱饵,打着"直销""连锁经营""特许加盟""网络营销"等幌子,骗取他人信任,诱骗他人参加。一旦毕业生到其单位,他们就收取学生的有效证件,控制其人身自由,给学生造成巨大的损失。

4. 合同陷阱

要防范合同陷阱,首要的方法就是认真学习《劳动法》及相关法律法规,仔细审查合同条款。根据我国劳动法规定,试用期最长不得超过 6 个月,但并不是所有劳动合同都可以约定有 6 个月的试用期。劳动合同期限在 6 个月以下的试用期不得超过 15 日;劳动合同期限在 6 个月以上 1 年以下的,试用期不得超过 30 日;劳动合同期限在 1 年以上 2 年以下的,试用期不得超过 60 日。试用期包含在劳动合同期限中,用人单位不能先试用再签合同。用人单位在试用期解除劳动合同必须能够证明劳动者"不符合录用条件",否则不能够使用试用期的合同任意解除权。对生死合同、一边倒合同、卖身合同、押金合同要坚决拒签,或进行有理有利的抗击,要求进行修改。

(三)应对措施

1. 加强大学生就业安全教育,提高就业安全意识

在大学生就业总体形势严峻的背景下,为应对日趋复杂化的招聘求职活动中出现的就业安全问题,高校应加强大学生就业安全教育工作,指导学生对就业招聘信息做必要的安全分析,对应聘单位做深入了解,教会学生在求职就业中用法律维护自己的正当权益,切实提高大学生防骗意识和人身安全保护意识。在实际工作中,通过多种途径宣传教育,利用经典事例进行警示教育,使广大毕业生充分认识不法分子利用大学生求职进行非法活动的欺诈性、隐蔽性和危害性,提高大学生在择业过程中的自我保护意识。

2. 高校实时动态掌握毕业生的思想状况和择业过程

高校毕业生因求职心切,缺乏丰富的社会经验和识别诱骗陷阱的能力,容易上当受骗。学校应对毕业生全员实行有效的监控,对遇到困难的同学提供及时有用的帮助;严格实行请销假制度,将外出求职毕业生的登记制度纳入学校就业工作的日常管理范畴,毕业班班主任与辅导员要实时掌握每一位同学的去向和现状,要求学生通过电话、手机短信或电子邮件等方式与老师保持不间断联系,确保发生就业安全突发事件时的信息畅通。同时,要教育大学生冷静思考接到的面试通知,特别是要到异地求职的毕业生更要提高防范意识。

3. 过滤就业信息,严把信息审核关,确保就业信息安全

当前,大学毕业生就业市场中信息混乱是影响毕业生就业安全的突出问题,高校应重视和加强毕业生就业市场和信息服务体制建设,促进就业市场的信息安全化。对于在校园内发布的就业信息,学校要保证其真实规范。在校内举办的招聘会,学校要严格审查招聘单位的资质,要求招聘单位不仅要有营业执照等合法登记手续,而且要具备接转户口、档案关系等条件,以便保障学生的权益。要坚决拒绝发布一些夸大单位现状、高薪引诱、收取上岗培训费和服务押金的招聘信息。

4. 加强毕业生求职信息资料安全教育,防止个人信息被不法分子获取

高校应加强毕业生的信息资料安全教育,引导大学生在择业过程中,注意以下几点。在招聘现场,不要随意发放自己的简历,特别是招聘方式不合规范的单位不要投递简历;在个人求职材料上最好不要写家庭电话,只提供手机号码和电子邮件就可以,固定电话可以提供辅导员或院系负责就业工作老师的办公电话;在网上登记注册个人信息时,应选择一些信息监管较规范、知名度较高的大型人才招聘网站;要注意留下用人单位的固定电话,必要时拨打查询电话进行核实;与联系人会面应选择用人单位的办公场所,等等。

二、就业歧视

(一)含义

就业歧视是指用人单位没有合法依据,对未来潜在的就业人员自行作出各种限制性条款和做法,从而排挤了本该符合相关职位人员的平等就业权的一种现象。从定义可以看出,就业歧视的实施主体是用人单位,所针对的客体是未来潜在的就业人员,实施的前提是用人单位存在相关的职位空缺,实施的手段是用人单位在无法律依据情况下自行规定各种限制性条款和做法,其结果是排挤了其他本该符合相关职位人员的平等就业权。

(二)类型

1. 学历歧视

学历歧视主要体现在对学历,包括毕业院校的不合理要求。其具体可以分为片面歧视、

反向歧视以及定向歧视。第一种情况是指一些单位在招聘时不考虑工作的实际需要,动辄要求硕士、博士及以上学历,是片面追求高学历而导致的错误歧视。二是指部分用人单位反其道而行,反向强调应聘者必须为本科及以下学历,限制高学历的硕士生和博士生。这种歧视在如今的就业中也经常出现。如 2005 年 11 月在北京农业展览馆召开的大型招聘会上,北京银行、中信银行等就拒绝招聘博士。第三种则是指更多的招聘单位对学历背后的毕业院校设置的不合理要求,设置诸如"毕业院校必须为 985、211 重点大学,否则免谈"的条款,这种定向性的招聘更是直接侵害了大学生的平等就业权利。

2. 年龄歧视

年龄歧视主要体现在对求职者年龄的明确限制,变相排斥了某些年龄的大学生就业群体,使得部分优秀的大学生在大学毕业选择就业单位时不得不因此放弃某些职位。最终不但部分优秀大学毕业生不能施展所长,而且用人单位也因此失去了优秀的人才。这样的限制甚至使部分大学生为谋求相应职位,不惜虚报年龄、弄虚作假。

3. 性别歧视

近年来,部分高校女生在求职过程中遭到用人单位不同程度的性别歧视,甚至出现了"本科女生找不到工作就考研,女研究生找不到工作就考博"的怪圈。根据《2020 年全球性别差距报告》显示,男性与女性在卫生、教育、职场和政治等领域仍呈现出明显的性别差距。领英(LinkedIn)最新研究显示,在大多数新兴行业,女性比例普遍偏低,这种差距在"云计算"类职业中表现最为明显,只有 12％的专业人士是女性;在"工程"(15％)和"数据和人工智能"(26％)等相关职业中的情况也不容乐观,但在"内容生产"和"人员与文化"两个快速增长的职业类别中,从业女性数量超过男性。更有甚者,部分用人单位在高校招聘中明确要求"只要男生"或"同等条件下男士优先"。可见,就业中的性别歧视不仅是媒体的肆意渲染,而且真实存在于高校女学生的就业过程中。

4. 外形歧视

外形歧视主要体现在对相貌与身高歧视。一些用人单位在招聘时以貌取人,对应聘者的身高、容貌与气质有严格的要求,也有用人单位尽管没有明确的要求,但在面试时按此进行操作,选人用人不唯才只唯貌。

5. 履历歧视

在大学毕业生就业应聘中,大学生经常会因用人单位在求职履历的应聘要求上受到诸多限制。应届大学生要求其有学生干部经历,而往届大学生则要求其有相应的工作经历,有的甚至明确声明只要应届毕业生或者有工作经验的大学生。这种极端的招聘方式直接把不符合条件的大学生拒之门外,前者错误地把普通大学毕业生的工作经验看成应聘障碍,后者根本不注重应届毕业生的实际能力和学习水平。

6. 户籍歧视

户口籍贯的歧视在当前招聘中是普遍存在的问题。其中不仅存在用人单位的歧视,更存在地方政府直接或者间接对本辖区内用人单位用工自主权的干预而导致的歧视。一种典型的歧视是要求本地大学毕业生,另一种则是歧视异地大学毕业生。前者体现了地方保护主义,后者则突出对非本地大学生的区域歧视。同时,还存在另一种户籍歧视,就是歧视来自农村的大学毕业生,认为来自农村的大学毕业生低人一等。对大学生而言,户籍及其出生地是与生俱来、无法改变的。这种不重视实干能力而以区域区分的歧视成为当前求职中较为严重的问题。有些地方政府不仅不积极抑制反而助长这种政策歧视,最终将导致外来优秀大学毕业生人才资源的流失。

7. 健康歧视

健康歧视具体表现为歧视残疾毕业生与歧视某些病毒的携带人群。如备受关注的"乙肝病毒携带者歧视"问题,在就业应聘中已经引起了全国上亿乙肝病毒携带者的强烈反应。其实根据我国《全国病毒性肝炎防治方案》的规定:"乙肝病毒携带者除不能献血及从事直接入口的食品和保育员工作外,可以照常工作。"尽管法律做了如上规定,但个别用人单位仍然忽视我国法律,基于此病而拒大批优秀毕业生于门外。同样的歧视在残疾大学生上表现得更为突出。本应受到国家政策保障的残疾大学生反而成为被拒绝的对象。这种歧视不但违反了国家政策,也违反了国家法律的相关规定。

(三)主要原因

造成就业歧视的原因主要表现在以下几个方面。

1. 相关法律法规的缺失

法律是消除歧视最重要的手段,但是我国到目前为止并没有一部专门针对就业歧视方面的法律。目前我国禁止就业歧视方面的法律规定有,《宪法》中规定"法律面前人人平等"的原则;《就业促进法》规定"劳动者依法享有平等就业和自主择业的权利"。劳动者就业,不因民族、种族、性别、宗教信仰等不同而受歧视。我国法律中的相关规定缺乏具体落实,对权利规定太过于笼统,缺乏实体性和程序性的保障。

2. 非制度方面的原因

非制度因素方面,我国劳动者总体数量巨大,素质不高,技能缺乏,在职业技能、维权意识等方面缺乏和用人单位谈判的意识。在人才供应相对充足、工作岗位相对紧缺的人才买卖市场,劳动者处于弱势地位,不能与用人单位进行平等的对话,迫于就业压力不得不接受用人单位提出的不合理要求。

3. 用人单位的原因

我国经济处于高速发展期,部分用人单位为了追求利益最大化,在招聘过程中,不仅要求求职者学历高、综合能力强,能为单位创造高效益,也在求职者性别上进行了限制。《劳动法》对于妇女怀孕期间明确给予法律保护,用人单位不能开除怀孕期妇女并且要支付工资,因此会出现"男性优先"的歧视现象。

4. 未设置专门的反就业歧视机构

我国现有法律规定的保障就业平等的机构主要是劳动社会保障部门、工会、法院,但是这些机关都没有设置专门的反就业歧视机构,且这些部门在解决关于就业歧视问题上的成本高却效率低。而法院或律师也认为就业歧视的案子难于处理,多选择可以回避。

5. 其他原因

虽然国家在立法上也有对劳动者的保护,但由于我国公民,甚至某些政府部门及其工作人员的法制观念淡薄,思想还保守,争取平等、消除就业歧视的道路还很长。此外,歧视传统根深蒂固,如学历歧视现象在我国就业市场也普遍存在着。

(四) 解决措施

1. 制订反就业歧视法,完善相关立法

目前反就业歧视的问题已引起了高度重视,但反就业歧视理论的构建尚处于起步阶段,这方面的法律更是相当薄弱。广大劳动者在就业过程中遭到就业歧视要维权的时候,需要法律依据。我国《劳动法》只列举了就业歧视可能涉及的几种现象,而现实生活中求职者却遭遇大量的就业歧视现象,法律规定和现实存在的问题有极大的出入,所以要加快建立《反就业歧视法》的出台。

2. 完善舆论监督机制

舆论监督是广大人民群众通过新闻媒体等组织对社会公共事务进行监督的一种方式,如报刊、网络、新闻,等等。舆论监督比其他形式的监督拥有更大的优越性,它能给不法者造成一种强大的思想压力,并且可以促进行政部门及其工作人员依法行政和严格执法,对有效遏制腐败的发生和防止权利的滥用起到重要的促进作用。

3. 转变用人单位的传统观念

政府就业主管部门应对用人单位进行法律、法规的宣传教育,把维护社会公平正义、反对就业歧视作为用人单位承担的社会责任和义务。提高用人单位的法律意识和思想觉悟,摒弃错误的观念,纠正错误的思想和作风,使用人单位公平、公正地对待每一位求职者,不因其身高、性别、户籍、学历、经验等而歧视,切实维护每位求职者的就业权利。

4. 设立反就业歧视的专门管理机构

成立反就业歧视专门管理机构,独立专职地处理就业歧视案件,解决就业歧视争议,是反就业歧视的一条有效途径。此管理机构专门受理被歧视劳动者的申诉、调解、裁决,负责反就业歧视的监察,研究并对平等就业政策提出建议,协助各企事业单位或法人资格的雇主和社会团体订立平等就业政策。同时应加大对反歧视就业的宣传工作,为公民提供平等就业的咨询服务、裁决就业歧视的纠纷等。这样当求职者在遭遇到就业歧视的问题时可以寻找到相关部门得到帮助。

另外要借鉴国外反就业歧视的成功经验,如美国的平等就业机会委员会、加拿大的人权委员会、荷兰的平等待遇委员会等,这些专门机构的共同点是注重运用多样化的手段,和平快捷地解决就业歧视问题,而且提供免费的调解服务、法律咨询甚至提供律师的法律援助。

5. 政府在促进就业中应起主导作用

政府在促进就业中应采取积极的就业政策,完善就业政策和公共就业服务体系,维护用人单位和劳动者劳动关系的和谐稳定。政府应为广大劳动者提供一个公平、公正、公开的就业环境,建立健全公共就业服务体系,提高公共就业服务质量和效率。这种公共就业服务是免费的,不能把这项服务看成是一项增加单位收入的方式。

另外,由于劳动者在遭遇就业歧视时维权成本过高,许多劳动者都望而却步,所以应将劳动者维权变为政府维权,强化劳动监察部门的执法能力。劳动监察部门作为管理劳动者和用人单位之间劳动法律关系的主管部门,在劳动者求职过程中更要发挥重要的监督作用,杜绝就业歧视现象的出现。

🔍 探索与思考

　　1. 总结当今社会存在的就业陷阱类型。

　　2. 当你遇到就业歧视时,你会怎么做?

📝 活动与训练

思　考　题

　　1. 吴先生,半年前应聘了某汽车销售服务公司的汽车驾驶员岗位。单位承诺 3 个月试用期,试用期月薪资为 1500 元,转正后为 3000 元。经过面试后吴先生被单位录用,录用后发现该单位仍在外进行汽车驾驶员岗位的招聘工作。当吴先生按约定即将做满 3 个月,欣喜地以为可以转正时,却接到了单位的辞退通知,理由是招到了更合适的人。失业后的吴先生在查找新的招聘信息时,发现该单位仍然还在招聘汽车驾驶员。如果你是吴先生,你会如何维护个人权益?

　　2. 毕业生小吴在招聘会上找到了一份自己觉得非常合适的工作,而且招聘广告上写着每月提供住房补贴 600 元,小吴非常满意。经过笔试和面试,他进入了该公司,并签订了劳动合同。但不久,他发现工资单里没有 600 元补贴。他反映后得到的回复是"招聘时候所说的补贴已经取消了",负责人还拿出劳动合同给他看,合同里并没有约定补贴条款。你认为签订合同时要注意哪些因素?

⚫ 9.2　就业权益与法律保障

🏅 名人名言

　　简单地说,以合理的方式累积相当的财富,同时又以相当公平的规则来保护个人的权益,这个社会才会减低摩擦。

——柴静

🚩 学习目标

　　1. 了解大学生的就业权益。

　　2. 学习大学生就业协议和就业合同的相关知识。

📋 案例导入

实习期的遭遇

　　2009 年 5 月,河南某大学与某市某企业签订了实习协议,双方约定,该大学向这家企业提供实习学生 58 名,企业对实习学生进行实习教学,实习期限为 2009 年 5 月 8 日至 11 月 7 日。

郑某等 3 人被学校委派到该企业实习,从事技术员工作。7 月 1 日,3 位学生在学校正常领取了大学毕业证书。随后 3 人提出,他们已经属于毕业生,而不再是学校委派的实习生,企业应当给予他们正常劳动者的待遇,但此要求遭到企业拒绝。学校和企业都认为只有实习期满才能获得正式员工的待遇。9 月 24 日,3 位毕业生决定离开该企业,但该企业坚持不向 3 人发放 9 月份工资,双方为工资给付等问题产生了劳动争议。此后,3 位毕业生向该市劳动争议仲裁委员会申请仲裁,该委员会认为此案不属于其受理范围,于 10 月 23 日发出不予受理通知书。10 月 26 日,3 人向该市人民法院提起诉讼。受理案件后,办案法官最终使双方达成调解协议。12 月 27 日,郑海等 3 位毕业生拿到了应得的工资。

分析:作为一位在校大学生,实习期是大学生学习工作能力和适应社会环境的关键时期。但是在这个关键时期内,很多大学生都受到不同程度的"侵权",有不少企业看中大学生的实习期,把大学生当作廉价劳工,在实习期内以种种理由把大学生辞退。因为很多大学生的法律意识不强,法律知识不足,经常不能主动维护自己的权利。要维护大学生的就业权利,就要认定大学生劳动者的主体资格,这不仅能对大学生劳动者合法权益予以保护,而且对推动我国法制的进步也具有十分重要的意义。

一、就业权益

目前,大学生就业形势日渐严重,竞争压力也越来越大。部分大学生在就业过程丧失了应有的警惕性,忽视了在就业过程中对自身权益的保护,从而坠入求职的陷阱之中。轻者钱财受到损失或付出劳动没有得到应有的报酬,重者被不法分子利用乃至人身权益受到侵害。因此,加强大学生的就业权益保护刻不容缓。

(一)大学毕业生就业权益

毕业生在就业过程中享有在国家政策规定内自主择业、学校提供就业指导和服务、被学校推荐、了解用人单位全面情况、违约索赔等多项权益,重点有以下几个方面。

1. 获取就业信息权

获取就业信息是毕业生择业成功的前提和关键,只有在充分占有信息的基础上,才能结合自身情况选择适合自身发展的单位。保障大学生获取就业信息权的方式有如下三种。

1)信息发布公开、透明

信息发布公开、透明即要把所有用人单位招聘相关信息向全体毕业生公开。各人力资源部门、公共人才市场和高校毕业生就业部门公开向大学生发布用人需求信息,任何单位和个人不得隐瞒、截留或更改需求信息。

2)信息传递及时、有效

信息传递及时、有效即传递给大学生的就业信息必须是及时、有效的,而不能将过时无利用价值的信息传递给大学生,从而保证毕业生在与用人单位联系的过程中信息顺畅。

3)信息内容全面、真实

大学毕业生有权获得准确、全面的就业信息,其中包括对用人单位的性质、招聘岗位、待遇等,信息发布的相关部门应保证其全面和真实,帮助毕业生做出正确的判断和选择。

2. 接受就业指导权

大学生就业备受关注,高校都成立专门机构、安排专门人员开设相关的课程对其进行就业指导,其中包括向大学生宣传国家对大学生就业的有关方针、政策和地方法规,对大学生进行择业技巧的指导和政策解读,引导大学生根据国家、社会需要,结合个人的实际情况进行择业,使大学生通过接受就业指导,准确定位,正确择业。

当前,随着国家促进就业政策的不断出台,大学生就业指导也逐步走出校园,社会上有人力资源和社会保障部门进行就业创业的公益指导,也涌现出一大批针对各类考试的有偿指导,学生从在学校接受就业指导转为主动到市场接受就业指导。

3. 被推荐权

高校在就业工作中的一个重要职责就是向用人单位推荐大学毕业生。在实际招聘工作中,学校的推荐意见往往成为用人单位接收毕业生的重要参考依据,能有效帮助大学生解决就业问题。

1)如实推荐

学校在对毕业生进行推荐时,应该实事求是。根据学生本人实际情况和意愿向用人单位进行推荐,并形成客观的推荐意见。

2)公正推荐

学校的推荐应做到公平、公正,应该给每一位大学生就业推荐的机会,公正推荐是学校的基本责任,也是大学生享有的最基本的权益。

3)择优推荐

学校推荐在公开、公正的基础上应择优推荐。这是学校尊重人才的体现,也是人才培养中调动学生积极性的举措。学校推荐自身综合素质高的毕业生,也是用人单位所期望的结果。

4. 自主选择权

根据国家有关规定,计划招生内的毕业生,在国家就业方针、政策指导下自主择业,可以自主地选择用人单位,学校、其他单位和个人均不得干涉。任何将个人意志强加给大学生,强制让大学生到某单位的行为都是侵犯大学生选择权的行为。

5. 公平待遇权

根据我国劳动法规定,毕业生不分民族、性别、宗教信仰,享有平等的就业权利。用人单位要在录用毕业生时做到公平、公正,一视同仁。目前国家法律、法规监管仍不到位,各项配套措施滞后,大学生的公平待遇权受到很大的冲击,特别是女大学生、文科专业大学生、非重点大学大学生在单位录用时不同程度地受到不公平、不公正待遇。因此,公平待遇权是大学生最为迫切需要维护的权益。

6. 违约及求偿权

大学毕业生、用人单位、学校三方签订协议后,任何一方不得擅自毁约。如果用人单位无故要求解约,大学生有权要求对方严格履行就业协议,否则用人单位应对大学生承担违约责任,支付违约金,大学生有权要求用人单位进行赔偿。

（二）就业权益保护

大学生享有就业权益,但在就业过程中往往会出现一些侵害大学生权益的行为。因此,大学生可以通过以下途径对自身权益实施保护。

1. 就业主管部门的保护

大学生就业主管部门可通过制定相应的规范来确定大学生的权益,并对侵犯毕业生权益的行为加以抵制或处理。还可以根据《劳动争议处理条例》及各省市人力资源部门相关规定,到对口部门进行权益的维护。

2. 高校的保护

高校是大学生就业权益保护的最有力助手。学校可以制订各项措施来规范大学生就业指导和就业推荐工作,对于用人单位在录用大学生过程中不合理的行为进行抵制,对录用结果进行维护。用人单位与大学生签订不符合有关规定的就业协议,学校有权不予同意,并且可以作为编制就业计划的依据。

3. 大学生自我保护

大学生权益保护的一个重要方面就是大学生自我保护,体现在以下四个方面。

（1）大学生应了解目前国家关于大学生就业的有关方针、政策和规范以及它们之间的关系,熟悉大学生在就业过程中的权利和义务,这是大学生自我保护的前提。如果在就业过程中所谓的公司规定或部门规定与国家政策法规有抵触,侵犯了自己的权益,则可以依据法规办事,维护自己的合法权益。

（2）大学生应自觉遵循有关就业规范并接受其制约,保证自己的就业行为不违反就业规范,不侵犯合法权益。大学生如有下列情形之一,由学校报地方主管大学生调配部门批准,不再负责其就业:第一,不顾国家需要,坚持个人无理要求,经多方教育仍拒不改正;第二,自派遣之日起,无正当理由超过三个月不去就业单位报到;第三,报到后拒不服从安排或提出无理要求被用人单位退回;第四,其他违反大学生就业规定。

（3）在用人单位接收大学生的过程当中,大学生也应对自身权益进行自我保护。按照国家规定,大学生报到后应享受正常的福利待遇,如养老金、公积金等;对某些工作岗位的特殊要求,用人单位应在与大学生双向选择时就明确,否则不得以单位体检不合格为由将大学生退回学校;正常的人才流动也应遵守国家和当地的有关人才流动规定,不应受到限制;报到后大学生发生疾病不能坚持正常工作的,则按单位在职人员有关规定处理,不能退回学校。大学生应对自己的权利有正确认识。

（4）大学生应该学会运用法律手段维护自身的合法权益。针对侵犯自身就业权益的行为,大学生有权向用人单位上级主管部门和学校进行申诉并听取他们的处理意见。同时也可提交给当地的劳动争议仲裁机构进行调解和仲裁,或直接向人民法院提起诉讼。

（三）大学毕业生就业权益自我保护的"五意识"

毕业生就业权益的保护是一个系统工程,在强调从法律和制度层面营造一个良好的就业环境和氛围的同时,也必须加强对于毕业生就业权益自我保护的指导和教育,这种指导和教育必须贯穿于学生的整个大学生活,必须很好地体现在学校的职业生涯规划教育中。毕业生要能真正有效地做到就业权益的自我保护,必须牢固树立以下五种意识。

1. 法律意识

毕业生必须了解与就业相关的法律法规、政策制度,了解劳动用工的相关规定,并且在学习这些法律、政策、规定的过程中,逐步培养成一种法律思维的意识,即法律意识,进而能在这种意识的指导下,真正做到懂得法律、遵守法律、使用法律。

毕业生小王在新生入学教育的就业指导课上,得知现在的就业市场上陷阱重重。因此学计算机专业的她除了在大一时认真学好法律基础课外,还利用业余时间比较系统地看了劳动法、合同法等法律法规,对于劳动就业的规定有了一个大致的了解。毕业签约时,单位提出"试用期8个月,试用期满后签订劳动合同"的要求时,小王依据自己掌握的法律知识,以劳动法规定试用期最长不得超过6个月,试用期必须包含在劳动合同期限内为由与单位据理力争,最终使单位按照劳动法的规定签订就业协议,较好地保护了自己的合法权益。

2. 契约意识

从某种意义上说,市场经济就是契约经济,市民社会就是契约社会,契约意识要求当事人尊重平等精神、信守契约。由于我国就业体制的特殊性,就业协议在明确单位和毕业生权利义务等方面扮演着重要角色。因此契约意识的作用在毕业生就业过程中显得更加突出,主要体现在两个方面,一是要求毕业生充分重视和深刻理解就业协议的重要性,要有通过就业协议来保护自己合法权益的意识,二是就业协议一旦签订即具有法律效力,必须具有严格遵守、履行就业协议内容的意识。谨慎签约、积极履约有利于毕业生通过协议书内容的约定保护自己的合法权益。协议一旦订立,双方都必须遵守,任何一方不得无故毁约、违约等,否则将受到经济和法律的制裁。

3. 维权意识

毕业生在法律意识和契约意识的指引下,认识到自己的合法就业权益受到了侵害,是积极运用法律手段或者其他方法来进行救济以维护自己的合法权益,还是息事宁人、当作什么事都没发生,不同的处理方法体现了维权意识的不同。具有强烈的维权意识,在碰到问题时能够拿起法律的武器积极主张权利,是毕业生进行权益自我保护的实质性举措。毕业生只有养成了积极主动的维权意识,依法维权,不畏仲裁诉讼,才能够平等地与用人单位对话,据理力争,切实保障自己的合法权益。毕业生可以采用请学校出面调解、向劳动监察部门申诉举报、向劳动仲裁机构申请仲裁、向人民法院提起诉讼等途径维护自己的就业权利。

4. 证据意识

法律是用证据说话的,毕业生在就业过程中应牢固树立证据意识,其培养主要体现在三个方面。一是收集证据的意识,毕业生在就业时要有意识地让对方出示或者提供相关资料,来鉴定事实,如要求公司出示营业执照、要对方出示表明身份的证件等;二是保存证据的意识,要求毕业生注意保存现有的证据,以便将来在仲裁或诉讼时支持自己的观点,如要注意保存单位在招聘时的海报,与单位往来的传真、邮件等;三是运用证据的意识,毕业生要有用证据证明案件事实的意识,知道什么样的事实需要什么样的证据证明,知道一定事实的举证责任是在对方还是己方,等等。

毕业生在就业过程中经常会碰到单位要求交押金的情况。签订劳动合同时要求劳动者提供押金的做法是法律明确禁止的。但是签订就业协议时单位是否可以收取押金法律没有明确规定,一般认为可以参照劳动合同的做法,签订就业协议收取押金不合理,但是现在就业市场中,由于某些潜规则的存在,确实在很多场合存在着毕业生不交押金就无法签订协议并得到工作的情况。在这种情况下,如果毕业生确实很想去这个单位工作的话,可以先交押金,但是一定要让单位出具表明"押金"字样的收据并且注意保存,以便日后作为证据使用。

5. 诚信意识

目前毕业生就业市场是买方市场,一些用人单位在处于主动地位的情况下,无视求职者的利益,甚至用欺骗的手段使毕业生就业陷入困境,这使整个人才市场处在一种彼此不信任的非正常状态,也助推大学生在求职时诚信缺失。

毕业生诚信意识的培养主要包括两个方面,一是毕业生自己在求职过程中必须如实向用人单位介绍自己的情况,实事求是。如果毕业生故意隐瞒自身情况、欺骗单位,可能导致就业协议无效,并要承担缔约过失责任。同时更为重要的一点是能够意识到用人单位是不是诚信,例如单位介绍的情况是否真实、其招聘的真实目的是什么,等等。

第二点对毕业生要求得更高,因为要判断用人单位是否诚信,必然要求毕业生有比较丰富的阅历和经验,并通过不同的方法和途径全面了解用人单位的情况。然而一些毕业生在这方面做得还不够,主要是因为严峻的就业形势,使得毕业生不敢向用人单位问太多的问题、提更多的要求。许多初涉职场的毕业生认为单位说的都是对的,单位要求的就应该去做,不知不觉中自己的权益已经遭受侵犯。因此必须强化毕业生的诚信意识,特别是锻炼第二种能力,以保护自己的合法权益。

二、法律保障

(一)就业协议

全国普通高等学校毕业生就业协议书(以下简称就业协议书)是普通高等学校毕业生和用人单位在正式确立劳动人事关系前,经双向选择,在规定期限内确立就业关系、明确双方权利和义务而达成的书面协议,是用人单位确认毕业生相关信息真实可靠以及接收毕业生的重要凭据,也是高校进行毕业生就业管理、编制就业方案以及毕业生办理就业落户手续等有关事项的重要依据。协议在毕业生到单位报到、用人单位正式接收后自行终止。就业协议一般由教育部或各省、市、自治区就业主管部门统一制表。

1. 就业协议内容

1)毕业生的情况及意见

这项内容由毕业生填写。毕业生情况包括姓名、性别、年龄、民族、政治面貌、培养方式、健康状况、专业、学制、学历和家庭地址。毕业生的意见一栏中,由毕业生填写自己的应聘意见。

2)用人单位情况及意见

这项内容由用人单位填写或打印张贴内容等。用人单位的情况包括单位名称、单位隶属、联系人、联系电话、邮编、通信地址、所有制形式、单位性质、档案转寄详细地址。这些内容不填或误填,将影响毕业生档案材料的安全顺利转接。其中与无人事自主权的单位签订就业协议书,或单位虽有人事自主权,但并不接收毕业生的人事档案关系,要由人事代理部门代理毕业生档案户口关系的,就业协议书的上级意见栏上必须由人事代理机构签署意见,同意接收毕业生的人事档案关系。

3)学校意见

内容包括院系意见和学校毕业生就业部门意见。院系意见主要是对毕业生就业去向的初审。学校毕业生就业部门意见是代表学校的最终审核,确认列入就业计划的信息。

4)备注及其他内容

这项内容的填写往往被忽略,但其内容是最为重要的。因为在备注栏一项中可以将毕业生关注的能否参加升学、考公务员以及工作岗位、区域、服务期限、福利待遇等内容描述清楚,就用人单位关注的违约问题等进行说明。

2.签订就业协议的原则

签订就业协议是高校毕业生和用人单位双方的民事法律行为,也是在双方当事人意见一致后,确立劳动的聘用关系,明确了当事人双方的权利、义务。签订就业协议书应遵循的基本原则有以下几个。

1)诚实守信的原则

在签订就业协议时,主体双方都要诚实守信、客观地介绍情况,不得用欺诈隐瞒、弄虚作假等手段骗取他方,同时必须遵守信用,认真履行协议规定的义务。比如用人单位对毕业生工作岗位、薪酬待遇的兑现,毕业生对用人单位如实说明主修专业、成绩和具备的基本技能等,必要时应向用人单位说明是否参加考研、报考公务员等方面的情况。

2)主体合法原则

签订就业协议的双方必须具有合法的主体资格,主要是指求职择业都必须具有就业资格,即必须是毕业生或结业生,并具有民事能力;用人单位必须具有民事能力,具有录用毕业生的权利和计划。内容合法主要是指所签订的协议必须符合国家的法律法规,符合国家的就业方针政策和各级政府的有关规定,符合社会道德。

3)平等自愿的原则

就业协议的三方在签订就业协议时的法律地位是平等的,在签约过程中和协议内容上都应当是公正的,没有任何偏袒和强迫。用人单位不应在签订就业协议时要求毕业生承担过高数额的违约金,更不能要求大学毕业生缴纳就业保证金,学校也不能要求毕业生(定向生、委培生等有特殊情况的毕业生除外)到指定单位就业。三方当事人的权利、义务应当是对等的。除协议书规定的内容外,三方如有其他约定事项可在协议书"备注"中加以补充确定,比如工作岗位,薪酬待遇的简要说明和违约责任的约定等。

3.签订就业协议书的步骤

就业协议书签订程序以就业协议书的具体内容而定,具体签订步骤如下。

1)要约

毕业生持学校统一印制的就业推荐书原件或复印件及个人简历参加人才交流会,进行双向选择,或者向用人单位寄发书面材料。用人单位收到毕业生材料,对毕业生进行考察后,表示同意接收并将回执寄送到高校毕业生就业工作部门或毕业生本人,即为要约。

2）承诺

毕业生收到用人单位回执或通过其他方式得到用人单位答复后，从中做出选择并到毕业生就业工作部门领取就业协议书，与用人单位签订协议书，即为承诺。

4. 就业协议书签订的程序

一般情况下毕业生都是按照以上的具体步骤签订就业协议书的，但需注意按照学校就业主管部门和二级学院的要求，先领取协议书，然后达成就业意向，用人单位完成签约后，由学校完善其他手续。具体签约流程如图 9-1 所示。

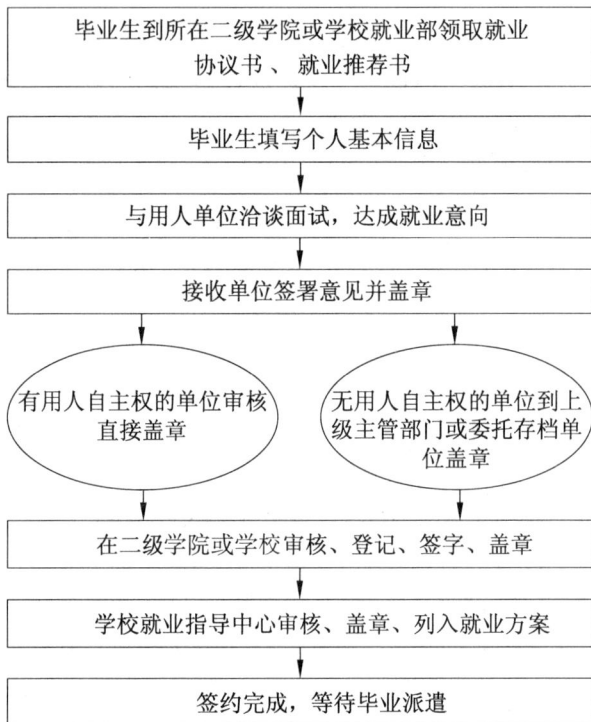

```
┌─────────────────────────────────────┐
│ 毕业生到所在二级学院或学校就业部领取就业  │
│ 协议书、就业推荐书                     │
└─────────────────────────────────────┘
                  ↓
┌─────────────────────────────────────┐
│ 毕业生填写个人基本信息                  │
└─────────────────────────────────────┘
                  ↓
┌─────────────────────────────────────┐
│ 与用人单位洽谈面试，达成就业意向         │
└─────────────────────────────────────┘
                  ↓
┌─────────────────────────────────────┐
│ 接收单位签署意见并盖章                  │
└─────────────────────────────────────┘
         ↓                    ↓
  ╭──────────────╮      ╭──────────────╮
  │ 有用人自主权的 │      │ 无用人自主权的单位到上 │
  │ 单位审核直接盖章│      │ 级主管部门或委托存档单 │
  │              │      │ 位盖章        │
  ╰──────────────╯      ╰──────────────╯
         ↓                    ↓
┌─────────────────────────────────────┐
│ 在二级学院或学校审核、登记、签字、盖章   │
└─────────────────────────────────────┘
                  ↓
┌─────────────────────────────────────┐
│ 学校就业指导中心审核、盖章、列入就业方案  │
└─────────────────────────────────────┘
                  ↓
┌─────────────────────────────────────┐
│ 签约完成，等待毕业派遣                  │
└─────────────────────────────────────┘
```

图 9-1　具体签约流程

5. 签订就业协议书应注意的问题

1）审查用人单位主体资格是否合格

双方主体资格合格是协议书具有法律效力的基本前提。这里主要存在毕业生对用人单位资格的认识问题，用人单位一般分为党政机关、事业单位、国有企业、非公企业等，这些单位应有进人的自主权利。如果其本身不具备进人的权利，则必须经其具有进人权利的上级主管部门批准同意，或者为毕业生办理人事代理的服务和渠道。因此，毕业生签约前，要审查用人单位的主体资格。

2）有关协议条款内容明确合法

就业协议书的内容很关键，毕业生一定要认真审查。首先审查协议内容是否合法，是否符合国家相关法律和政策；其次审查和仔细推敲双方的权利和义务是否合理；最后要审查除协议以外的附件或补充协议，审查其内容是否遵守《劳动法》《合同法》及相关法律的规定，是否具有法律效力，重点审查协议变更、终止的条款和违约责任等内容。

3）签订就业协议的程序要合乎程序

毕业生和用人单位要在协商一致后进行签约,签约时要注意完整地履行手续。首先,毕业生要签名并写清签字时间。其次,用人单位及其上级主管部门必须加盖单位公章并注明时间,不能用个人签字代替公章。最后,毕业生和用人单位签字后需将协议书交给学校主管就业的部门,以便及时制订就业计划和派遣毕业生。

4）明确违约责任

违约责任是协议双方因过错不能或不完全履行协议规定的义务时应承担的法律责任,它是保证协议履行的有效手段。当前社会就业形势受外界因素影响多,违约情况不断增加。因此,写明当事人违约后通过何种方式、途径来承担责任,有利于双方履行协议,有利于违约纠纷的解决。

6.就业协议解除与违约责任

1）就业协议的违约

（1）违约的界定

违约行为是指签订就业协议的当事人一方没有履行协议约定的义务或履行义务不符合协议约定的行为。根据《合同法》规定,无论违约方主观上是否有过错,只要不存在不可抗或其他法定免责事由,义务人就应承担违约责任。

（2）协议的解除

就业协议的解除一般分为单方解除和三方解除。通常情况下,单方擅自解除协议属违约行为,解约方应对另两方承担违约责任。单方依法或依协议解除不承担法律责任,这里指一方解除就业协议有法律上或协议上的依据,比如毕业生未取得毕业资格、未通过用人单位所在组织的考试等,用人单位有权解除协议。

三方解除协议是指毕业生、用人单位和学校三方经协商一致,解除原立的协议,使协议不发生法律效力。此类解除协议首先是三方一致同意,三方均不承担法律责任。三方解约应在就业计划上报主管部门之前进行,就业派遣计划下达之后三方解除,还需要主管部门批准办理调整改派。

2）违约责任和后果

当任何一方擅自解除已签订的三方就业协议时,违约行为就将产生违约方向权利受损方支付协议条款所规定的违约金,实际情况来看,就业违约多为毕业生违约。

毕业生违约,除本人应承担违约责任外,往往还会造成其他不良的后果,主要表现在以下几个方面。

（1）对用人单位而言

用人单位在毕业生就业找工作高峰期花费人力、物力、财力,参加人才交流会等,以协议的形式确定录用的人,对其将要从事的具体工作有所安排。但是毕业生因某种原因一旦违约,一切工作付之东流,就得另起炉灶,造成工作被动。

（2）对学校而言

用人单位往往将毕业生违约当成是学校管理不严,影响学校和用人单位长期合作关系。由于毕业生的违约行为,用人单位对学校推荐工作表示怀疑。长期如此,该单位短期内不愿意再到学校挑选毕业生。这样的情形,不仅影响到学校整体的就业工作,而且破坏了学校声誉。

（3）对其他毕业生而言

用人单位到校选聘毕业生，一旦与某毕业生签约，就不可能再录用其他毕业生。毕业生若日后违约，当初想去的毕业生也不一定能补缺，造成信息浪费。因此，毕业生在签约过程中要做到慎重选择，认真履约。

3）违约手续的办理

为了维护就业计划的严肃性，学校对就业中的违约行为实行宏观控制，就业协议生效后一般不允许违约，但是特殊情况如其中一方提出违约的，须经学校和另一方同意后才能办理违约手续，并承担违约责任，基本程序如下。

（1）在校期间办理程序

① 签订了就业协议书的毕业生向所在院（系）提交个人解约书面申请，经批准同意并签署意见后可以办理后续手续。

② 经双方协商，用人单位同意双方解约，并出具解约公函退回就业协议书，公函需说明解约原因。

③ 毕业生持个人解约申请和用人单位同意解约的公函证明，到院系和学校毕业生就业部门申请新的就业协议书，并与新用人单位签约。如原单位无法退回就业协议书原件，公函内容应做说明。

（2）离校后办理程序

根据我国劳动法的规定，即使与企业签订了正式的劳动合同，毕业生（劳动者）在试用期内也可以随时解除劳动合同，试用期后，只要提前30天用书面形式通知用人单位，也可以解除劳动合同。因此，毕业生在离校后往往需要解除合同，重新办理相关就业手续。

① 毕业生持个人解约申请、原签约单位同意解除劳动关系的证明或公函、与新用人单位签约的证明或协议等，到所在毕业院（系）填写毕业生解约改派申请表，由院系进行解约资格审核。

② 各院（系）将个人解约申请、解约改派申请表、原签约单位同意解除劳动关系证明或公函，以及与新用人单位签约的证明或协议等，上报学校就业部门审核，如符合条件，就业部门注销学生管理信息系统原签约数据。

③ 学校登录学生管理信息系统，录入新签约数据，并为毕业生在期限内办理相关手续。

如果用人单位无故要求解约，毕业生有权要求对方严格履行就业协议。为保障学生的合法权益，学校将积极向违约单位及上级主管部门及毕业生就业主管部门反映情况，进行交涉，由学生和用人单位协商解决。在协商未果的情况下，学生应通过法律途径保护自己的合法权益，可以要求用人单位支付违约金进行补偿。

（二）劳动合同

根据《劳动法》第十六条规定，"劳动合同是劳动者与用人单位之间确立劳动关系、明确双方权利和义务的协议"。第十七条规定，"订立和变更劳动合同，应当遵循平等自愿、协商一致的原则，不得违反法律、行政法规的规定。劳动合同依法订立即具有法律约束力，当事人必须履行劳动合同规定的义务"。根据这个协议，劳动者加入企业、个体经济组织、事业组织、国家机关、社会团体等用人单位，成为该单位的一员，承担一定的工种、岗位或职务工作，并遵守所在单位的内部劳动规则和其他规章制度；用人单位应及时安排被录用的劳动者工作,按照劳动者提供劳动的数量和质量支付劳动报酬,并且根据劳动法律、法规规定和劳动合同的约定提供必要的劳动条件,保证劳动者享有劳动保护及社会保险、福利等权利和待遇。劳动合同的内容可分为两方面,一方面是必备条款的内容,另一方面是协商约定的内容。

1. 必备条款

《劳动法》第十九条规定了劳动合同的法定形式是书面形式,其必备条款有 7 项。

1) 劳动合同期限

法律规定合同期限分为三种,有固定期限,如 1 年期限、3 年期限等均属这一种;无固定期限,合同期限没有具体时间约定,只约定终止合同的条件,无特殊情况,这种期限的合同应存续到劳动者到达退休年龄;以完成一定的工作为期限,例如劳务公司外派一员工去另外一公司工作,两个公司签订了劳务合同,劳务公司与外派员工签订的劳动合同期限是以劳务合同的解除或终止而终止,这种合同期限就属于以完成一定工作为期限的种类。用人单位与劳动者在协商选择合同期限时,应根据双方的实际情况和需要来约定。

2) 工作内容

在这一必备条款中,双方可以约定工作数量、质量,劳动者的工作岗位等内容。在约定工作岗位时可以约定较宽泛的岗位概念,也可以另外签一个短期的岗位协议作为劳动合同的附件,还可以约定在何种条件下可以变更岗位条款,等等。掌握这种订立劳动合同的技巧,可以避免工作岗位约定过死,或因变更岗位条款协商不一致而发生的争议。

3) 劳动保护和劳动条件

约定工作时间和休息休假的规定,各项劳动安全与卫生的措施,对女工和未成年工的劳动保护措施与制度,以及用人单位为不同岗位劳动者提供的劳动、工作的必要条件,等等。

4) 劳动报酬

此必备条款可以约定劳动者的标准工资、加班加点工资、奖金、津贴、补贴的数额及支付时间、支付方式等。

5) 劳动纪律

此条款应当将用人单位制定的规章制度约定进来,可采取将内部规章制度印制成册,作为合同附件的形式加以简要约定。

6) 劳动合同终止的条件

这一必备条款一般是在无固定期限的劳动合同中约定,因这类合同没有终止的时限。其他期限种类的合同也可以约定。须注意的是,双方当事人不得将法律规定的可以解除合同的条件约定为终止合同的条件,以避免出现用人单位应当在解除合同时支付经济补偿金而改为终止合同不予支付经济补偿金的情况。

7) 违反劳动合同的责任

一般可约定两种形式的违约责任,一是由于一方违约给对方造成经济损失,约定赔偿损失的方式;二是约定违约金,采用这种方式应当注意根据职工一方承受能力来约定具体金额,不要出现显失公平的情形。另外,这里讲的违约,或者称违反劳动合同,不是指一般性的违约,而是指违约程度比较严重,达到致使劳动合同无法继续履行的程度,如职工违约离职,单位违法解除劳动者合同等。

2.约定条款

按照法律规定,用人单位与劳动者订立的劳动合同除上述7项必须具备的条款内容外,还可以协商约定其他的内容,一般简称为协商条款或约定条款。这类约定条款的内容,是当国家法律规定不明确,或者国家尚无法律规定的情况下,用人单位与劳动者根据双方的实际情况协商约定的一些随机性的条款。劳动行政部门印制的劳动合同样本,一般都将必备条款写得很具体,同时留出一定的空白地由双方随机约定一些内容。例如可以约定试用期、保守用人单位商业秘密的事项、用人单位内部的一些福利待遇、房屋分配或购置方式等内容。

随着劳动合同制的实施,人们的法律意识、合同观念会越来越强,劳动合同中的约定条款的内容会越来越多。这是改变劳动合同千篇一律状况、提高合同质量的一个重要体现。

(三)就业协议书和劳动合同的关系

就业协议书和劳动合同是用人单位录用毕业生时所订立的书面协议,但这两者分处两个互相联系的不同阶段,主要区别表现在以下四个方面。

(1)就业协议书是毕业生在校时,由学校参与见证与用人单位协商签订的,是编制毕业生就业计划方案和毕业生派遣的依据。劳动合同是毕业生与用人单位明确劳动关系中的权利义务关系的协议,学校不是劳动合同的主体,也不是劳动合同的见证方。劳动合同是上岗毕业生从事何种岗位、享受何种待遇等权利和义务的依据。

(2)就业协议书的主要内容主要是毕业生如实介绍自身情况,并表示愿意到用人单位就业,用人单位同意接受毕业生,学校同意推荐毕业生并列入就业计划进行派遣。劳动合同的内容涉及劳动报酬、劳动保护、工作内容、劳动纪律等具体内容,劳动权利义务很明确。

(3)一般就业协议书签订在前,劳动合同订立在后,就业协议书备注栏可以对双方违约责任和劳动待遇等情况进行附加说明,日后订立劳动合同时对此内容予以认可。

(4)就业协议书是毕业生和用人单位在学校见证下关于就业意向的初步约定,对双方的基本条件和将签订的劳动合同的初步商定。一经毕业生、用人单位、高校及相关单位签字盖章,即具有一定的法律效应,是编制毕业生就业计划和将来可能发生违约情况时的判断依据。

探索与思考

1. 总结大学生的就业权益。

2. 当权益受到侵犯时,该怎么做?

活动与训练

自我保护意识小测试

当你和一个陌生人第一次见面时,你最反感的是:

A. 不停地问你个人的问题,像身家调查一样。

B. 主动靠近你,拍你的肩膀,跟你称兄道弟。

C. 抢着讲话,油腔滑调,把你当听众。

D. 跟你很疏远,不够大方。

结果：

A. 不停地问你个人的问题，像身家调查一样。

你是一个稍微自我封闭，想保有多一点隐私的人。于是面对这种想控制他人的人，你会觉得压力很大。这种人其实只是想进一步认识你，想在很短的时间内对你有更深入的了解。不过，如果他只是一味地问，而不说明自己的背景，或是不让你反问，这就暗示他是一个很有控制欲的人。

B. 主动靠近你，拍你的肩膀，跟你称兄道弟。

你的自我保护心理比较强一点，对于陌生人你会不自觉地想要保持距离，因为你对于自己的应对能力没信心，对于别人的信心也不够，所以，你下意识地会拒绝别人一开始就侵入你的私人领域，而且还不经过你的同意就触摸你的身体。因此，你会开始对他产生反感，下意识认为他不尊重你的想法和观念来和你认识，是一种伤害，在你的心目中会很自然地把他列为和你不同类的人，也就是会列为敌人的行列中。由此可推论，你的敌人通常都是那种有自大倾向、不尊重你的人。为了减少你的敌人，有时候你不要反应太过分，也许人家不是怀有恶意的，只是个性比较大方、粗鲁罢了。

C. 抢着讲话，油腔滑调，把你当听众。

你是一个很讨厌当听众的人，说白一点就是你不喜欢在人际互动中，老是处于被动的状态。在人际心理学中，一个人的说话主动权和长度，暗示着这个人的气势强弱。如果这个人一见面就哗啦哗啦地说话，把你当哑巴听众，那就是表示这个人是想把你当一个情绪发泄工具，不然就是想一开始就把你压得死死的，让你知道他的厉害。你会对这种人反感，也就表示你在气势上不想被人压过，不然就是不希望别人不尊重你的发言权。所以，你的敌人很可能就是这些演讲狂的人，或者是不让你发表意见的人。尤其是那种油腔滑调的人，更让你觉得对方不可靠，以后再见面，你可能不会给他好脸色看，于是你的敌人又增加了一个。

D. 跟你很疏远，不够大方。

你是一个性格内敛，但心底又是企图心强的人。你很想有一个圆满的人际关系，很想跟陌生人建立起一个好的接触点，不过，你总认为主动去跟人家搭讪是很伤你的尊严的，说白一点，你是那种认为自己有很高的人际魅力的人，但这只是你的个人期待，别人的感受可能就和你的不一样，所以，一遇到这种情形，你就会不自觉地把自己的期待套在别人身上，如果别人不能依你的期待表现，你就会对对方产生反感。因此，你的这种主观期待很容易得罪人，也很容易因此而树敌。所以，当你有敌人出现时，你最好反省一下，是不是又得罪人了。

拓展阅读

【案例一】

2008年4月，即将大学毕业的赵丽与学校及甲公司签订了一份《毕业生就业协议书》，协议约定赵丽毕业后必须在甲公司服务5年，否则要赔偿公司1万元。2008年8月赵丽到公司工作后又与该公司签订了3年期限的劳动合同，约定试用期为4个月，在试用期内可以提前书面通知甲公司解除本合同并在工作交接完毕后离开公司。3个月后，赵丽认为自己不适应这份工作，按劳动合同要求向公司提出书面辞职，而甲公司以未缴纳违约金为由不予办理解除劳动合同的有关手续。赵丽向北京市劳动争议仲裁委员会申请仲裁，要求解除与被告签订的劳动合同，被驳回。赵丽遂向法院提起诉讼，最终获得法院支持。

分析：认清就业协议和劳动合同的关系，就业协议不是证明劳动关系的凭证，不能替代劳动合同。很多单位和毕业求职者对就业协议和劳动合同的认知比较模糊，造成双方在签约阶段出现不规范操作，从而引起纠纷。有的用人单位以"签过就业协议就行"为由，逃避签订劳动合同，不明确双方的各种权利义务，侵犯了劳动者的诸多权益；有的毕业生也不提醒用人单位签订劳动合同，其"跳槽"行为将不受用人单位约束，也损害了企业的利益。

（资料来源：律政中国.大学生就业协议不能替代和对抗劳动合同[EB/OL].(2012-07-10)[2020-08-07]. http://www.govgw.com/show-m.asp? id=920.)

【案例二】

2009年，作为北方某名牌高校的应届毕业生，小凤从竞争激烈中脱颖而出，被某知名公司录取。此时，小峰发现还有一家前景更好的单位也在招聘，于是他匆匆和这家公司签订就业协议后又应聘了那家更有前景的单位。他认为就业协议不是劳动合同，对自己没有约束力。

当小峰兴冲冲地跑到原来签订就业协议的公司，请求解除就业协议时，该公司告知小峰，解除就业协议可以，但小峰必须按照就业协议的约定向公司交付违约金。面对不菲的违约金，初出校门的小峰为自己法律意识的缺乏懊悔不已。

分析：毕业生就业协议与劳动合同确实不一样。学生在签订就业协议时，和招聘单位之间的关系还不是劳动关系，但这并不意味着就业协议没有约束力。事实上，就业协议作为一般的民事协议也受法律保护，任何一方无正当理由违反协议都要承担相应法律责任。因此，大学生在决定签署就业协议前，一定要认真对待就业协议内容，以免对自己造成损失。

从实际意义讲，毕业生签订的就业协议是一种有关就业意向的承诺书，表明毕业生愿意到用人单位就业，用人单位愿意接收毕业生，学校认同双方的协议并督促其实现。协议一旦签订就具有一定的法律效应，其基本功能在于给当事人一种相对稳定的行为预期，即在通常情况下，毕业生将不选择其他单位，用人单位也不会用其他方式取代该毕业生，学校也不支持毕业生和用人单位改变承诺。用正式协议的方式表达承诺，就是更大限度地提高对双方的制约力，以有效地保证协议中预期行为的实现。

目前，毕业生在签订协议后到用人单位报到之前改变就业决定，用人单位不能按照协议接收或兑现曾承诺的条件，这均是对签订就业协议破坏，构成违约。

（资料来源：佚名.就业协议有约束，签订须谨慎[EB/OL].(2014-08-02)[2020-08-07].http://www.sdmsw.com.cn/jiuye/shili/2014-08-02/37.html.)

第四部分　职场生活与发展

模块十

职场适应

模块导读

在现今社会,竞争越来越激烈,工作岗位早已经供不应求,毕业后能有一份好的工作是每个大学生都期待的。这不仅需要机会,而且更多的是需要大学生适应社会,适应这种竞争的环境。大学生的职业适应会受到多方面因素的影响,借助有效的策略能够帮助他们在较短的时间内顺利实现职业适应。

大学毕业生走上社会,首先要适应职业生活,按照"人岗适配"的原则,在竞争中求生存、求发展,最大限度实现个人价值,并为社会做出贡献。认识职业适应,掌握职业适应的基本要求,主动地、尽快地适应职业生活,对毕业生的成才和发展具有十分重要的意义。

在本模块中,同学们可以认识角色转换、职业适应的内涵,了解角色转换的阶段过程、影响职业适应的因素,学习应对角色转换的方法以及职业发展的相关内容。通过本模块学习,相信同学们能够更好地适应未来的职业生涯。

10.1 职业适应

名人名言

既然不能驾驭外界,我就驾驭自己;如果外界不适应我,那么我就去适应他们。

——蒙田

学习目标

1. 学习职场角色转换的相关内容。
2. 了解职业适应的内涵。
3. 认识职业适应的影响因素。
4. 了解职业适应的对策。

案例导入

小刚的职业生活

小刚在校是个品学兼优的学生。毕业后,他成功地进入了一家公司。虽然业务不难,但是工作担子很重,这让小刚感觉到了工作的吃力。原先,他对计算机十分感兴趣,经过一段时间的工作后,他对计算机的兴趣急速下降。整天坐在电脑前进行工作,让他疲惫不堪。工作的枯燥,重复的劳动,加上饮食不规律、睡眠质量不高,这些都让他筋疲力尽。小刚想要换一份工作,可是在同学会上他知道了每个人都很疲劳的时候,又感到没有退路。他只能继续工作下去,任由工作激情渐渐消退。

分析:进入职场后,小刚难以适应枯燥且有压力的生活及工作,他需要及时调整自己的状态,尽快进入职业人这一角色中。近年来,随着企业经营环境的发展和人才市场供求结构的变化,越来越多的职业人士感到了更大的竞争压力。在这种情况下,工作压力必然加大,对于在职场上打拼多年的白领都越来越难以应付。一个初入职场的新人,面对工作压力,只能咬牙挺住,而不能退缩,不能逃避,必须在过渡过程中靠自己的努力适应环境,不能一直依赖他人帮忙。具有更强的承受压力的能力,以及根据现实环境调整自己期望和心态的能力在此时显得尤为重要。适应职业生活最好的办法就是以最快的速度熟悉业务,并在工作中摸索窍门,掌握经验,这样,就会轻车熟路、熟能生巧。在做好本职工作、积累职场经验的同时,要积极为职位提升和下一份工作做准备。

一、职场角色转换

角色转换就是在不同时空条件下,调整相应的权利和义务,承担相应的责任。对于大学生来说,角色转换就是从学生角色转换到职业角色。在角色转换过程中,大学毕业生应以积极正确的心态,认知新角色,适应新角色,促使整个角色转换顺利进行。

(一) 角色转换的认知

大学生十分熟悉学生角色的行为规范,但对社会职业人员的角色要求却是十分陌生的。学生角色和职业角色之间存在着很多的不同,只有能够清楚地了解和认识这种职业角色转换,才能在大学期间就有针对性地做好准备。

1. 学生角色和职业角色的内涵

1) 学生角色的内涵

大学阶段是人生中增长知识、发展智力、求学成才的关键阶段。社会活动方式主要是接受教师对知识的传递,努力学习以专业知识为主的多方面知识,培养以专业能力为主的各方面能力。这是一个接受教育、储备知识、培养能力的重要阶段。学生对社会的责任,通常体现在学习的过程。教师教育学生要以社会为己任,家长引导孩子要增长才干,以适应日后社会的竞争,但此时社会责任的体现具有潜在性、后续性。由于大学生以学习为主,经济上主要依靠家庭,始终处于被人扶助的环境之中,所以学生角色可界定为在社会教育环境中依赖非自身劳动收入的资助,学习知识,培养能力,全面提高自身素质和完善自身的知识结构,努力使自己成长为社会合格的人才。

2) 职业角色的内涵

职业角色的个性表现非常具体,彼此差异明显,但是千差万别的职业角色却有其共性的特征。职业角色扮演者具有自己的社会职位和一定职权;相应的职业范围;一定的基础知识和业务能力;履行一定的义务;经济独立。社会对职业人员的要求是要运用知识和能力,向社会提供劳动、创造价值。职业人员的社会责任体现在工作对象中,工作质量的高低不再是个人范畴,其对社会产生的影响是直接的,因此要从社会的角度加以评判,并对社会责任有着更高的要求。由此,可以将职业角色定义为在某一职位上,以特定的身份,依靠自身知识和能力并按照一定的规范具体地展开工作,在行使职权、履行义务为社会做出贡献的同时取得相应的报酬。

2.学生角色与职业角色的区别

大学生就业以后,所扮演的角色从学生角色转换为职业角色,虽然完成变化的时间不长,但角色性质变化非常大,甚至可以说是职业生涯的转折。学生角色与职业角色的差异主要体现在以下几方面。

1)社会责任不同

学生角色的主要责任,是掌握科学文化知识,使德、智、体、美全面发展,为将来工作做准备。责任履行得如何,主要关系到本人知识掌握的多少和能力培养的程度。而职业角色的责任是以特定的身份去履行自己的责任,依靠自己的本领或技能完成职业角色所要求的任务。责任履行得如何,不仅影响到个人价值的实现,还会影响到单位、行业的声誉。

2)社会权利不同

社会权利就是角色履行义务时依法应有的支配权利和应享受的权益的总称,或应取得的精神或物质报酬。学生角色的社会权利主要是接受教育,而职业角色的社会权利主要是依法行使职权,开展工作,并在履行义务的同时取得报酬。

3)活动方式不同

大学生的主要活动是学习,因此,学生角色比较强调对知识的输入、吸收与接纳,对知识的输出与应用强调较少。从业者的主要活动是向外界提供服务,因此,职业角色强调从业者能够输出、应用与创造性地发挥自己的知识和技能,向外界提供专业服务。大学生就业以后,就要从输入、吸收与接纳知识等被动方式转变为输出、应用与创造性地发挥知识技能等主动方式,如果不能及时有效地转变活动方式,将会感到对工作难以适应。

4)社会规范不同

学生角色的社会规范多是从培养、教育的角度出发,以促使其以后能顺利成长为合格的人才。而职业角色的社会规范和要求的行为模式,因职业的不同而不同。这些模式既具体又严格,若违背了就要承担一定的责任,甚至法律责任。

5)生活管理方式不同

大学生的学习生活是一种集体生活,一般住学生公寓、若干人同一间宿舍、在集体饭堂用餐,学校实行统一的生活作息制度,提出统一的行为规范,大家按照统一的时间表、同样的要求进行学习和生活,违反了纪律还要受到处罚。而成为从业者以后,单位只在工作时间对员工提出要求,其他时间主要由员工自行支配。在遵守国家法律法规和社会公德的前提下,员工在生活上享有很大的自由,没有严格统一的管理方式,因此,职业角色对毕业生的独立性与自我管理能力提出了更高的要求。

6)认识社会的内容和途径不同

大学生是受教育者,对社会的认识、了解主要来自书本和课堂学习,认识的途径主要是间接的,认识的内容主要是理论性的,对社会的期望值也很高,有完美的理想,充满浪漫的色彩。从业者则通过亲身实践加深对社会的认识、了解,认识的途径是直接的,认识的内容主要是实践性的、具体的、带有现实主义的。理想与现实总是存在着一定的差距,有的毕业生进入社会后,仍习惯用在学校时的思维方式去认识社会,因此,遇到现实矛盾容易困惑、迷惘、彷徨甚至失望,无法适应工作环境,难于转换角色。有的毕业生则能正确认识这一差距,通过艰苦努力的拼搏,最终实现了理想。

7) 人际关系不同

学生的主要任务是掌握科学文化知识,提高自身的素质和能力,这主要取决于学生本身,竞争只是促进学习的手段,并未从根本上影响学生的利益,因此学生的人际关系是比较简单的。而成为职业人员后,竞争是不可避免的,竞争的胜败直接关系到利益的分配,由此决定了职业人员间的关系是相对复杂的。

8) 评价标准不同

学校评价的标准比较集中、单一,且主要是智力;而社会评价的标准是多样化的,最终是看贡献——满足社会需要的程度。同时,学校评价学生的时候,注重发展,给学生改正错误的机会;而社会很现实,不相信"期货",不等待个人成长,不给职业人"补考"的机会。

(二) 角色转换的重要性

根据社会心理学的角色理论,大学生从学生角色到职业角色的转变,必然伴随着角色冲突、角色学习和角色协调等一系列过程。因此,大学生在毕业前夕,应该对择业素质、自我评价、职业能力等进行深入细致地了解和调查分析,对自身合理定位,找出不足,提高心理承受能力,加强角色认知,做好上岗前的各项准备,顺利地实现角色转变。而且,大学生顺利实现角色转换,对于自身发展具有重要的意义,具体表现在以下几个方面。

1. 有助于大学生根据职业素质要求完善自身知识结构,确立择业目标

有些大学生考入大学后,完成既定目标便忽略了职业目标设计与规划,丧失学习的主动性和目标性;还有相当一部分大学生在临近择业时,一味地奔波于多个企业之间求职,寻求理想的就业单位,即注重择业的结果,而忽视平时的就业准备,即择业的基础。通过角色认知,有助于大学生强化"学业是择业的基础和前提"的意识,懂得要想在就业竞争中获胜,就必须努力提高竞争的"实力"。因此,这一观念可以指导大学生勤奋学习,全面提高自身综合素质,注重各种能力的培养和提高。如今,学校校园中所出现的"驾照热""计算机热""辅修课热""英语考级热"等,都是大学生为适应角色转变、实现人生理想所做出的积极努力。

2. 有助于大学生为将来的成才和创业夯实基础

从学生角色到职业角色的转变,实质上是从继承知识和储备知识向创造性地运用知识和创造知识的转变过程。一个企业发展的关键在于技术创新,而人才的本质特征就是创造性或创新性。能否主动地、较快地、顺利地实现角色转变,通过创新性劳动创造经济效益和社会效益,反映出毕业生的素质和能力的高低。以积极的态度,主动适应岗位需要,投身于职业实践之中,不断积累知识和经验,调整和完善自身的知识和能力结构,将会为将来成才和创业打下扎实的基础。

3. 有助于大学生尽快适应职业生活

完成大学学业,走上工作岗位,依靠自身的职业劳动维持生存,实现人生价值,这是大学毕业生人生征途上的一个重大转折。在这个人生转折过程中,谁能够主动地、尽快地从学生

角色进入职业角色,实现角色转变,谁就能够在事业之初掌握发展权。在大学毕业生最后一个学期,常是毕业实习、就业实习、工作实习三者并重,毕业生要合理规划,争取在这个学期就尽快进入职业适应期,提前完成角色转变。

4. 有助于大学生在激烈的人才竞争中脱颖而出

作为高等教育大众化阶段的毕业生人才面临着人才市场的竞争加剧,竞争是无情的,适者生存、优胜劣汰是职业社会中的常态。大学生初次进入从业大军中必然面临着来自各方面的挑战和竞争,只有尽快进入职业角色,尽快熟悉业务,才能在激烈的人才竞争中稳操胜券,脱颖而出。

（三）角色转换的过程

角色的转换不是瞬间发生和完成的,而是一个渐进的过程。通常而言,角色的转换包括获取角色和承担角色两个过程。

1. 获取角色

对于大学生而言,所谓获取职业角色,其实就是择业。毕业生与单位的双向选择,找到自己满意或相对满意的工作,双方签署雇用合同。毕业后,毕业生到工作单位报到,从此步入工作岗位、步入社会,从这一刻开始,毕业生就已经获取了雇员角色。

2. 承担角色

获取角色只是角色转换的起点,承担角色才是角色转换的目标。承担角色包括形式上的承担和实质上的胜任。大学生在校园中,主要是学习书本知识,较少接触实际,缺乏实际解决问题的能力,因而在工作的初始阶段,必然会遇到困难与挫折,还不能自如恰当地处理问题、高效地工作。这时,只是在形式上承担了雇员角色,还没有胜任这一角色。只有在不畏惧艰苦、勇于开拓的精神激励下,虚心求教、勤于实践并积极探索,使自己具备承担雇员角色的素质与才能并得到领导与同事的认可时,才能称为胜任工作。只有到这一阶段,角色的转换才算完成。

（四）角色转换的阶段

学生角色向职业角色转换是一个艰苦的过程,通常会经过以下几个阶段。

1. 在校期间的角色转换

在校期间的角色转换对于大学生来说是一个重要的阶段,虽然大学生在校期间的任务是学习,但是由于大学是进入社会、走进职场的最后一个门槛,所以大学生在校期间也要注意角色的转换。

1）培养良好的学习习惯

在校期间,大学生要自觉培养广泛学习各方面知识的习惯,用渊博的知识丰富自己。对于当今大学生而言,如果只是一味地钻研专业,在毕业选择工作时,就会有很大的限制,也会显得无所适从。因此,大学生应该从进校起就培养学习各方面知识的习惯,广泛地培养自己的兴趣爱好。

2）培养良好的交际能力

把学校看作一个社会,学会良好的人际交往,通过加强与同学之间的沟通与交流来锻炼自己。性格孤僻、害怕社交的同学往往在工作中不能很好地展现自己,不能把自己的才华推销给领导,自然也不会受到领导重视,因此大学生在校期间不能仅仅凭自己的好恶决定与谁交往、不与谁交往,而是要学会与各种人打交道。

3) 积极参加社会实践

大学生在校期间,学校通常会组织一些课外实践活动,大学生应该踊跃参加,不仅能拓展视野,还能提高自身的实践能力,这些实践能力对于大学生毕业以后的就业会有很大的帮助。

2. 毕业前夕的角色转换

这里所说的毕业前夕是指从大学生签订就业协议到毕业离校的这段时间。在这段时间内,大学生应该有针对性地学习知识、培养能力,提前奠定良好的心理基础和知识技能基础。

1) 重视毕业实习和毕业设计

学习与未来工作岗位有密切联系的专业知识和专业技能。大学的课程设置总体上偏重于基础知识的学习和基本技能的培养,而不一定涉及特定岗位所需的专业知识和技能。毕业实习和毕业设计是毕业生步入职场前的一个必要的过渡阶段,是了解职位要求、锻炼实践能力的重要渠道。通过毕业实习和毕业设计,学生可以将自己所掌握的理论知识运用于实际,既有利于书本知识的理解和巩固,又能够通过实践发现自身的不足,对自己的知识结构进行必要的补充和调整,提高观察、分析和解决问题的实际工作能力。

2) 进行非智力因素技能的训练

非智力因素包括情感、意志、兴趣、性格、动机、目标、抱负、信念、世界观等方面。大学毕业生智力上的相差并没有太大,而非智力方面的技能却是影响毕业生择业、就业和创业的重要因素,所以大学生应重视非智力因素的训练。大学生要敢于表现自己,充满自信,在公众面前不缩头缩脑,往往会给人留下良好的印象。加强书面表达能力和口头表达能力的培养,善于表现自己,往往会使毕业生在工作中脱颖而出。在与人交往的过程中要诚恳而不谦卑,自尊而不倨傲,在与他人的竞争中做到争而不伤团结,赛而不失风格,获胜不忘形,失败不失态等,往往更能赢得单位领导和同事的信任和赞誉。

3. 试用期的角色转换

刚刚走上工作岗位的大学生,要经历试用期的考验,而试用期往往决定了大学生就业的成败。大学生只有在试用期被考核合格后才能转为正式的职业人。因此,在试用期内,大学生应充分做好角色转换,以使自己成为真正的职业人。

1) 要调整好生活节奏

在校期间,大学生学习和生活的条件比较优越,空闲时间和自由支配时间比较多,节奏也比较缓和,压力较小;成为职业人后,来到了一个生活节奏全然不同的新环境,只有主动调整自己的生活节奏,才能尽快适应新环境。首先,作息时间的变化要适应。其次,要学会调整原来的生活习惯,培养新的生活习惯,顺利度过异地生活关。最后,要学会安排自己的业余生活。在学校课后有作业,晚间有自习,周末有丰富的文化活动。参加工作以后,业余时间的学习和文化生活,主要靠自己来安排或支配。不善于支配自己的业余生活,同样很难适应新环境。

2) 要学会了解职业

对职业的态度是建立在职业认识的基础之上的,包括对国家的就业政策、劳动力市场的供求，以及对从事职业的性质、任职资格、报酬、优缺点的认识。可以通过多次参与职业招聘会了解政策，在实际中寻找方向与目标。

3）要重视岗前培训

岗前培训对于刚刚走上工作岗位的大学生的角色转换是非常重要和必要的。它不仅是让新员工了解单位的基本情况，熟悉规章制度和工作程序，更重要的是通过岗前培训来树立集体主义观念，培养人际协调能力和奉献精神。从某种意义上讲，岗前培训可以直接反映出新员工的素质高低，因此单位都非常重视，并依此择优录用，分配岗位。大学生一定要以认真的态度把握好这样一次充实自己、表现自己和提升自己的良机。

4）要安心本职工作

安心本职工作是角色转换的基础。刚走向工作岗位的大学生，应尽快从学生的状态中解脱出来，全身心地投入新的工作中。只有在工作中，人们才会有归属感和安全感。把第一份工作作为了解社会的一个窗口，利用第一份工作来重新认识自己，来适应社会，完成从学生到职业人的转变。在这个过程中，要给自己一个计划，进行冷静的思考。

5）要发展健全的职业自我概念

职业自我概念的发展基于学生对自我的认识和对工作的认识，在此基础上形成个人对职业的态度、对劳动的态度，以及职业责任感、社会责任感、道德和职业价值观。学生只有具有了健全的职业自我概念，才会根据自己的身心特点、个人的能力及价值观进行工作，从学生转变为职业人。

（五）角色转换的原则

大学生角色转换的完成需要很长的周期，而且过程十分艰苦，因而需要坚持不懈的努力，并在角色转换的过程中注意以下几个原则。

1. 增强社会责任意识

大学生在校期间，社会对其评价主要看其学习是否勤奋、品行是否端正、成绩是否优良，而这些通常都被看作是个人的事。大学生在进入工作岗位后，其工作或服务的效率、质量、贡献等不再简单地被看成是个人的事情。而且，社会对职业者的评判，主要是从其承担的社会责任方面进行的。因此，大学生在走上工作岗位之后，要时刻意识到自己所从事的工作和社会发展关系，并要明确自己应对社会承担的责任。同时，大学生要依照职业角色规范的要求，提高自身的职业道德，加强自身的职业素质，履行自己应尽的社会义务。

2. 增强独立自主意识

大学生在校期间，由于过分依赖家庭资助和家长的关怀照顾，依靠学校的教育和管理及社会多方面的精心呵护，普遍都存在着自主意识缺乏，以及独立生活能力差的现象。但当他们成为职业者后，要将自己掌握的知识与能力通过提供服务或劳动的方式回报给社会，就需要提高自主意识。与此同时，个人生存和发展的压力、支撑家庭的压力及社会竞争的压力等也向其提出了增强自主意识与自立能力的要求。因此，大学生要实现职业角色的转换，还需要增强自主意识，提高独立工作能力及自立能力。

3. 增强职业角色意识

大学生刚刚步入工作岗位，需要增强职业角色意识，对角色的任务、责任及工作要求有充分的认识,以便准确及时地进入职业角色。从学生角色转换到职业角色的基础是爱岗敬业,大学毕业生在进入工作岗位后,要尽快脱离学生学习生活的模式,认识到学生角色和职业角色的差异,并遵守职业角色规范,忠实履行职业角色的义务,正确行使职业角色的权利,进而使自己的言行适应职业角色的内在要求,全身心地投入工作岗位中。

4. 提高心理调适能力

在角色转换的过程中,大学生往往会面临新旧角色的冲突。但有些大学生由于受到社会因素、家庭因素或是自身认知能力、人格心理发展意志品质及情绪感等因素的影响,对角色转换的实质不能进行正确地认识,或是在角色转换的过程中不能持之以恒,导致自己的心理与职业角色的社会地位、作用和要求不相适应,于是在从学生角色到职业角色的转变过程中出现了很多的心理困扰,如依恋心理、畏惧心理、自傲心理、失衡心理等。这些心理问题如果得不到正确有效的调适和矫正,就会严重阻碍大学生的角色转变,进而直接影响大学生个人的成长和工作。因此,注意调整、控制、改善自身的心理,是大学生在进行角色转换时必须要遵循的一项原则。

(六) 角色转换的障碍

大学生在进行角色转换时,往往会面对一些障碍,其中影响较大的有以下几个方面。

1. 思想认识障碍

大学生在社会上被视为"天之骄子",这个"光环"使他们产生了强烈的优越感,这种优越感被带入工作之中,就会令其表现出目中无人、自以为是、高高在上的优越感,他们常因文凭、学位或毕业的学校而自视甚高,很难给自己的工作做出一个恰当的定位。表现为在工作中挑三拣四,只想做高层次工作,看不起基层工作和基层工作人员,甚至认为一个堂堂的大学毕业生干一些不起眼的事是大材小用,有失身份;对领导的工作安排不是不满意,就是不服从;在处理与同事的关系上,则目空一切、自命不凡,不能虚心地向有经验的同事学习。这些情况的出现,往往会产生与实际工作不相符的思想认识障碍。

2. 心理障碍

(1) 社会心理障碍。毕业生初涉社会,对如何在社会中立足等问题缺乏必要的心理准备,对某些社会现象不能正确看待,对社会现实感到迷惘、困惑,这种对社会的不满情绪或恐惧心理,如果不加以及时调适,就会导致社会心理障碍。

(2) 职业心理障碍。职业目标定位太高或不切实际,一旦目标难以实现,便会产生失败感或挫折心理,从一开始的踌躇满志、准备大干一番事业、争取有所作为,到认为领导对自己不是很器重、工作不是很满意、对前途忧心忡忡、觉得鸿鹄之志难以实现,进而有的人产生了不安、焦虑心理,有的人甚至自暴自弃,以致不能正视本职工作,形成职业心理障碍。

3. 社交障碍

校园多为师生关系、同学关系,单纯且直接,彼此之间不存在太多的经济利益冲突,因而交往起来比较简单。初到工作岗位,所有的一切都是全新的,不仅工作内容需要去熟悉、去掌握,而且如何处理好与领导、同事之间的关系,如何与各种各样的人进行交往,也是一个非常棘手的问题。个人在单位的工作经历、专业技术知识、工作水平绩效和工作中的人际关系都将对自己的未来产生重大的影响。刚刚踏上工作岗位的毕业生往往没有充分的心理准备和人际交往的成功经验。当感觉到人际关系复杂、交往困难的时候,不能冷静、积极地面对,往往会因畏惧人际交往而走入自我封闭的误区。而这种自我封闭的心理又反过来进一步影响人际关系的协调,以致于影响对工作岗位的适应,使自己陷入困境。

4. 心态浮躁

心态浮躁,无法静下心来,频繁更换工作,情绪浮躁,不能静下心去钻研业务、提高技能。这些都是工作中不切合实际的空想、不踏实、不稳定的急躁情绪。只有坐得住板凳、平心静气、全神贯注,才能真正地提高自我的能力与素质,并得到领导的赏识与同事的信任。

5. 依恋学生角色

一些毕业生参加工作以后,易出现怀旧心态,常常会自觉或不自觉地将自己置于学生角色来要求自己和对待工作,以学生角色的习惯与方式观察事物、分析事物。面对复杂人际关系和职业责任压力,不禁会留恋相对单纯的学生时代。

6. 眼高手低

任何事物发展皆有循序渐进的过程,不愿从小事做起,这种现象在优秀毕业生群体中普遍存在。但每个毕业生都需在实践中接受磨炼,把眼睛放低,一点一滴地积累,逐步地提升自我价值。刚刚进入岗位,具体做什么其实并不十分重要,能否获取日后成就事业所必需的能力、经验与素质才是至关重要的,而且,开始做一些小事情,心理会十分放松,也更有利于发挥实际的水平。从某种意义上说,做小事蕴涵着做大事的规则和哲理,同样能够培养分析问题、解决问题的能力,养成良好的工作作风,提高人的综合素质,甚至能锤炼人的意志品格。只有小事做得好、才能有做大事的机会。

7. 工作消极被动,缺乏自觉性与独立性

一些大学毕业生在工作中,全靠领导安排任务,安排多少干多少,对自己的工作性质、范围、相互关系还没有足够的认识。在履行角色义务、掌握支配角色权利的尺度、遵守角色规范方面存在着一定的差距,不能独立承担职业义务。

8. 希望竞争又害怕竞争,产生畏惧心理

毕业生不希望论资排辈,而是希望到一个充满竞争的环境中去,因为竞争会体现公平,会带来脱颖而出的机会。但是真正面对竞争的时候,又往往心存畏惧,害怕表现不好遭到别人的嘲笑,害怕尝试,害怕失败,害怕留给领导及同事不良的第一印象等。这种心理的存在,往往会使人在工作的时候放不开手脚,患得患失,缺少"初生牛犊不怕虎"的朝气与锐气,反而影响了自己能力的显示与发挥。

9. 计划不如变化快,无法支配时间

毕业生开始做第一份工作时,都非常兴奋,但当连续不断地会见领导和完成工作之后就陷入了困境。首先是从来就没有想到工作开始就这么累,既需要集中精力工作,又要学习各种知识,结识新人,早出晚归。其次是希望努力表现,给雇主留下一个良好印象,但是由于知识、经验、效率、方法、技巧等条件的限制,许多计划常常落空,变化比计划快。这种情况的改变需要三个月到半年的时间。

（七）角色转换的方法

1. 调整心理状态

1）树立新的就业观念

高等教育在当今市场经济条件下得到了大力的发展，毕业生数量迅速增加，为用人单位提供了更多的选择机会，但却出现了就业难的现象。在这种形势下，毕业生必须树立"先就业后择业"的观念，即珍惜第一份工作，先自食其力，站稳脚跟，积累经验，丰富知识，然后再进行择业，选择更有前途、更适合自己的工作岗位。选择职业是选择自己的人生道路。因此，作为即将毕业的学生要树立自立精神，克服从众心理，正确分析自己的条件，根据个人的情况选择适合自己的岗位，只有适合自己的才是最好的。

2）做好充分的思想准备

毕业生要做好吃苦受累、从事基层工作及遭遇挫折的准备。为了使刚刚毕业的学生能全面了解工作范围和内容，同时，为了使刚毕业的学生能得到充分的锻炼，用人单位往往将初次走向工作岗位的毕业生安排到基层工作，做一些不起眼的小事。有的毕业生因为没有做好思想准备，会认为大材小用，不热爱这份来之不易的工作。

3）勇敢地走上工作岗位

自信是事业成功不可缺少的根基，也是毕业生重要的心理素质。用人单位非常注意这一点，也会把心理素质的高低作为衡量毕业生综合素质的一个重要标准。每位毕业生，只有树立自信心，才能勇敢地走上工作岗位，才会全身心投入工作中，干好工作。

2. 培养职业兴趣

要做好自己的工作，便要对这份工作感兴趣，要热爱这份工作。因此，培养对职业的兴趣非常重要。毕业生在选择工作时，应对即将选择的工作性质和内容有所了解，明确该工作在社会中的地位，明确从事这种工作的责任。

二、职业适应的内涵

（一）职业适应的含义

职业适应是指个体在职业认知和职业实践的基础上，不断调整和改善自己的观念、态度、习惯、行为和智能结构等，以适应职业实践的发展和变化。适应的实质，就是个体由自然人向社会人的转化。大学毕业生告别学生时代，从走进职业生涯到适应职业生活，要经过职业实践、职业规范、职业环境、职业文化等的观察、认知、领悟、模仿、认同、内化等一系列的学习和实践过程，才能达到对职业的能动的适应。

初入职业行列的毕业生，由于对职业角色的认知和理解不深，很容易发生角色偏差或角色错位。因此，学习职业角色的权利和义务，掌握职业角色规范，遵守职业角色的行为模式，增强对职业角色的认同感和归属感是非常必要的。

（二）职业适应的内容

大学生的职业适应，具体来说包括以下几方面的内容。

1. 角色适应

角色适应就是对工作岗位的主动适应,即对职业的地位、性质、职责的适应,最大限度地创造"人岗适配"的经济效益和社会效益。不少大学毕业生在就业初期,便碰到"角色"适应这个问题。有的人不能及时地转变思想观念和行为习惯,不能及时地调整自己的奋斗目标和人生期望值,不能用职业的行为规范要求自己,不会运用所掌握的知识和才能来完成岗位效益,因而就不能很好地履行岗位职责,难以适应职业的规范要求。

2. 心理适应

心理适应是指毕业生的大脑对职业的各种信息引起的各种心理过程,感觉、知觉、情绪、情感、意志、性格等都有一个适应过程。其中,情感上的适应更为重要。情感是人对外界事物的心理反应,生活环境和生存环境的变化,促使毕业生必须调节自己的情感与之相适应,要对从事的岗位保持一种稳定的工作热情和适度的期望值。部分毕业生在就业初期,都不同程度地存在依赖、从众、恋旧、畏惧、攀比、浮躁、空虚、迷惘、苦闷、自卑等不良心理。此时,如果不及时调整和矫正这些不良心理,必然影响工作及个人的成才和发展。

3. 生理适应

生理适应是指毕业生对工作时间和节奏、劳动强度和紧张程度的适应,其中包括身体各种感觉器官与运动器官的适应过程。环境的变化,主要表现为"时空"概念和生活方式、工作方式的变化。不同职业的工作节奏、劳动强度和工作压力是不一样的,例如外科主治医师长时间在手术台边工作,对身体素质要求非常高;中小学教师工作节奏快,作息时间严格,劳动强度大,生活紧张等。在从业初期,毕业生打破原有的长期的生活习惯,进入一种紧张、有序、强调时效的工作和生活节奏,难免出现身体疲倦、头昏脑涨、心力交瘁的感觉,这种不适应是常有的。随着时间的推移,注意科学规范时间、劳逸结合,适当加强身体锻炼,适应工作、生活节奏的变化,生理上的"不适应"会很快消失。

4. 群体适应

群体适应是指毕业生在新的协作集体中的适应过程。社会群体是人们通过一定的社会关系结合起来进行共同活动的集体。大学生本身也构成一定形式的"社会群体",它是以同学关系建立起来的。这个群体呈现出相对的单一性和不稳定性。毕业生到职业岗位后,加入新的"社会群体",人员对象和人际关系发生了变化。以往身为学生,交往对象主要是同学与老师。工作后,交往对象扩展到有各种经历、各种年龄、各种层次的人,同领导和同事的交往与在大学阶段与同学和老师的交往不同,这就需要毕业生注意协调好各种人际关系,以适应新群体的要求。

5. 智能适应

智能适应是指毕业生根据职业岗位所要求的知识和能力结构,来调整改善自身的知识和能力结构,使之适应职业岗位要求的过程。智能一般分为9种类型,包括事实的智能、解析的智能、语文的智能、空间的智能、艺术的智能、应用的智能、身体的智能、预感的智能、交际的智能。大学生在大学期间所构建的知识结构和能力结构,能否与职业岗位相适应,必须经过实践的检验。毕业生要把自己的知识和能力转化为生产力,需要经过主观的努力。更重要的是,在知识经济时代,知识更新的速度越来越快,职业实践的发展和变化更加迫切地要求毕业生不断地调整、改善自己的知识结构和能力结构,以不断适应科技发展和职业实践发展的需要。

(三)职业适应的阶段

大学生的职业适应,从时间上来说会经历以下几个阶段。

(1)陌生阶段,或不适应阶段。

(2)思考调整阶段,即一边工作、一边思考一些问题,调整自己的思想、心态、知识与能力结构,摸索适应职业生活的方法。

(3)协调与适应阶段,即对职业岗位基本适应的阶段。

需要注意的是,大学生在进入工作岗位后,要尽量缩短前两个阶段的时间,以便尽快进入第三个阶段。同时要明确职业适应不是绝对的,而是相对的。这是由于科学技术和职业实践是不断发展的,当旧的问题解决后,新的问题就会出现,因而人们对职业生活的适应是一个连续不断的过程。

三、职业适应的影响因素

大学生的职业适应会受到很多因素的影响,其中较为重要的因素有以下几个。

(一)理想与现实之间的距离

理想工作与现实工作之间的距离可能会引发情绪低落与不适应。每个人在进入职场之初,都不免有所构想,特别是受过高等教育的人,都希望能够获得一份物质待遇好、社会评价较高、体面光耀的职业。但是,由于社会经济发展需要、劳动力供应状况等原因的制约,人们往往无法立即找到完全符合自己理想的工作,可能一开始只能找到一份并不理想的工作。这很容易引起就职者的心理落差,觉得自己屈尊就下、大材小用,从而对工作产生抵触情绪,消极怠工,或盲目自大、自高自傲,深感怀才不遇、怨天尤人。这些心态无疑都不利于个体对当前职业的认知、了解、深入和接受,便也难以适应工作岗位。此外,职业的现实也不一定符合人们的期望。按照某种预期设想进入某种职业的人们,会突然发现实际工作中的复杂性,情况不是完全按照他们的期望进行和发展的,这包括工作的内容、性质,包括管理者的风格、措施,包括工作环境条件和人际氛围等。面对实际,理想动摇了,便容易产生不适应感,其程度如何,要视期望和现实的差距、视个人对待客观冲击的主观态度、视其原有期望的固执程度、视人们自我调适的能力大小等而定。

(二)角色转换的效果

对于不同的角色,人们都按社会规范,对其有一定的角色要求和期待。选择或变动职业,就涉及一个角色转换的问题。不同的身份、地位,就要扮演不同的角色,就要遵循不同的角色要求,就要处理不同的角色关系。然而,一个人原有的行为方式和思想观念都会形成一种心理定式,在新的环境条件下发挥一种"惯性作用"。在转换新角色时,由于新旧角色间的差距,往往易发生角色冲突,产生各种矛盾,搅乱平静的心境,引起思想情绪的波动,从而产生不适应感。对于刚毕业的大学生来讲,必须清醒认识到学生角色与职业角色在活动方式、社会责任、自我管理要求等方面的差异并尽快转换角色，为职业适应奠定基础。

（三）观念与素质能否与时俱进

现代社会的科技发展和信息交换，使职业领域的要求和结构处于一种变迁和转换的动态过程之中。为了顺应现代经济社会的发展要求，关于人才素质的观念也在相应地发生转变。其趋势大致分为从"经验型"到"才能型"、从"稳重型"到"开拓型"、从"辛苦型"到"效益型"三种。这些转型，不仅涉及人才素质结构的重建，而且也涉及人们相应价值观念的更新。一些曾一度被奉为"传统美德"的东西在时代浪潮的冲击下，成了相对僵化、保守，不利于发展进步的阻抑因素，而原来秉承信仰这些品质并为之努力奋斗的人们，便会经受转型时期蜕变的困惑和痛苦，产生职业上的不适应感。

（四）工作满意感与职业适应

职业适应性良好，人们才能对工作产生积极的感情反应，即产生工作满意感。工作满意感也表明个体对职业的适应状况。通常来说，只有对工作产生较高的满意感，才能对工作产生积极的感情反应，进而尽快适应自己的职业。

四、职业适应的对策

对于大学生来说，要想在短时间内顺利实现角色适应，可以借助于以下几个有效的策略。

（一）客观正视现实，摆正自身位置

大学毕业生走上社会，成为一个社会的真正从业者，开始职业生涯的探索。随之而来的是要面对全新的生活理念、陌生的工作环境、更高的规范要求，如不能在尽可能短的时间内正视现实并正确认识自我，将这些客观因素转化成自身文化素养，及时完成人的社会化过程，就很难被新环境、新群体所认同、吸纳。此时，既不要陷于畏缩和自卑的误区，也不要陷于自负或自傲的误区。大学生在校期间积累了一定的理论知识，但大部分来自书本，普遍缺乏实践锻炼，刚开始工作不能熟练技术和业务是正常现象，没有必要对自己的弱点进行掩饰，相反应当打破大学生是"天之骄子"造成的心理压力，放下思想包袱，面对现实，重新定位，敢于实践，善于请教，这样才能把理论知识和实际工作有机地结合起来，最终赢得领导和同事的认可。

（二）慎重择业以达到"人职匹配"

在就业之前，对自己的心理品质、个性特点要有所明确，对各岗位的职业特性、职业信息有所掌握，在此基础上经过必要的咨询指导，有合适而恰当的机遇，个体所找的工作便称得上是最自然、最称心的了。这样的工作容易使个体抱有积极的态度和良好的心态走上工作岗位，更容易适应从事的工作。

（三）保持积极的工作心态，不断提高工作能力

对乏味单调的工作能安心适应，获得满足，秘诀之一是保持积极的心态，即把那些烦琐

的例行事务,看作是通往目标进程中的一些"踏脚石"。在同样的环境中,与消极心态相比,积极心态能产生更好的效果。常常真心真意地对自己说"我觉得健康,我觉得快乐,我觉得好得不得了!"此类的激发词,也会增进人的适应性和满意度,这就是信念的魔力。在保持积极的工作心态的同时,还要充分了解和熟悉工作环境、工作对象的特点和规律,并主动地收集本专业的传统和现状、本单位的历史沿革和发展前景等相关信息,从而对所从事的工作有较全面的认识和把握。此外,还需要勤奋学习,虚心求教,不断提高自己的工作能力。大学毕业生已经具备了获得职业技能的基础条件,即比较扎实的基础知识和专业知识。但是社会角色的适应过程是一个自我不断学习、不断完善的循序渐进的过程。初到工作岗位,自身的知识量不一定足够大,知识结构不一定合理。因此,大学生要根据职业的特点、性质、工作程序及其相互关系,不断学习新知识,增强自身素质和能力,提高工作技能和业务水平。同时,科学的发展和技术的进步,新的知识和技能不断出现,很多知识和能力需要在工作实践中去学习、锻炼和提高。虚心向有经验的技术人员、领导、师傅和同事学习,学习他们观察问题、分析问题和解决问题的方法,不断丰富自己的专业知识,提高自己的专业技能,在工作中才会有自己独特的见解,才能逐步具备独立开展工作的能力;反之,放不下架子、自以为是的人,是很难学到真本领的。

(四)加强心理调适,适应角色转换

走上工作岗位的毕业生,从大学生角色转向了从业者角色,由受教育者转变成教育者、管理者,由依赖型消费者转变为自给型生产者,必然导致工作方式和生活方式的自立化、自主化。作为社会的一员,毕业生既享有成人的权利,又要尽成人的义务。要尽快从昔日校园天真、无忧的生活中走出来,以求实的生活态度、实惠的消费行为、合理的时间支配、高效的工作作风、积极的精神面貌,勇敢地投身新的生活。要加强心理调适,做到"既来之,则安之",增强对单位的热情和信心,建立起良好的职业心理、劳动心理和道德心理,使之与自己的社会角色相互适应和协调发展,以缩短角色转换和心理调适期。

(五)增进职业选择弹性,理性对待再次择业

培养广泛的兴趣,能使人摆脱狭隘的职业观念,拓宽职业视野,在人们面临职业或专业转向时,有更多的选择余地,并作为必要的心理动力,从情感上给予肯定和支持,有利于人的职业适应。而一定的文化知识、职业知识或专业知识,是一切职业活动的必要基础,是人们能按照客观规律从事职业活动的必要保证。具有广博的知识,可以使人们在不同职业中有更多的迁移可能,具有更大的变通性。这也可增强人们的职业适应能力。真正掌握广泛深厚的职业技术固然很好,但人们只要具有一定广度和深度的基础知识,并在此基础上结合需要,能够较为迅速、及时地掌握从事某种工作所必需的知识,人们就能够做好工作,达成职业目标,取得一定的成就,获得工作的满意感。

对社会职业的选择,大学生要根据自己的专业、特长、兴趣等,寻找适合自己的工作,以免走不必要的弯路。但是,因为自身能力、机遇,或者工作单位等方面的变化,一些毕业生就业后需要重新选择职业。这要求毕业生准确把握自己,具体情况具体分析。一方面,要珍惜第一次职业的选择,认真地、实事求是地分析自己对职业不满意的原因。如果因为自己的眼光太高,那么就应当自觉地调整自己,热爱自己的职业,从点滴做起,踏踏实实地工作;如果

因为自己能力不够,那么就虚心学习,不断提高自己的素质。另一方面,如果确实因为客观的原因,经过自己的努力和调整仍难以适应现有的社会职业,可以谨慎地调整自己,重新选择职业。另外,随着人力资源市场的丰富和人才市场的快速发展,人才的流动是个人发展的要求,也是社会发展的需要。"从一而终"的就业观念被打破,职业流动和"适时跳槽"等观念得以确立。因此,大学生既要干一行爱一行,也要准确地把握机遇,谨慎地调整自己的岗位,以更好地发挥自己的聪明才智。

(六)用工作的成就强化职业适应

工作成就与职业适应之间是互为条件、相辅相成的关系。首先,人在工作中都有做好本职工作、有所成就的需要,这种需要的满足会激励人们积极地参加职业活动,会激励人们勇于克服困难并排除干扰,从而提高适应能力。其次,人的工作成就是职业适应性的外部标志,良好的适应会排除掉许多不必要的内损外耗,更易取得工作中的高绩效。最后,在取得了一定的工作成就后,人们会认识到自身的进步,会从来自社会和外部群体的反馈信息中得到赞许,享受成功的快乐,也为职业适应性的提高和增强提供了动力。

(七)建立良好的人际关系,积极适应社会需要

在一个集体中,要想有效地工作,就必须建立起和谐的人际关系,保持心理和行为上最大的一致性和融洽性。刚刚走上工作岗位的大学毕业生,由相对单纯宁静的校园突然踏入纷繁复杂的社会,难免会产生种种的惶惑和不适应之感。在这段时期,毕业生尤其需要建立和谐的人际关系,积极主动地去适应社会。要做到平等待人、互相团结、尊重他人、礼貌生活、宽以待人、严于律己、诚实守信、表里如一,努力学习和掌握与人相处的艺术。如对上级服从而不盲从,为人规矩而不拘谨,上班早到下班迟退,与人相处态度和谐、面带微笑,学会忍让与坚持原则的统一等。具体来说,要想与他人建立良好的社会关系,必须特别注意以下几个方面。

1. 尊重他人,体谅他人

现代社会使平等的思想深入人心,由平等的基础发展出尊重的原则,尊重的原则要求人们在交往中尊重对方的平等权利和独立人格,不能贬损或伤害对方的自尊心。在现实生活中,要真正尊重他人,就要注意敬、诚、信、厚、爱等交往方式。其中,"敬"就是要敬重交往的对方,包括尊重对方的人格、对方所从事的活动及对方的感情、习惯、兴趣爱好和劳动成果。"诚"就是诚实和诚恳,在交往中对人应真诚,不能口是心非、虚与委蛇、敷衍塞责,不掩饰朋友的缺点错误,不说违心的奉承话,对别人的缺点错误不讥笑、讽刺,不幸灾乐祸,以善意和友好的态度对待他人,批评也要与人为善。"信"是信任和信誉,是尊重对方的又一表现,信任还包括理解和肯定对方,以使对方心理得到较大满足,这既是个人立身的基础,又是重视对方的表现。"厚"就是宽容厚道,对待交往者的志趣、爱好、个性特点要宽厚,不要自以为是,强求一致,对待交往者的要求也不能过分和苛刻,不能强人所难,对待交往者的缺点错误要宽厚,要学会体谅和原谅别人。"爱"就是关心人、爱护人、同情人、体贴人,这是尊重交往者的最典型的表现,交往的目的之一就是寻求友谊和支持,爱的给予可以使交往者得到大的满足,使交往向更健康的方向发展,具体方式是在别人困难时给予支持和鼓励,痛苦时给予同情和关心,犯错误时给予帮助和爱护,做出成绩时给予赞扬和感谢。

2. 发现自我，秉持本色

在交往中，应保持自己独立的人格，保持自己个性的稳定性和坚持性，不随声附和、阿谀奉承。在现实生活中，要切实做到这一点，就要注意自尊、自察、自爱、自重、自强等交往方式。其中，自尊就是自己接受自己、自己肯定自己。当一个人不能充分接受和肯定自己时，就可能过分敏感、过分依赖、过于脆弱，也就难于接受他人。因此，一个人要想与别人和谐相处、要想获得别人的尊重，必须首先尊重自己。自察就是了解自己、认识自己、理解自己。只有这样才能更现实、理智、清醒地对待他人和社会，更好地与人交往。自爱是保持和维护自我形象，并且不断丰富和完善自我。在人际交往中，人们总是以一定的自我形象出现在他人面前，他人往往根据这一形象来判断、评价和反应，因此，自我形象既是交往中个体的代表，又是交往中个体的资本。因此，必须珍惜自我形象，认真建树自我形象，小心保护自我形象，并不断丰富和提高自我、完善自我。自重就是自我行为要谨慎、负责，不做有失自己身份的事。在现实生活中有各种各样的诱惑，人们内心也有许许多多的冲动，而其中不少是有悖于社会文明和道德的，如果去做就将被他人所不齿，或者导致交往中的矛盾和冲突。因此，必须在众多的选择中，在外界的压力、诱惑和自己内心的冲动中，选择负责任的行为。这种自我控制虽然要耗费时间和精力，有时甚至是痛苦的，但它是积极的，是有助于加强和改善人们在交往中的地位的。自强就是自我调适和自我修养。没有一个人的自我是恒定不变的，随着年龄和阅历的增长，自我处在不断发展过程之中，必须根据社会的发展和需要调适自我目标，调适自己实现目标的策略和手段，调整自己的认识、情感和需要，使认识与现实更加一致，使情感不致干扰正常的目标追求，使需要和愿望更加现实可行，通过实践内省、借鉴和学习培养自己的良好品质和素质，提高自己的适应能力。

3. 互利互惠，团结互助

利益是人际交往的目的和动力之一，人们投入交往是希望通过协作、配合、沟通，交换、获得或增进某种利益。由于交往双方都有一定的利益，并都带着扩大或增进自己利益的愿望和目的投入交往，因此交往的维系、巩固和扩大就必须是互利的。互利的原则要求人们在交往中必须兼顾交往双方的利益，按照社会公平的标准进行对等的利益交换或互酬，不能只顾及自己的利益而忽略他人的利益，更不能损人利己、巧取豪夺。

4. 培养良好的职业素质，塑造良好的人格魅力

大学毕业生走上社会后，在职业活动中要在大学期间接受良好的"师德"熏陶和系统的思想品德教育的基础上，认真结合岗位的职业道德原则和规范，进行自我锻炼和自我改造，以达到良好的道德品质和境界。其目的在于使大学毕业生结合自己的职业特点，把职业道德的基本原则与规范，自觉地转化为个人内心的要求和坚定的信念，逐步养成良好的职业行为习惯，提高自身的职业素养，成为具有高尚职业道德的、受社会欢迎的职业工作者。具有良好的职业素养和良好的人格魅力是建立和谐人际关系的催化剂，大学毕业生需要从以下几个方面注意提高自身的职业素养和人格魅力。

1) 诚实守信

诚实守信是做人的基本准则，"人而无信，不知其可"，要做到言行一致，说到做到，不欺诈、不虚假，说话办事实事求是、遵守诺言、讲求信用。对领导和同事要讲求忠诚，对客户信守契约，反对欺诈。这样即使在交往中发生一些误会和矛盾，也会相互谅解。

2）谦虚谨慎、尊重他人

初到一个新环境,从零开始,所有的人都应当是自己的老师,不管其职务尊卑、收入多少、年龄大小和文化高低,要尊重他们的人格和情感,尊重他们的劳动,虚心请教,这样才能赢得他人的尊重,也容易建立和谐的人际关系。

3）平等待人、不卑不亢

不要以貌取人,不要把同事分成三六九等;不要领导至上、群众至下;不要有用近交、无用就远交。这些是极其有害的。

4）乐于助人、利人利己

一个人每前进一步,都离不开别人的帮助和支持。在同事有困难时应当热情相助,不能袖手旁观,更不能幸灾乐祸、损人利己。患难见真情,只有热情帮助他人的人才会得到别人的帮助,才会赢得别人的认可和赞扬。

5）宽以待人、严于律己

对人宽容大度,多一些理解和谅解,而不斤斤计较。比如,在工作中出现失误或者过错时,要勇于剖析自己,主动承担责任;当同事做错了事或者造成损失时,要善意地指出,热情地帮助。只要坚持以严格的规范要求自己,以宽厚的态度对待别人,就能营造一种和谐的人际关系氛围。

5. 积极主动建立新的社交圈子

一些大学毕业生从校园跨入工作单位后,往往有一个孤独感时期,昔日好友各奔东西,原有人际圈被打破,面对陌生环境,出现第二次心理断乳期,他们在寻找一种新的归宿感。环境对一个新来者或多或少地存在排斥感,尤其单位里的老同事,如果新来者不积极主动接触老同事,一段时期内很难融入新环境。性格开朗者会很快地调整适应新环境,而性格内向者就需要大胆突破性格束缚,先攻为上,主动向他们伸出友谊之手,主动向他们表示你的友好态度。人际关系专家提出忠告:"采取'别人都是喜欢我的'这一基本态度,将会发现事实真是这样。采取'别人都想和我做朋友'这一基本态度,经验也会验证这个想法是对的"。人们之间的喜欢经常表现出相互性,即人们喜欢的往往是那些喜欢自己的人。因此,要想得到别人的喜欢,首先要喜欢别人。

6. 尊重上级,服从安排

一位下级是否有良好的工作环境,是否有不断提升的机会,是否有健康的心理,乃至是否成才,都同与上级相处得如何有密切关系。人们常说"世有伯乐,然后有千里马。"千里马尚须经伯乐发现,在现实生活中一位下属要在工作中取得成绩,不断进步,除了自身的不断努力外,还必须得到上级的关心和支持。因而处理好与上级的关系,是非常重要的。首先要了解领导,了解他的工作作风、习惯、爱好等,如果自己的工作作风与领导不一致,必须修正自己,以适应上级的工作作风与习惯,而不可能让上级适应自己的工作作风与习惯;其次要尊重上级,对领导的尊重及在此基础上的服从,是一个下级应遵守的行为准则,也是建立良好的上下级关系的前提条件,没有哪一位上级喜欢一个目无尊长,不服从命令的下级。

作为下级的大学毕业生,要与领导建立一种和谐的关系,就要尊重领导,自觉服从工作的安排,力争圆满完成领导交办的任务。对于确实难以完成的任务,或者领导有不足之处,要维护领导的威信,不要当众拒绝领导的安排,而要事后向领导单独解释。这样就会得到领导的肯定,处理好与领导的关系。

与上级相处是双向的,不是单向的,不是凭一个人的主观愿望就能解决的问题。个人的努力是一方面,上级接不接纳又是另一方面。在与上级关系中,大学毕业生一般是处于被动地位的,也许经过许多努力仍然无法与上级建立一种和谐的人际关系,此时不必沮丧,记住这个建议:"假如上级对你不满,而且无法得到谅解,最好申请调离,没有必要再让自己处在一个有百害而无一利的是非之地中"。

(八)做好职业规划,脚踏实地奋斗

大学生走上工作岗位,开始了人生旅途中的一段新征程。然而,通往成功之路并不平坦,只有确立合适的目标、经过长期的艰苦奋斗,才能取得事业的成功。大学生职业规划的目标,既要有一定高度,又要有可行性。目标短小,往往会被眼前的利益所左右,迈不开前进的步子;目标过于远大,容易心情浮躁,常常会被轻微的挫折所打击,甚至打败。

大学生在确定了职业规划的目标后,就需要脚踏实地来实现这一目标。在这一过程中,形成踏实的工作作风尤为重要。因此,大学生应仔细认真地做好每一个工作,为此要特别注意以下几个方面。

第一,要循序渐进,坚持不懈。

第二,要勤奋努力,坚定不移。

第三,要大处着眼,小事着手。

第四,要认真细致,精益求精。

第五,要不断总结经验,不断提高。

(九)处理好个人价值观与单位文化的冲突

1.分析差距,认同单位文化

每个单位都有其在发展中形成的文化,大学生新进入一个单位,必然会带来自己长期形成的价值观,而这些价值观不一定与新单位的价值观完全相容,出现自身价值观与单位价值观的冲突在所难免。这时最应该做的就是理智分析价值观的差距及其形成的原因,并尽力缩短这一差距,自觉认同单位文化,融入组织之中,这样不仅能创造和谐的工作环境,还有利于自身的身心健康。

2.关注单位发展,增强团队意识和参与意识

任何个人都不可能游离于组织之外,都需要依赖组织谋发展。大学生从走上工作岗位,必须随时关注单位的发展进步,牢固树立"众人拾柴火焰高"的团队意识,积极参与单位的发展建设和活动,既不要恃才傲物、自视清高,也不必缩手缩脚、羞于见人,切忌搞小圈子,拉帮结派。

3.加强自我激励,对单位充满信心

无论是单位还是个人,在成长发展过程中都会遇到困难和问题,这时就必须加强自我激励,增强克服困难的勇气。同时要对单位充满信心,这样才能看到希望,才能激发奋斗的动力。

（十）积极塑造良好的自我形象

良好的职场形象不仅能够提升个人的品牌价值,而且能提高自己的职业自信心。大学毕业生刚到一个新的工作环境,同事们总会以一种好奇甚至挑剔的眼光进行打量,他们会通过大学毕业生的一言一行对其品头论足,而先入为主的第一印象通常会给人留下最鲜明、最深刻、最持久的定式。因此,大学生必须注意自我形象的塑造。具体来说,大学生可从以下几个方面着手对自己的形象进行塑造。

1. 外表仪态

衣着服饰是一个人文化素养的外在表现,人们通常会根据一个人的衣着外表来判断他的品位。如果一个人对自己的着装和修饰随随便便,他很可能被看作是不修边幅甚至是放荡不羁的人。一个职业者穿着打扮应该与所在单位的文化环境、周围同事保持一致。不同单位的着装要求虽然各异,但对刚走上工作岗位的大学毕业生来说,首先必须合乎单位大多数人的习惯,其次再考虑自己的身材特征、个性爱好及身份。如果对单位还不太了解,第一天上班的衣着应尽量普通大方、整洁得体,头发长度适中,双手洁净,使用化妆品要谨慎。

2. 言谈举止

言谈举止在人们日常待人接物时显得尤为重要,而亲切、热情、诚恳、讲道德、重信用、守纪的行为举止,总能给人留下美好而难忘的印象。所以,在与他人交往中,应热情坦诚、文明礼貌,应努力发现别人感兴趣的话题,不应过多谈论自己。同时,还要善于倾听别人的言论,不应随便打断别人的谈话。如果发现看不惯的现象或对某些问题有不同意见时,不要随意议论、轻易否定。为人处世要讲道德、重信用,如果确实有难处一定要通过适当的方式争取对方的谅解。

3. 工作作风

良好的工作作风应该表现为服从工作安排,接受领导指示;准时上下班,完成一件工作后及时返回工作岗位;拥有积极的工作态度;按照规定的操作程序工作;能接受临时指派的工作;当同事需要帮助时能主动协助工作。切忌懒散、浮躁、漫不经心、丢三落四、虎头蛇尾。还要注意,不应长时间接打私人电话,不应长时间在办公室接待同学亲友,不应随便串岗,更不能随意翻看他人的办公桌、公文、信件。

4. 严守秘密

有些保密性较强的单位,对工作人员的纪律要求较严,比如军队、安全部门、公安部门等,到这些单位工作的大学生,应当严守机密,不要随便向外人透露内部情况(相关部门要做培训)。在日常生活中,不得随意传播同事的个人秘密或小道消息。

5. 尽快熟悉工作,明确岗位职责

刚到公司,所有的工作对大学毕业生来说都是陌生的,诸多事情都不知如何办理,因此多向同事请教是快速进步的方式。要有一种从零做起的心态,放下架子,尊重同事,不论对方年龄大小,只要比自己先来公司,都是自己的老师,只有虚心请教,不断学习加上埋头苦干,才能尽快熟悉工作。

6. 积极利用非正式场合熟悉周围的同事

充分利用闲暇时间或集体活动的机会,与同事一起沟通交流,增进相互了解。这不仅能

让大学毕业生获得更多的快乐和放松、释放内心的压力,更有助于培养和谐的人际关系。

(十一)积极对工作进行适应

大学生在进入工作单位后,更直接、更具体的就是上岗工作。只有熟悉并适应工作,才能够将工作做好,从而尽快完成职业适应。为此,大学毕业生需要做到以下几个方面。

1.积极适应工作岗位

对于大学生来说,对工作岗位的适应可以从以下几个方面着手。

1)积极树立岗位意识

大学生作为职业岗位的新手,要想对新岗位有较为全面的认识和把握,就必须首先树立岗位意识。岗位意识具体来说包括以下几个方面。

第一,独立意识。刚走上岗位的大学生,由于缺乏工作经验和对社会的深刻了解,还存在着一定的依赖性。但是,大学生在工作后要承担一定的社会责任,在工作中独当一面,而且人们也已经将其看成是一个独立的社会人。因此,大学生需要在工作中有意识地对自己的独立意识进行培养,学会自己分析和解决问题,并学会承担一定的社会责任。

第二,责任意识。大学生在步入工作岗位后,大多数都要参与到生产、管理、决策等实践活动中,并对所在的部门与单位承担相应的社会责任和义务。因此,大学生只有具有强烈的责任感,才能够得到用人单位的认同和信任。责任意识主要有两个方面的表现,一是在工作上对所选择的工作有着强烈的责任心,自觉地遵守工作纪律及工作中的各项规章制度,对待工作任劳任怨、善始善终、不浮躁、不懒散;二是对自己的行为和决策负责,在工作前要认真考虑,工作中若出现问题勇于承担责任。

第三,团队意识。社会的发展和进步与人们的密切配合和协作息息相关。在当今社会,任何一个生产过程的组织和管理,仅仅依靠一个人的力量是绝对不可能的,需要团体共同劳动、相互配合、互相协作才能够完成。因此,刚刚步入工作岗位的大学生也需要树立团队意识。

2)积极对岗位的工作内容进行熟悉

大学生对自己所在岗位的工作内容进行熟悉,主要的是了解岗位工作的背景、责任、业务内容、友邻关系,并对本职工作的定位进行明确。具体来说,包括明确自己所在岗位的工作所需要的基本技能;弄清自己所在岗位的工作责任与任务;明确自己所在岗位的工作的执行程序,并依据程序办事;明确自己所在岗位的工作处理事务的工作权限;以饱满的热情、认真的态度和最大的努力完成自己所在岗位规定的任务及领导交办的其他事情;及时将事务的办理和进展情况或是结果汇报至有关部门或人员,以便其对情况及时进行了解和掌握;在执行任务中若遇到无法解决的问题,要及时向有关部门报告;在特殊的情况下,即便是非顶头上司的指令传到自己所在的岗位,也要立即执行,并尽量反馈给自己的上司,以便领导了解自己目前正从事的工作内容;要对单位的生存与发展问题及有助于改进本部门工作效率的问题提出合理化的建议等。

3)积极对岗位的工作要求进行适应

大学生要达到自我职业适应的目的,对岗位的工作要求进行适应是最重要的途径。为此,大学生需要做到以下几个方面。

第一,要树立起主人翁意识。大学生要以所在部门和单位的兴衰为荣辱,要以国家的兴旺发达及民族强盛为己任,树立起主人翁意识,并以主人翁的姿态投入新的工作岗位中。

第二，要严格遵守所在岗位的规章制度。大学生作为一个岗位新手，必须严格遵守并适应新的作息制度，不迟到、不早退，还要注意改变自己过去不良的生活习惯，自觉用工作单位的规章制度来规范和约束自己的日常行动。

第三，要相信自己的能力，树立起工作上的自信。一个人如果认为自己是优秀的，就会自然地将这种感觉从自己的表现中流露出来，并传达给周围的人，进而使周围的人能够感觉到自己价值的存在，使自己在工作中发挥得更好。因此，大学毕业生建立工作上的自信心是作常重要的。

2. 树立终身学习的理念以保持自己所在岗位的优势

学习是伴随整个职业生涯的重要任务，大学生要想在当今社会不被职业淘汰，就必须要树立终身学习的理念，不断地在工作中接受教育，进行学习，以吸收新知识、掌握新技术，进而保持自身在所在岗位的优势。

3. 学会科学有效地进行工作

每一份工作的内容都是十分复杂的，大学生要想使自己的工作进行得有条不紊，就需要学会科学有效地进行工作。为此，大学生要在工作中做到以下几个方面。

第一，有计划性。要按轻重缓急做周密的安排，制订自己分步发展的工作计划。

第二，有组织性。要合理安排好工作时间，使其紧张有序，张弛有度。

第三，有效率性。规划好工作进度，提高工作效率，创造优异的工作业绩。整天忙忙碌碌但不出成果，并不是一个有效工作者。纠正"只有加班工作，才会得到赏识"的错误观念。

第四，有技巧性。要通过不断的探索和总结，深入了解工作的特点和规律，并在把握规律的基础上采用一定的方法和技巧，达到事半功倍的效果，切忌蛮干。

第五，养成良好的职业习惯。习惯是影响成功的要素之一，应利用习惯来增加工作效率。良好的工作习惯包括准时——不浪费光阴，恒心——工作始终如一，果断——不错失良机，主动——不怠慢懒散，迅捷——决绝而有力，勤奋——不断加强学习。

4. 要保持工作热情，并在工作顺境中避免不良情绪

对于大学生来说，全身心地投入工作中并保持高度的工作热情是其事业取得成功的基础。而要做到这一点，需要有信念的支持、情感的投入，还要有一定的艺术技巧，做到勤于思考和学习，不断挖掘工作的潜能，对工作创新保持高度的热情；不断对工作心境与心态进行调整，学会将工作压力转化成工作动力；学会在工作中扬长避短，不因工作中出现的困难而停止不前。另外，大学生在工作进展顺利时，不可以自以为是、妄自菲薄、沾沾自喜、不思进取等，要对自己仍存有的不足进行认真审视，并以积极的态度去进行改造、提高。

5. 学会逆境中崛起

顺境和逆境是辩证的关系，是一个互逆的动态过程。人的一生不可能是一帆风顺的，逆境往往对人的锻炼更大。大学毕业生应当学会在逆境时振作自己，奋力拼搏，并积极寻找新的突破口。

第一，要保持一颗平常心，这样才能正确地分析问题、处理问题，切不可造成一种偏激或灰心丧气的心态，这对走出困境是十分不利。

第二，要重新审视自我。造成不利处境，必有各方面原因，要重新审视自我，科学分析，找出问题的原因和解决方案。不要在一个问题上犯两次错误。

第三,要客观地看待"跳槽"。当发觉目前的工作与个人规划不符,又发现有更好的机会和途径能尽快实现事业目标时,或者凭个人主观努力根本无法摆脱现有的困境时,跳槽是明智的选择。"跳槽"时要避免单纯追逐利益、引起尴尬的人际关系、盲目从众。

6.审时度势,敢于自主创业

自主创业就是大学毕业生不再向社会寻求工作,而是自己创立公司、开办企业等,是个人色彩较浓、个体性行为较强的创业活动。自主创业不仅解决了自己的职业发展问题,也为社会创造了更多的职业岗位。自主创业不仅要求毕业生能结合专业特长,根据市场前景和社会需要发展自己的创新成果,而且要直接面向市场、面向社会,把研究成果转化为产业,创造出客观的经济效益。它也包括那些发现新市场商机,抓住机遇创办自己的经济实体,以商业经营创造出社会价值的行为。自主创业是大学毕业生由知识的拥有者变成直接为社会创造价值、做出贡献的创业者。

大学毕业生在经过一段职业锻炼后,选择自主创业,实现新的职业发展,必须注意以下问题。在自主创业目标确定上首先要考虑自己所学的专业和自己的知识结构;深入调研市场,选择社会需要且具备发展潜力的行业;量力而行;创业目标要切合实际,主要是指要切合社会需要的实际,切合已经具备的和能够争取到的创业条件的实际,切合创业者自身能力和兴趣的实际,这三个方面如果有任何一个产生了脱离实际的问题,都有可能导致创业行为的受挫或创业目标的落空。任何创业目标的实现,都有其必要的先决条件,仅凭着主观想象而确定的创业目标,不仅难以指导创业实践,难以带来创业的成功,而且还会将创业引入歧途。

探索与思考

1.当你要进行角色转换时,会采取何种行动克服心理障碍?

2.职业适应是什么,包括哪些内容?

3.如何尽快地适应职业,在此之前,需要做何种准备?

活动与训练

绘制自己的生涯彩虹图

活动目的:通过本活动,让个人对自身的生活角色有更清晰的认知,思考未来如何在每个角色中发挥作用。

活动规则:请在彩虹图上绘出自己的人生彩虹,彩虹的长度代表时间的长短,彩虹的宽度代表投入的精力大小。把自己已经扮演或正在扮演的角色的年龄段用实线描下来。根据自己已有的感受和未来期望,给相应的扇形涂颜色。幸福感、成就感越高的部分使用越暖的颜色,如红色、黄色等,反之则用冷色,如紫色、蓝色等,如图10-1所示。

活动过程:

1.写上在自己的生涯中可能会扮演的角色。

2.写上每个角色开始和结束的时间。

3.根据每个角色在不同年龄的投入程度不同,依比例以厚薄程度表示。

活动思考:

1.对图中的哪个角色最满意?感受如何?

2. 哪个角色对自己而言最重要？若要将角色的重要性列出先后顺序,会如何排序?

3. 如果要将角色扮演好,需要做到哪些事情?

4. 扮演哪个角色最令自己感到困难?为什么?

5. 在"理想"和"现实"之间,哪些角色比重是原本希望投入更多的,但现实却又没做到? 为何如此?

6. 相反的,哪些角色的比重本来不打算投入很多,但现实却投入了许多时间?为何如此?

7. 在角色的比重分配上,希望做什么调整?有哪些具体做法吗?

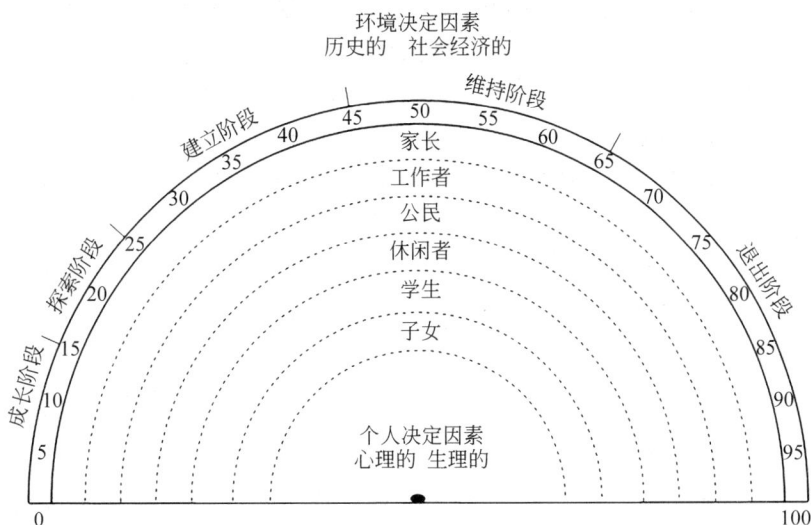

图 10-1　生涯彩虹图

10.2 职场形象

名人名言

举止是映照每个人自身形象的镜子。

——歌德

学习目标

1. 了解职场形象的内涵。
2. 掌握职场形象的塑造。
3. 理解职场礼仪的培养。

案例导入

不良举止的连锁反应

小张去公司的财务部窗口领工资。在等候的时候,他随手把一张无法报销的票据揉成团扔在了地上。其他部门的同事看见了,心里说:"那个＊＊＊部门的人素质真差!"恰巧此时有位顾客来财务部交定金,他看到小张把纸团扔在地上,心里想:"这个公司的员工如此行事,他们做的东西质量会好吗?售后服务会有保障吗?还是先别交定金了吧,回去再斟酌斟酌!"生产部经理陪着几位外商参观公司,正好路过这里,地上的纸团没有逃过大家的眼睛,结果外商拿着纸团问老板:"这样的员工,能做出符合质量要求的产品吗?"本来不费吹灰之力便能扔到垃圾桶里的一小团废纸,导致公司失去了数百万元的订单。

分析:小张因为不良的行为导致公司损失了数百万的订单,由此可见,良好的行为举止在工作场合中的重要性。在商务场合当中,行为举止不仅关系到个人的形象,还代表着所属的部门、所属的公司、所属的集团,甚至代表集团所属的地区及国家。良好的素养体现于细节,被忽略的细节又往往展示着人的素质和对他人的尊重。随着经济的飞速发展,国际化的社交场面频频皆是,人们在商务场合当中,越来越注意如何以恰当的方式来表示对交往对象的尊重,从而营造良好的商务交往氛围,取得企业和个人共赢的结果。

一、职场形象概述

(一)含义

职场形象是指职业人士在职场中的公众面前树立的印象,包括外在形象、品德修养、专业能力和知识结构四个方面。个人职场形象的塑造是职场人士在遵循行业审美要求的前提下,根据职业性质、岗位特点,结合自身体型、肤色特点,由个人自行购置职场形象所需要的物品加以打扮,以达到完善个人职场形象的目的,是有效展示职场自我的途径。

(二)职场形象的意义与价值

1.意义

职场形象的审美有别于个人形象的大众审美。人们在围绕着职业关系展开的一系列社会交往活动中,自觉或不自觉展示着自己的职场形象,实现着自己的职业价值,同时为了更好确保生产关系中经济价值的有效实现,确保社会关系中的良性互动和协调发展,人们还选择性和创造性地塑造和优化自己的职场形象,在精神层面展现愉悦的审美情趣、职业的自豪感和主观幸福感。

2.价值

(1)是职业素养的评价依据之一。

职场形象和礼仪是个人职业素养的符号。

(2)是影响力的表现之一。

个人影响力的大小在一定程度上有赖于印象管理的有效与否。印象管理是指人们试图管理和控制他人对自己所形成的印象的过程。印象管理是社会互动的一个根本方面,职场形象是印象管理的有力工具。

小贴士

良好的职场形象的塑造不是短时间能完善的。它需要了解职场形象所包含的内容,在日常生活中学以致用,精心购置搭配,才能呈现出迷人的职场形象。因此,大学生在求学期间就应结合自己的专业特点和未来的工作环境性质,认真学习了解职场形象相关的知识,并积极践行,才能在未来的求职就业中更好地把握机会。

二、职场形象塑造

(一)女性职场形象塑造

女性职场形象基本要包括基本职业着装、职业类服饰品、职业化妆三方面。以下着重介绍职业着装。女性国际标准职业着装有七个元素,即有领子、有袖、前开门襟、有扣子、西装短裙(西裤)、丝袜、浅口低跟鞋。

有领子指的是不要大面积裸露脖子,不宜穿无领 T-shirt,可以用丝巾替代领子。

有袖子指的是最短到半袖,必须满袖笼,不能露出腋下。

前开门襟指的是尽量避免穿套头衫,以前开门襟为适宜。

有扣子指的是门襟以搭扣式为佳,不宜穿拉链式服装。

西装短裙(西裤)指的是正式场合以裙式职业装为佳,日常职业装中裤装、裙装均可,根据季节和室温合理选择下装。

关于裙子指的是以合体的筒裙为最佳,裙长在膝盖上 5 厘米和膝盖下 5 厘米之间均可,根据腿型决定裙长。

关于裤子指的是以线条简洁的西裤为主,裤长以离地面 2 厘米的长度为佳,不宜穿低腰裤,尤其是上衣较短时。

关于丝袜指的是丝袜四季都以透明为佳,以肉色、深灰、黑色、深咖啡为佳。

关于鞋指的是以三厘米鞋跟为适宜高度,尽量不要穿露脚趾头的凉鞋,可以穿露脚后跟的凉鞋,不宜选择装饰过多的鞋,办公室不宜穿高筒靴。

(二)男性职场形象塑造

男性职场形象的服饰品主要包括领带、腰带、皮鞋、钱夹,随身携带的常常还有手机、笔记本电脑、记事本、笔、公文包等。国际标准职业男装的元素包括西服套装、商务衬衫、商务领带、亚光腰带、深色袜子、系带皮鞋。

西服套装指的是上衣与裤子成套,其面料、色彩、款式一致,风格相互呼应。

(1)西服套装按穿着场合,可以分为礼服和便服两种。其中礼服又可以分为正式礼服、半正式礼服(标准礼服)和便装礼服,礼服要求布料必须是毛料,颜色纯黑,下身需配黑皮鞋、黑袜子、白衬衣、领结(黑色或白色)。便服又分为便装和正装,正装即便装礼服,一般是深颜色、毛料(含毛量百分之七十以上),上下身必须是同色,同料、做工精良。便装,单件西装,即一件与裤子不配套的西装上衣,仅适用于非正式场合,是可休闲搭配的西服。

(2)西服按上衣纽扣来划分,分单排扣西装上衣和双排扣西装上衣。单排扣的西装上衣,常见的有一粒纽扣、两粒纽扣、三粒纽扣三种。一粒纽扣和两粒纽扣的单排扣西装上衣显得正规成熟一些,两粒纽扣和三粒纽扣的单排扣西装上衣穿起来较年轻时髦。双排扣的西装上衣,常见的有两粒纽扣、四粒纽扣和六粒纽扣三种。四粒纽扣的双排扣西装上衣具有明显的传统风格,而两粒纽扣和六粒纽扣的双排扣西装上衣则是流行款式的最爱。

(3)西服套装上衣的外形轮廓叫版型,西装有欧版、英版、美版、日版四个基本版型。欧版西装的基本轮廓是倒梯形,即宽肩收腰,并配双排扣。英版西装是欧版的一个变种,基本轮廓也是倒梯形,但却是单排扣式,三粒扣,领子宽且狭长。美版西装基本特点是 O 型轮廓,即宽松肥大,宽衣大裤,强调舒适、随意,适合于休闲场合。日版西装基本特点是 H 型轮廓,单排扣式,衣后不开衩,一粒扣、两粒扣、三粒扣均有。

(4)后片开衩,西服套装上衣后片开衩分为单开衩、双开衩和不开衩三种。单排扣西服可以选择三者其一,而双排扣西服则只能选择双开衩或不开衩。

(5)裤子分无褶西裤、单褶西裤和双褶西裤三种类型。双褶西裤舒适性高;单褶西裤适合大腿稍胖的男士穿着,有修身效果;无褶的西裤裤型较细长,适合大多数男士穿着。

男士职场形象中与西服套装搭配的上衣是衬衫。衬衫可以分为正装衬衫、便装衬衫、家居衬衫、度假衬衫四类。

三、职场礼仪培养

1.语言

一要语言得体,无论对上司、下属还是同级,言语都应不卑不亢,以礼相待,友好相处。二要发出自己的声音,有自己的头脑,不管职位如何,适时发出自己的声音是提升自己实力的途径。三要注意说话时的态度,要和气、有亲切感,说话时更不能用手指着对方,遇到意见不统一,允许有意见保留,对于不干涉原则性的问题,应当考虑是否有必要争出高低,口才很好的人,如果要发挥自己的辩才,可以用在与客户的谈判上。四要不做办公室出头鸟,再有能耐,在职场生涯中也应该小心谨慎。五要不在办公室讲心事,自己的生活或工作有了问题,应该尽量避免在工作的场所里议论。

2.人际

一要尊重同事,相互尊重是处理好任何一种人际关系的基础。二是物质上的往来一清二楚,在物质方面无论是有意或无意占据对方便宜,都会引起对方心理上的不快,降低自己在对方心目中的人格。三是对同事的困难表示关心,对于同事的困难应主动询问,对力所能及的事应尽力帮助,这样会增进双方之间的感情,使关系更加融洽。四是不议论同事的隐私,议论他人的隐私,会损害他人的名誉,引起双方关系的紧张甚至恶化,是一种不光彩的、有害的行为。五要对自己的失误或同事间的误会主动道歉说明,征得对方的谅解,有误会不要纠结不放,耿耿于怀。

3.电话

接电话时不仅要语言文明、音调适中,更要让对方感受到你的微笑。同时也不要忘记每一个重要的电话都要做详细的电话记录,包括来电话的时间、来电话的公司和联系人、通话内容等。

4.迎送

当客人来访时,应该主动从座位上站起来,引领客人进入会客厅或者公共接待区,并为其送上饮料,如果是在自己的座位上交谈,应该注意声音不要过大,以免影响周围同事。切记,始终面带微笑。

5. 名片

递送名片时应用双手拇指和食指执名片两角,让文字正面朝向对方。接名片时要用双手,并认真看一遍上面的内容。如果接下来要与对方谈话,不要将名片收起来,应该放在桌子上,并保证不被其他东西压住,这会使对方感觉你很重视他。参加会议时,应该在会前或会后交换名片,不要在会中与别人交换名片。

6. 介绍

介绍的原则是把级别低的介绍给级别高的,把年轻的介绍给年长的,把未婚的介绍给已婚的,将男性介绍给女性,将本国人介绍给外国人。

7. 握手

愉快的握手要坚定有力,这能体现个人的信心与热情,但不宜太用力且时间不可过长,几秒钟即可。手脏或冰凉,或有水、汗,不宜和人握手,但是要主动向对方说明不握手的原因。女士应该主动与对方握手,同时不要戴手套握手,不要在嚼口香糖的情况下和人握手。

8. 拜访

拜访的第一规则是要准时。如果有紧急的事情,不得不晚,要立即通知要见的人,如果遇到交通堵塞,要充分利用电话,通知对方要晚一点到,如果是对方要晚一点到,自己将要先到,可以利用剩余的时间,整理一下文件或休息一下。到达时,告诉接待员/助理自己的名字和约见的时间,递上名片以便助理能通知对方。在等待时要安静,不要通过谈话来消磨时间,这样会打扰别人工作。等待时,不要不耐烦地总看手表,可以问助理他的上司什么时候有时间。如果等不及那个时间,可以另约一个时间。不管有多么不满,也一定要有礼貌。见面时要尽可能快地将谈话切入正题。清楚直接地表达要说的事情,说完后,让对方发表意见,并要认真地听,不要解释或不停地打断对方讲话,有其他意见的话,可以在他讲完之后再说。

🔍 探索与思考

1. 职场形象是什么,它对职场生活有何重要影响?
2. 你将如何塑造职场形象,根据你的性别,具体说说?

📝 活动与训练

你会微笑吗?

活动目的:微笑是一种国际礼仪,能重复让你体现一个人的热情、修养和魅力,它要贯穿礼仪行为的整个过程。通过本活动,训练自身的微笑,提升个人的礼仪素养。

活动过程:

1. 请你对着镜子,肌肉放松,嘴角两端向上略微提起,面含笑意,发"一"和"七"的音,锻炼自己的浅度微笑。

2. 对着镜子讲一段话,讲话时注意自己的笑容,并且联系眉、眼、面部肌肉、口型的和谐统一,看看你的微笑是否得体、迷人。

3.找一个人，微笑着对他说一段话，同时注意自己的仪表仪态，结束后让其对你的表现进行客观评价。

活动思考：

1.你对你的表现是否感到满意，为什么？

2.在与他人对话时，你是否能够与对方保持正视的微笑，有胆量接受对方的目光，如果不，你将如何让自己表现得更大方？

拓展阅读

奥巴马的成功经验

奥巴马通过自己的职业规划，一步步地走上总统位置，这对于那些正在寻找工作的人或者想做职业规划的人来说，也有一定的借鉴意义。

设定一个目标，这个目标一定要适合你自己。在奥巴马的眼中，任何人都可以成为美国总统，可以做任何想要做并喜欢的工作，并为此设定目标。

通往成功的道路是漫长而艰难的。奥巴马并不是突然在某一天醒来后就变成了美国总统。首先他需要通过学校教育来提升自己的知识水平，毕业后投入社会工作，然后他竞选参议员，参与民主党竞选总统的提名，最后成为总统。也许包括奥巴马本人也不能确切知道并描绘出他通向总统宝座的道路，但可以确信他是通过每天努力地工作向目标渐渐靠拢的。

建立有价值的人际网络。奥巴马并不是靠自己一个人的努力取胜的，在他的背后有着成千上万的人帮助他达到自己的目标。利用互联网，奥巴马不但上网浏览基本的信息，还广泛使用各种互联网工具，例如，博客、视频、讨论组、电子商务和电子邮件。通过互联网，奥巴马放大了自己的信息，并广泛接触到他的选民。

建立良好的个人形象。良好的个人形象往往会给人们一个信息，即形象和行为的一致性。良好的形象不仅是外表，还包含内在气质和文化修养，而后者往往比前者更重要。在找工作中，首先展示的是外在形象，衣着整洁、端正大方，这样受关注的机会就比别人多了；其次，在言谈举止中将展示出内在气质和文化修养，如果内在形象优秀，就会增加在别人心目中的分量，受到重用的机会就比别人多了。所以说一个人的形象是很重要的，当一个人内外兼修的时候，就会发现自己不知不觉已经高人一等了。奥巴马就是这样的人。

重视每次展示的机会。对于重要性的采访，每次奥巴马面对摄像头的时候，他都做好充分的准备并流利地回答每一个问题。大多数人都不喜欢被采访，假设奥巴马没有每天5～10次的被采访，他会做到如此之好吗？这就是熟能生巧的道理吧。赢得朋友和家人的支持。通常情况下，一个政治家的家庭往往被错误看作仅仅是一个道具，在需要时才出现。其实在现实生活中，公众人物也需要拥有自己的私人空间、人际关系、个人责任、利益和要求。而他们的家庭往往就是这一私人生活需求的基石，并以此来支持他们在公众视线的成功。所以当我们努力工作，当我们取得成功的时候，请别忘记在背后默默支持我们的家人和朋友，因为这也是我们的责任。

懂得感谢非常重要。奥巴马的演讲既鼓舞人心又非常的谦虚。他没有回避承认帮助他前进的每一个人。在接下来的日子中，这些人还将继续帮助他处理数千个（或许是数百万）的电子邮件、信件和电话。通常在生活中，说声谢谢是件很容易的事情，但有时我们往往因为太容易而忘记做了。

适当的休息很重要。奥巴马在 2008 年 11 月 4 日当选,但实际上他要等到 2009 年 1 月才宣誓就职。毫无疑问,他将利用这段时间组建他的团队,他也可能需要几天的时间进行休息。所以,当你开始一项繁重的工作的时候,选择适时的休息将有助于你注入新的活力。

不要惧怕前进道路上的失败。虽然麦凯恩参议员和佩林州长失去了选举,但他们有没有得到的东西呢? 答案是肯定的。麦凯恩获得 46% 的选票也并不是太寒酸,他建立了一个团队并扩大了自己在党内的影响力;佩林通过选举获得宝贵的经验,以致有人猜测她会在 2012 年总统选举中卷土重来。所以,当你在找工作的时候,即使你没有得到这份工作也不要沮丧,因为事实上你还是收获了许多有用的东西,比如面试的经验、人际的网络,往往这些东西具有更大的价值。

（资料来源:潘玉.借鉴奥巴马的十个职业规划[J].青年时代,2019(1)：37-38.）

职业发展

　　未来最重要的事情不是技术或网络的革新,而是人类生存状况的重大改变。人们将拥有更多的选择,他们必须积极地管理和发展自己。诙谐作家杰克森·布朗曾有一个有趣的比喻:"缺少了自我管理的才华,就好像穿上溜冰鞋的八爪鱼。眼看动作不断可是却搞不清楚到底是往前、往后,还是原地打转。"

　　有效的自我管理和自我提高,是个人的真正发展。自我提高包括从技术性细节到工作态度、价值观、品格等各个方面,包括从履行工作程序到承担各项义务等各个领域。自我管理包括心态管理、学习管理、时间管理、人际管理、目标管理,等等。

　　在本模块中,同学们可以认识目标管理、时间管理的内涵,学习它们的实施流程及各种方法。通过本模块,同学们能够学习如何管理个人,为最终实现个人发展提供指引。

11.1　目标管理

名人名言

　　并不是有了工作才有目标,而是相反,有了目标才能确定每个人的工作。所以企业的使命和任务,必须转化为目标。

——彼得·德鲁克

学习目标

1. 了解目标管理的内涵。
2. 学习目标管理的实施流程。

案例导入

游泳的故事

　　1952 年 7 月 4 日清晨,加利福尼亚海岸下起了浓雾。在海岸以西 21 英里的卡塔林纳岛上,一个 43 岁的女人准备从太平洋游向加州海岸。这名妇女叫费罗伦丝·查德威克。这一次如果成功了,她就是第一个游过这个海峡的妇女,在此之前,她是从英法两边海岸游过英吉利海峡的第一个妇女。

这天早晨,雾很大,海水冻得她身体发麻,护送她的船在身边,但她却几乎看不到。时间一小时一小时地过去,千千万万人在电视上看着。15 小时之后,她又累又冻。她朝加州海岸望去,除了浓雾什么也没看不到。她知道自己不能再游了,便做出手势让人把她拉上船。几十分钟之后,人们把她拉上船。又过了几个钟头,她渐渐觉得暖和多了,这时她却开始感到了失败的打击,她不假思索地对记者说:"说实在的,我不是为自己找借口,如果当时我看见陆地,也许我能坚持下来。"

人们拉她上船的地点,离加州海岸只有半英里! 后来她说,令她半途而废的不是疲劳,也不是寒冷,而是因为她在浓雾中看不到目标。查德威克小姐一生中就只有这一次没有坚持到底。两个月之后,她成功地游过同一个海峡。她不但是第一位游过卡塔林纳海峡的女性,而且比男子的记录还快了大约两个钟头。

分析:查德威克虽然是个游泳好手,但也需要看见目标,才能鼓足干劲儿完成她有能力完成的任务。大学生在规划自己的职业发展时,千万别低估了制订可测目标的重要性。目标是一个看得见的靶子。这就是说,目标必须是具体的、看得见的。有些人也有自己奋斗的目标,但是他们的目标是模糊的、宽泛的、不具体的,因而也是难以把握的——这样的目标形同虚设。

一、目标管理概述

(一)目标管理的由来

1954 年,彼得·德鲁克(Peter Drucker)在《管理实践》一书中提出了一个具有划时代意义的概念——目标管理(management by objectives,MBO),它是德鲁克所发明的最重要、最有影响的概念,已成为当代管理体系的重要组成部分。

目标管理提出以后,便在美国迅速流传。当时正是第二次世界大战后西方经济由恢复转向迅速发展的时期,企业急需采用新的方法调动员工积极性以提高竞争能力,目标管理的出现可谓应运而生,遂被广泛应用,并很快为日本、西欧国家的企业所仿效,在世界管理界大行其道。美国总统布什将 2002 年度"总统自由勋章"授予彼得·德鲁克,提到他的三大贡献之一就是"MBO(目标管理)"的提出。

(二)目标管理的含义

目标管理又称成果管理,是指在企业员工的积极参与下,自上而下地确定工作目标,并通过对目标完成情况的检查和奖惩的手段,自下而上地实现公司经营管理目标的一种管理方法。MBO 的特点,主要表现在下述几个方面。

1. 明确目标

研究人员和实际工作者早已认识到制订个人目标的重要性。美国马里兰大学的早期研究发现,明确的目标要比只要求人们尽力去做有更高的业绩,而且高水平的业绩是和高的目标相联系的。人们注意到,在企业中,目标技能的改善会提高生产率。

2. 参与决策

MBO 中的目标不是像传统的目标设定那样,由上级给下级规定目标,然后分解成子目标落实到组织的各个层次上,而是用参与的方式决定目标,上级与下级共同参与选择、设定各对应层次的目标,即通过上下协商,逐级制订出整体组织目标、经营单位目标、部门目标直至个人目标。因此,MBO 的目标转化过程既是"自上而下"的,又是"自下而上"的。

3. 规定时限

MBO 强调时间性,制订的每一个目标都有明确的时间期限要求,如一个季度、一年、五年,或在已知的环境下的任何适当期限。在大多数情况下,目标的制订可与年度预算或主要项目的完成期限一致。但并非必须如此,这主要是要依实际情况来定。某些目标应该安排在很短的时期内完成,而另一些则要安排在更长的时期内。同样,一般情况下,组织层次的位置越低,为完成目标而设置的时间往往越短。

4. 评价绩效

MBO 寻求不断地将实现目标的进展情况反馈给个人,以便他们能够调整自己的行动。也就是说,下属人员承担为自己设置具体的个人绩效目标的责任、并具有同他们的上级领导人一起检查这些目标的责任。因此每个人对他所在部门的贡献就变得非常明确。管理人员要努力吸引下属人员对照预先设立的目标来评价业绩,积极参加评价过程,用这种鼓励自我评价和自我发展的方法,可以鞭策员工对工作的投入,并创造一种激励的环境。

二、目标管理的实施流程

(一)设定目标

一般来说,目标设定可分为三步骤,但其实成功的关键在于养成设定目标的习惯,使其融为日常生活的一部分。具体步骤分为以下三个部分。

1. 发现你的热情

有人说:"人生目标就是一个有期限的梦想。"这个说法传达了一项很重要的观点,在制订目标前,最好先清楚自己的梦想是什么,是不是过于天马行空,否则便会发现自己在向一个遥不可及的目标前进。许多人在工作中做得很好,却并不表示乐在其中,因为这些人往往疲于应付工作事业、家庭生活与未来的规划,手上的选择过于繁多,最后反而专注于自己毫无天分的事,选了不适合自己天赋的职业。其实每个人内心深处,对自己最想过的生活都有自己的想法,只是需要探索而已。可以从以下两方面考虑。

1)自我内在检视

内在检视自我的重点,是要对自己"应该"做什么毫不设限,毫无疑惑或恐惧,必须无视时间、金钱、义务等障碍。可以尝试列出梦想与目标清单,不要怕荒诞或不切实际,不要对这个清单的性质做任何评论或修改,只是把一切写下来。在第一列清单旁边的那一栏,再列出让自己快乐的一切事物,包括成就、人物、令人感动的事情等。之后可以从个人嗜好,喜欢阅读的杂志、书籍、电影中取得相关线索,即哪种活动最让自己感到兴奋,让自己完全感受不到时间的流逝。填完后,连接这两项清单,寻找其间可能的关联,以及方向、目标的交集。

2)对外探寻建议

接着便是询问周遭最了解自己的人,自己的优缺点是什么,独有的特质是什么,哪些地方可能需要改进。这时会发现,从自我检视和周遭的意见中,便可以确切得知自己该努力的目标或方向。人们的成就随着梦想的大小,以及与目标的契合度而增长。梦想的实现需要努力与纪律。有纪律的梦想家有一个共通的特质——确认目的。达成目的往往有风险性,很可能难如登天,但却是有可能达成的。

2. 将目标诉诸文字

实现目的不是顺其自然就会发生的,而是要像做学问一样,从基础开始,逐步打造目标和可以帮助自己的人脉。建立人脉是一种"程序",也可以说是一套体系,不是凭空生出来,也不是少数天生善于交际者的专利。拓展人脉需要预先制订计划,并加以实践。这里介绍"人脉拓展行动计划表"(Networking Action Plan)来帮助大学生从头规划。

这个计划表有三个特定部分,第一部分是列出有助于最终目的实现的目标,第二部分是列出有助于目标达成的人、事、物、地,第三部分则是决定拓展人脉、认识贵人的最佳方式。例如在第一部分中,可以列出三年后想实现的总目标,从三年后的时间点往前倒推,每一年及每三个月订下中短期目标;每个时点下标注 A、B、C 等,各代表有助于达成三年后目标的子计划。不管自己的职业为何,都可以利用这个计划表。完成后,便有各时间点必须完成的目标,有实际的人名可以帮助自己朝目标迈进,也有一种或多种方式可以联系上这个人。

计划表做好后,将它张贴在可以时常看到的地方,和其他人一同分享。当告知他人自己需要什么时,或许正好有其他潜在的机会可用。记得目标一定要诉诸文字,绝对要用纸记下来。没记下来的愿望就只是一种梦想,记下来后便是一种承诺、目标。以下是填写"人脉拓展行动计划表"时应该考虑的重点。

1)目标必须要明确详尽

模糊笼统的目标过于广泛,不易执行,所以目标必须明确,事先制订达成目标应该采取的步骤、各步骤达成的期限,以及衡量目标达成度的方式。

2)目标必须要可执行

如果设定的目标是将每年营收提升三倍,但实际上只能做到一倍时,就是替自己设下了注定失败的目标,目标应该改设为营收增长率为150%,让自己通过努力去达成。

3)目标必须有挑战性,需花费一定努力才能达成

为自己设定一个有风险和不确定性的目标,达成目标后,便再设一个。

3. 成立"私人顾问团"

有了计划后,需要旁边的人时时鼓励、支持,精心规划的计划也能因外部其他人检视而更臻完美。有一位或两三位顾问在一旁鼓励与监督,会有很大的帮助,他们可能是家人、上司,甚至是老友,这些都需要通过平常累积的人脉来实现。

根据概率法则,认识的人越多,将来机会也越多,在职业生涯的关键时刻,能得到的帮助也越多。其实一个人能拓展人脉的潜力,远比其所认为的还大,人的四周都是拓展关系的黄金机会,可以和认识的朋友、朋友的朋友、其他更多人建立关系。

人脉拓展最难的障碍在于一开始必须硬着头皮联系、会见新的人,但第一步其实和陌生人无关,而是应该从已认识的人开始联系。正如最佳顾客就是既有的顾客,最高的报酬并不是来自新业务,而是来自既有的销售基础,从既有的交友圈开始拓展人脉是最简单的,就像涟漪一样往外扩张。可以先锁定和自己关系最密切的人脉网络,如家人、朋友、同学或同事、

顾客等。可以寻问这些旧识是否认识哪些人可以介绍给自己,协助自己达成目标。所以别等到失业或孤立无援时,才想要开始拓展人脉,在需要前就必须打造好同事与朋友的关系,为自己建立一个私人顾问团。

小 贴 士

设定目标的 SMART 原则

在管理学中有一个非常重要的目标设定原则——SMART 原则,由分别表示确定目标的五个基本原则的英文字母的字首组成。SMART 原则是一个很实际、很方便的实施原则。其具体内容如下。

S(specific)——明确性

所谓明确就是要用具体的语言清楚地说明要达成的行为标准。目标设置要有项目、衡量标准、达成措施、完成期限及资源要求,使人能够很清晰地看到每个时间段要做哪些事情,计划完成到什么样的程度。

M(measurable)——衡量性

衡量性就是指目标应该有一组明确的数据,作为衡量是否达成目标的依据。目标的衡量标准遵循"能量化的量化,不能量化的质化"。对于目标的可衡量性应该首先从数量、质量、成本、时间、上级或客户的满意程度五个方面来进行。如果仍不能衡量,还可以将完成目标的工作进行流程化,通过流程化使目标可衡量。

A(attainable)——可实现性

目标是要可以让执行人实现、达到的。可以制订出跳起来后去"摘桃"的目标(能够实现),不能制订出跳起来后去"摘星星"的目标(不可实现)。

R(relevant)——相关性

目标的相关性是指实现此目标与其他目标的关联情况。子目标的设定,不能跑题。

T(time-based)——时限性

目标特性的时限性就是指目标是有时间限制的。没有时间限制的目标没有办法考核,或带来考核的不公。根据工作任务的轻重缓急,拟订出完成目标项目的时间要求,定期检查项目的完成进度,以及根据工作计划的异常情况变化及时地调整工作计划。

(二)目标分解

对总目标进行分解,逐级展开,设定每个阶段的小目标。

1. 目标分解的方法——剥洋葱法

将大目标分解成若干个小目标,再将每个小目标分解成若干个更小的目标,一直分解下去,直到知道每个人该干什么。

例如,将战略愿景分解为5~10年长期目标,再分为2~3年的中期目标,再分为6个月至1年的短期目标,再分为月目标、周目标、日目标,直到知道现在该干什么。

2. 进行目标分解的要求

(1)分目标要保持与总体目标方向一致,内容上下贯通,保证总体目标的实现。

（2）目标分解中,要注意到各分目标所需要的条件及其限制因素。

（3）各分目标之间在内容与时间上要协调、平衡,并同步地发展,不影响总体目标的实现。

（三）目标实施

1.计划制订

如果只知道朝自己的目标前进,而没有一个周密的计划,就会走很多弯路,实现的过程会变得十分艰辛。因此,应按照自己制订目标的优先级别,分解目标,做好行动的计划,制订好时间表。工作计划就是对即将开展的工作的设想和安排,如提出任务、指标、完成时间和步骤方法等。一个好的计划等于成功了一半,因为机会和风险并存,通过计划可以降低风险,提高成功的机会。

计划应条理清晰,简洁明了,表述清楚具体实施过程的每一个要素(一般为"5W1H"),以及所能够调动或借助的资源或条件。"5W1H"是指做什么(what)、为什么做(why)、何时做(when)、在哪里做(where)、谁来做(who)和怎样做(how)。制订计划,最重要的就是明确任务、结果标准、落实责任人及完成时限。同时,为了应对未来的不确定性,甚至要辅以其他备用计划,即方案 B、方案 C 等。

2.计划实施——PDCA 循环

对于计划的执行可以采取 PDCA 循环的方法,如图 11-1 所示。PDCA 循环的概念最早是由美国质量管理专家戴明(Edwards Deming)提出来的,所以又称为"戴明环"。PDCA 四个英文字母及其在 PDCA 循环中所代表的含义如下。

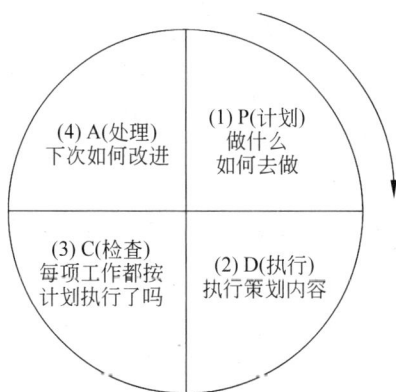

图 11-1　PDCA 循环

（1）P(plan)——计划。计划包括方针和目标的确定及活动计划的制订。

（2）D(do)——执行。执行就是具体运作、实现计划中的内容。

（3）C(check)——检查。检查计划执行的结果,明确效果,找出问题。

（4）A(action)——行动。对检查的结果进行处理。成功的经验要肯定,通过模式化或者标准化适当推广;失败的教训要总结,以免重现;这一轮未解决的问题放到下一个 PDCA 循环。

PDCA 循环包含以下八个步骤。

（1）找出问题。分析现状,找出存在的问题,包括所有管理中存在的问题。尽可能地用数据说明,并确定需要改进的主要问题。

（2）分析原因。分析产生问题的各种影响因素,尽可能地将这些因素都罗列出来。

（3）确定主因。找出影响目标实现的主要因素。

（4）制订措施。针对影响目标实现的主要因素制订措施,提出改进计划,并预计其效果。

（5）执行计划。按既定的措施计划实施,也就是 D——执行阶段。

（6）检查效果。根据措施计划的要求,检查、验证实际执行的结果,看是否达到了预期的效果,也就是 C——检查阶段。

（7）纳入标准。根据检查的结果进行总结,把成功的经验和失败的教训都纳入有关标准、规程、制度之中,巩固已经取得的成绩。

（8）遗留问题。根据检查的结果提出这一循环尚未解决的问题,把它们转到下一次 PDCA 循环的第一步。

小 贴 士

在进行目标实施的过程中,会出现一些不可预测的问题,例如目标实施的环境、条件、资源等发生了变化,要根据实际情况对目标进行调整和反馈。

（四）检查实施结果及奖惩

对照目标进行检查与考核,检查目标完成的质量,每一小目标的实现都给予自己一定的奖励,使自己有动力去实现下一个小目标。这个过程,即是实施"绩效考核"。目标管理的后续步骤就是绩效考核,绩效考核是实现目标管理的有力工具。

探索与思考

1. 请根据你的理解,阐述目标管理是什么。

2. 请思考你最近一次设定的目标是否有实现? 若有,请分析你的成功之处;若无,请反思在哪一环节没得到理想的结果?

活动与训练

目 标 搜 索

活动目的:通过本活动,明确自身近期目标,懂得分清主次,学会树立目标意识,让目标引领自己的行为。

活动过程:

1. 请在一张白纸上写出你近期内要完成的五件重要事情。如学习、交友、游泳、练字,等等。

2. 如果你现在有特殊事件,必须在五件事中抹掉两项,体验一下你的心情如何? 你会抹掉哪两项?

3. 现在又有特殊情况发生,你必须再抹掉一项,你的心情又如何呢? 你又会抹掉哪一项? 现在还要再抹掉一项,你又会做出怎样的决定呢?

4. 请将剩下的最后一件事记在你的备忘录中,这件事就是近期内你最想做的、最重要的一件大事,是你当前的奋斗目标。

活动思考:

1. 你是否想要实现那个目标? 是不是一定要实现那个目标呢?

2. 你有没有实现目标的条件呢? 应该怎样发挥这些条件?

3. 实现目标的困难障碍难以克服吗? 要不要克服? 一定要克服吗?

11.2 时间管理

名人名言

利用时间是一个极其高级的规律。

——恩格斯

学习目标

1. 了解时间管理的内涵。
2. 学习时间管理的方法。

案例导入

高效的小李

小李学习过时间管理,在下午做公司介绍 PPT 的时候,同事说:"我们待会儿开会讨论一下客户提案吧。"小李说:"这个方案今天下午一定要提交,我大约还要 1 个小时才能完成。现在 2 点,我们 3 点开会,好吗? 你可以把要讨论的议题和建议列出来,到时候我们节约讨论时间。"大多数会议都没有紧急到 1 个小时都协调不完,同事也就同意了。

小李继续做 PPT,这个时候领导打电话:"给我准备几份公司材料的复印件。"小李问:"什么时候要?"领导说:"明天我见客户要带着。"小李说:"好的,我下班前给您送过去。"然后在待办事项上记录下这个任务,继续做 PPT。3 点时,小李的 PPT 基本做完,还差一点收尾。他记下要收尾的内容计划,然后去开会,开完会顺便给领导复印了资料。离下班还有半小时,他完成了 PPT 最后的收尾工作。一直以来,小李对时间都有着严格地把握和规划,能够按时高效地完成工作,他的表现得到了同事和领导们的一致认可。

分析:小李学过时间管理,工作总能够高效完成。他在用整块时间完成大任务的同时,利用碎片时间完成了小任务,进一步提高了效率,最终把安排的任务快速地完成。一天只有 24 小时,时间对每个人都是公平的。无论生活还是工作,都需要掌握并利用好时间的管理方法,尤其在碎片化严重的时代。有效的时间管理,会帮助大学毕业生更好地分配自己的时间。

一、时间管理概述

（一）内涵

光阴荏苒,岁月如梭,时间对任何人都是公平的,时间本身没有任何问题,问题在于每一个消耗时间资源的人。因此,时间管理(time management)的对象不是"时间",它是指面对时间而进行的"自我管理者的管理",其本质就是"自我管理"。鲁迅先生说"时间是组成生命的材料",管理时间,也就是管理生命,即管理自我。

由此可以理解,所谓的时间管理,不是管理时间,而是基于时间的无法开源、无法节流、不可再生等特性,去管理自我对时间资源使用的方式、方法及与时间对应的事项安排,以求减少时间浪费,用最短的时间或在预定的时间内实现既定目标的行为。时间管理有以下特性。

(1)供给毫无弹性。时间的供给量是固定不变的,在任何情况下都不会增加,也不会减少,每天都是 24 小时,无法开源。

(2)无法蓄积。时间不像人力、财力、物力那样可以被积蓄储藏,不论愿不愿意,人们都必须消费时间,无法节流。

(3)无法取代。任何一项活动的成功都有赖于时间的累积,这就是说,时间是进行任何活动所不可缺少的基本资源。因此,时间是无法取代的。

(4)无法失而复得:时间无法失而复得,它一旦丧失,则会永远丧失。花费了金钱,尚可赚回,但倘若挥霍了时间,任何人都无力挽回。

(二)时间管理的发展

时间管理的发展经历了四个阶段,人们从认识到时间管理的重要性,到开始进行时间管理,经历了从时间管理方式和到管理重点的转移。

1. 第一代时间管理:设置备忘录

备忘录是把所有要做的事和项目列出来,制作成一个工作任务清单,完成一件,划掉一件,以此种方式进行时间的分配和使用。

备忘录的优点是便于追踪那些待办事项,在重要事情变化时的应变力很强。但是备忘录管理没有严整组织架构,比较随意,往往会漏掉一些事情,进而忽略了整体性的组织规划,有时候让人陷入应付各项工作的焦灼状态。

2. 第二代时间管理:制订记事簿

记事簿是在所有要做的工作任务开始之前,把清单列出来,在每一项任务完成之前制订一个时间期限,例如,早晨 8—9 点做什么、9—10 点做什么,下午 1—2 点做什么,每一项任务都有开始和结束的时间节点,在特定时间段中完成规定的某项任务。

记事簿强调规划与准备,记录应该做的事情,标明事件完成的期限。这利于追踪应该做的事情,事情达成率比较高。但是,这种方法容易产生凡事都要事先安排,缺乏对突发事件灵活管理的缺点。

3. 第三代时间管理:设置规划表

规划表是以追求效率为目的的时间管理。当工作任务较多时,人们在规定的时间内无法做完全部工作,这就需要对任务的内容和重要性进行一定的排序。第一,对工作任务做一些取舍;第二,对工作任务要列出优先顺序;第三,确定工作任务的重要性。

规划表强调以价值为导向,安排任务的轻重缓急,设置任务的优先顺序,但容易让员工以价值为导向,缺乏远见。

4. 第四代时间管理:分解目标

分解目标以罗盘理论(正北理论)为基础。这种时间管理超越传统的追求更快、更好、更具有效率的观念,为任务提供一个方向(罗盘),因为人走得多快是一回事,方向对才是最重要的。任务的完成不是求快,而是怎么接近未来的目标,这需要对目标进行分解。

分解目标强调每一天的行动,每一个时段的行动,都要与未来的目标更接近,进而维持产出与产能的平衡。

二、时间管理方法

时间管理是自我管理中一项十分重要的内容,但凡业绩卓著的人都是具有高效时间管理能力的人。时间管理的方法有很多,主要有 6 点优先工作制、帕累托原则、麦肯锡 30 秒电梯理论、莫法特休息法等。

(一)6 点优先工作制

6 点优先工作制是效率大师艾维利在向美国一家钢铁公司提供咨询时提出的,它使这家公司用 5 年的时间从濒临破产的公司一跃成为当时全美最大的私营钢铁企业,艾维利因此获得了 2.5 万美元的咨询费,故管理界将该方法喻为"价值 2.5 万美元的时间管理方法"。

这一方法要求把每天所要做的事情按重要性排序,分别从"1"到"6"标出 6 件最重要的事情。每天一开始,先全力以赴做好标号为"1"的事情,直到它被完成或被完全准备好,再全力以赴地做标号为"2"的事,依此类推……艾维利认为,一般情况下,如果一个人每天都能全力以赴地完成 6 件最重要的大事,那么,他一定是一位高效率人士。

(二)帕累托原则

帕累托原则是由 19 世纪意大利经济学家帕累托提出的,其核心内容是生活中 80％的结果几乎源于 20％的活动。例如,是 20％的客户带来了 80％的业绩或创造了 80％的利润,世界上 80％的财富是被 20％的人掌握着,世界上 80％的人只分享了 20％的财富。因此,要把注意力放在 20％的关键事情上。根据这一原则,人们应当对要做的事情分清轻重缓急,进行如图 11-2 所示的排序。

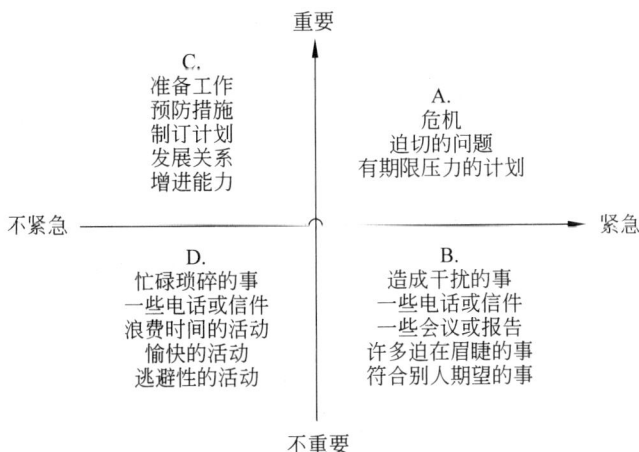

图 11-2　时间"四象限"法

A. 重要且紧急（比如救火、抢险等），必须立刻做。

B. 紧急但不重要（比如有人因为打麻将"三缺一"而紧急约你、有人突然打电话请你吃饭等），只有在优先考虑了重要的事情后，再来考虑这类事。人们常把"紧急"当成优先原则，其实许多看似很紧急的事，拖一拖，甚至不办，也无关大局。

C. 重要但不紧急（比如学习、做计划、与人谈心、体检等），只要是没有前一类事的压力，应该当成紧急的事去做，而不是拖延。

D. 既不紧急也不重要（比如娱乐、消遣等事情），有闲工夫再做。

（三）麦肯锡 30 秒电梯理论

麦肯锡公司曾经得到过一次沉痛的教训。该公司曾经为一家重要的大客户做咨询，咨询结束的时候，麦肯锡的项目负责人在电梯间里遇见了对方的董事长，该董事长问麦肯锡的项目负责人："你能不能说一下现在的结果呢？"由于该项目负责人没有准备，而且即使有准备，也无法在电梯从 30 层到 1 层的 30 秒内把结果说清楚，麦肯锡失去了这一重要客户。从此，麦肯锡要求公司员工凡事要在最短的时间内把结果表达清楚，要直奔主题、直奔结果。麦肯锡认为，一般情况下人们最多记得住一二三，记不住四五六，所以凡事要归纳在 3 条以内。这就是如今在商界流传甚广的"30 秒电梯理论"或称"电梯演讲"。

（四）莫法特休息法

翻译家詹姆斯·莫法特的书房里有 3 张桌：第一张摆着他正在翻译的译稿；第二张摆的是他的一篇论文的原稿；第三张摆的是他正在写的一篇侦探小说。莫法特的休息方法就是从一张书桌搬到另一张书桌，继续工作。

"间作套种"是农业上常用的一种科学种田的方法。人们在实践中发现，连续几季都种相同的作物，土壤的肥力就会下降很多，因为同一种作物吸收的是同一类养分，长此以往，地力就会枯竭。人的脑力和体力也是这样，如果每隔一段时间变换不同的工作内容，就会产生新的优势兴奋灶，抑制原来的兴奋灶，这样人的脑力和体力就可以得到有效的调剂和放松。

> 小 贴 士

时间管理十一条金律

1. 要和自己的价值观相吻合

自己一定要确立个人的价值观，假如价值观不明确，你就很难知道什么对自己最重要，当你价值观不明确，时间分配一定不好。时间管理的重点不在于管理时间，而在于如何分配时间。你永远没有时间做每件事，但你永远有时间做对你来说最重要的事。

2. 设立明确的目标

成功等于目标，时间管理的目的是让自己在最短时间内实现更多你想要实现的目标；你必须把 4 到 10 个目标写出来，找出一个核心目标，并依次排列重要性，然后依照你的目标设定一些详细的计划，你的关键就是依照计划进行。

3. 改变你的想法

美国心理学之父威廉·詹姆士对时间行为学的研究发现这样两种对待时间的态度：

"这件工作必须完成,它实在讨厌,所以我能拖便尽量拖"和"这不是件令人愉快的工作,但它必须完成,所以我得马上动手,好让自己能早些摆脱它"。当你有了动机,迅速踏出第一步是很重要的。不要想立刻推翻自己的整个习惯,只需强迫自己现在就去做你所拖延的某件事。然后,从明早开始,每天都从你的 time list 中选出最不想做的事情先做。

4. 遵循 20 比 80 定律

生活中肯定会有一些突发和迫不及待要解决的问题,如果你发现自己天天都在处理这些事情,那表示你的时间管理并不理想。成功者花最多时间在做最重要的事,而不是最紧急的事情上,然而一般人都是做紧急但不重要的事。

5. 安排"不被干扰"时间

每天至少要有半小时到一小时的"不被干扰"时间。假如你能有一个小时完全不受任何人干扰,把自己关在自己的空间里面思考或者工作,这一个小时可以抵过你一天的工作效率,甚至有时候这一小时比你 3 天工作的效率还要高。

6. 严格规定完成期限

帕金森(c-Noarthcote Parkinson)在其所著的《帕金森法则》(Parkinsons Law)中,写下这段话:"你有多少时间完成工作,工作就会自动变成需要那么多时间。"如果你有一整天的时间可以做某项工作,你就会花一天的时间去做它。而如果你只有一小时的时间可以做这项工作,你就会更迅速有效地在一小时内做完它。

7. 做好时间日志

你花了多少时间在做哪些事情,把它详细地记录下来,早上出门(包括洗漱、换衣、早餐等)花了多少时间,搭车花了多少时间,出去拜访客户花了多少时间……把每天花的时间一一记录下来,你会清晰地发现浪费了哪些时间。这和记账是一个道理。当你找到浪费时间的根源,你才有办法改变。

8. 理解时间大于金钱

用你的金钱去换取别人的成功经验,一定要抓住一切机会向顶尖人士学习。仔细选择你接触的对象,因为这会节省你很多时间。假设与一个成功者在一起,他花了 40 年时间成功,你跟 10 个这样的人交往,你不是就浓缩了 400 年的经验?

9. 学会列清单

把自己要做的每一件事情都写下来,这样做首先能让你随时都明确自己手头上的任务。不要轻信自己可以用脑子把每件事情都能记住,而当你看到自己长长的 list 时,也会产生紧迫感。

10. 同一类的事情最好一次把它做完

假如你在做纸上作业,那段时间都做纸上作业;假如你是在思考,用一段时间只作思考;打电话的话,最好把电话累积到某一时间一次把它打完。当你重复做一件事情时,你会熟能生巧,效率一定会提高。

11. 每 1 分每 1 秒做最有效率的事情

你必须思考一下要做好一份工作,到底哪几件事情是对你最有效率的,列下来,分配时间把它做好。始终直瞄靶心——绩效(晋升)。

探索与思考

1.时间管理是什么？它对个人的重要性何在？

2.请根据帕累托原则,为自己的大学生活做一个时间管理。

活动与训练

时间管理能力测试

活动目的:通过该活动,了解自身时间管理能力,思考改进办法。

活动过程:请你根据自己的实际情况,为下面的每个问题如实地评分。计分方式为:选择"从不"为 0 分,选择"有时候"记 1 分,选择"经常"记 2 分,选择"总是"记 3 分。

1.我能计划好自己每天要做的事。

2.读书时候,我有预习功课的习惯。

3.凡是当天要完成的事情,我从不拖到明天。

4.读书时候,我尽量一次性处理好老师布置的作业。

5.我每天列出一个事务清单,将事务按重要顺序来排列,依次完成。

6.我尽量回避干扰电话、不速之客的来访,以及突然的约会。

7.我有时候会让朋友帮助我。

8.我的日程表留有回旋余地,以便应对突发事件。

9.当其他人想占用我的时间,而我又必须处理更重要的事情时,我会说"不"。

测试结果:

0～12 分。你自己没有时间规划,总是让别人牵着鼻子走。

13～17 分。你试图掌握自己的时间,却不能持之以恒。

18～22 分。你的时间管理状况良好。

23～27 分。你是值得学习的时间管理典范。

拓展阅读

杨澜的生涯故事：人生需要规划

提起杨澜,很多人都说她太幸运了。从著名节目主持人到制片人,从传媒界到商界,她一次次成功实现了她人生的转型。杨澜是幸运的,但这种幸运,并非是人人都有,也不是人人都能驾驭的。它需要睿智的眼光、独到的操控能力,是职业经历累积到一定程度厚积薄发而来。就像杨澜自己说的那样:"一次幸运并不可能带给一个人一辈子好运,人生还需要你自己来规划。"

第一次转型：中央电视台节目主持人

在成为央视节目主持人之前,杨澜是北京外语学院的一名大学生,还是一个有些缺乏自信的女生,甚至曾因为听力课听不懂而特别沮丧。直到后来听力水平提高了,才逐渐恢复了自信。她说:"我经常觉得自己不是一个有才华和极端聪明的人。"可这一切并没有影响到杨澜后来的成功。勤勉努力的她,不仅大胆直率,看问题也通常有自己独特的视角。

1990 年 2 月,中央电视台《正大综艺》节目在全国范围内招聘主持人。杨澜以其自然清新的风格、镇定大方的台风及出众的才气逐渐脱颖而出。但是,由于她长得不是太漂亮,在第六次试镜时还只是在"被考虑范围之列"。杨澜知道后,就反问导演:"为什么非得只找一个女主持人,是不是一出场就是给男主持人做陪衬的?其实女性也可以很有头脑,所以如果能够有这个机会的话,自己就希望做一个的聪明主持人。""我不是很漂亮,但我很有气质。"就是因为杨澜这些话,彻底打动了导演。毕业后,杨澜正式成为《正大综艺》的节目主持人。直到现在,杨澜也一直坚信主持人不一定非得漂亮,女人的头脑更重要。

四年央视主持人的职业生涯,不仅开阔了杨澜的眼界,更确立了她未来的发展方向:做一名真正的传媒人。

第二次转型:美国留学生

1994 年,当人们还惊叹于杨澜在主持方面的成就时,她又做出了一个令人惊讶的决定:辞去央视的工作,去美国留学。

在事业最明亮的时候选择急流勇退,这就意味着她要放弃目前所拥有的一切,包括触手可得的美好未来。但资助她留学的正大集团总裁谢国民先生,说了这样一句话:"我觉得一个节目没有一个人重要。"这给杨澜留下了很深的印象。

26 岁的时候,杨澜远赴美国哥伦比亚大学,就读国际传媒专业。有一次,杨澜写论文写到凌晨两点,好不容易敲完了,没有来得及存盘,电脑就死机了。杨澜当时就哭了,觉得第二天交不了了。宿舍周围很安静,除了自己的哭声,只有宿舍管道里的老鼠在爬来爬去。但最后,她还是擦干眼泪,把论文完成了。谈起这段生活,杨澜说:"有些人遇到的苦难可能比别人多一点儿,但我遇到的困难并不比别人少,因为没有一件事是轻而易举就完成的,需要经历的磨难、委屈,一样儿也少不了"。

业余时间,她与上海东方电视台联合制作了《杨澜视线》——一个关于美国政治、经济、社会和文化的专题节目,这是杨澜第一次以独立的眼光看世界。她同时担当策划、制片、撰稿和主持的角色,实现了自己从最底层"垒砖头"的想法。40 集的《杨澜视线》发行到国内 52 个省市电视台,杨澜借此实现了从一个娱乐节目主持人向复合型传媒人才的过渡。

更重要的是,在这期间,她认识了先生吴征。作为事业和生活上的伙伴,在为她拓展人际关系网络和事业空间方面,吴征可以说居功至伟。他总是鼓励杨澜尝试新的东西:宁可在尝试中失败,也不能在保守中成功!正是吴征的帮助,使杨澜未来的道路越走越宽。

第三次转型:凤凰卫视主持人

1997 年回国后,杨澜开始寻找适合自己的机会。当时,凤凰卫视中文台刚刚成立,杨澜便加盟其中。1998 年 1 月,《杨澜工作室》正式开播。

凤凰卫视的两年,在杨澜的职业发展上起了重要作用。她不仅积累了各方面的经验和资本,也同时预留了未来的发展空间。在凤凰卫视,杨澜不只是主持人,还是《杨澜工作室》的当家人,自己做选题,自己负责预算,组里所有的柴米油盐,她都必须精打细算。这种经济上的拮据,对杨澜来说是一个非常好的锻炼,使她知道如何在最低的经费条件下,把节目尽量完成到什么程度。

在随后的两年时间里,杨澜一共采访了 120 多位名人。这些重量级的人物也构成了杨澜未来职业发展的一部分,不少人在节目之后仍和她保持着密切的联系。这种联系除了会给杨澜带来一些具体的帮助之外,精神上的获益也不可忽视。同时,与来自不同行业不同背景的嘉宾交流,也让她的信息量获得极大的丰富。

两年后,杨澜已经有了质的变化。她拥有了世界级的知名度、多年的传媒工作经验,以及重量级的名人关系资源,对于她而言,进军商界显然所欠缺的只是资本而已。而吴征,正是深谙资本运作的高手。

第四次转型:阳光卫视的当家人

1999年10月,杨澜辞去了凤凰卫视的工作。从凤凰卫视退出之后,杨澜曾一度沉寂。2000年3月,她突然之间收购了良记集团,更名为阳光文化网络电视控股有限公司,成功地借壳上市,准备打造一个阳光文化的传媒帝国。

与大多数商人的低调不同,杨澜选择始终站在阳光卫视的前面。在报纸杂志网站上,经常可以看到关于杨澜的报道。她从一个做传媒出来的人变成了一个传媒名人。这种对传媒资源运用的驾轻就熟,使她的阳光卫视有了许多优势。

但杨澜创业不久,就遇到了全球经济不景气,杨澜立刻感觉到了压力。她几乎天天都想着公司的经营。由于市场竞争的压力,杨澜将公司的成本锐减了差不多一半,并逐渐剥离了亏损严重的卫星电视与香港报纸出版业务,同时她还将自己的工资减了40%。

2001年夏,杨澜作为北京申奥的"形象大使"参加了在莫斯科成功申奥的活动。同年,她的"阳光文化"接手了中国最大的门户网站之一——某网站网,开创了网络和电视相结合的时代,又与四通合作成立"阳光四通",开始进军网络业和IT业。

这一切都给公司所有员工带来了信心。终于,阳光文化在截至2004年3月31日的2003财政年度中取得了盈利,摆脱了近两年的亏损。之后,阳光文化正式更名为阳光体育,杨澜同时宣布辞去董事局主席的职务,全身心地投入文化电视节目的制作中。

第五次转型:重回电视圈

2006年底,杨澜正式宣布放弃从商,重回文化圈。回归之后,她又相继和东方卫视、凤凰卫视、湖南卫视合作,主持了《杨澜视线》《杨澜访谈录》《天下女人》等节目。从体制内到体制外,从主持人转变为独立电视制片人,从娱乐节目到高端访谈,再到探讨女性成长的大型脱口秀节目。这一次转型,又令人耳目一新。

2007年7月,杨澜不算完满的5年商业之旅画上了句号,开始了职业环境和职业路径的转换。杨澜宣布:将她与吴征共同持有的阳光媒体投资集团权益的51%无偿捐献给社会,并在香港成立非营利机构阳光文化基金会。同时辞去了包括阳光媒体投资董事局主席在内的所有管理职务。此举意味着,杨澜已从商场抽身而退,重回她所熟悉擅长的文化传播和社会公益事业。这样的职业路径转换是社会大众未曾预料到的,这是杨澜结合自身的职场优势和职业环境分析进行的一个职业角色的转变。杨澜参与公益事业由来已久。曾担任过国内各种大型慈善活动的形象大使。在文化界,杨澜获得过的荣誉不少——中国第一届主持人金话筒奖、泛亚地区20位社会与文化领袖之一、北京2008年奥运会形象大使,等等。但是商战显然不是她的强项。这是与她自身的职业性格相关的,职场上的风云多少要受到职业性格的影响。性格适应职业环境就有利于职业路径的发展,反之则对她的职业路径有负面作用。所以找准一个人的职业路径,要结合自身的职业性格和职业环境进行综合分析,得到的结论才是符合职业发展方向的。

有人说,杨澜是这个转型时代的一个符号,是一个"大智慧"的"小女人",是职业女性的完美典范。杨澜说:"在各种角色不断转换的过程中,我就是想看看自己到底能飞多高。做好主持人,就想做好制片人,做好制片人,就想做传媒公司。这还不够,还想做一个好母亲、好太太、好媳妇、好女儿。当这些都加在自己身上的时候,身心会不堪重负。""不但我个人如此,这也是这一代都市女性的困惑。"杨澜的职业规划是建立在她自身所处的职业环境基础上的,针对未来职业方向作出职业生涯规划,在职业发展二维图形中,存在飞多高和飞多远两个维度,飞多远是基础,是你的强项和兴趣,飞多高往往是个人努力和客观环境的综合结果,尤其外界环境影响的结果,杨澜的故事告诉我们,职业发展必须要先认识自己,认识自己能力、兴趣和外界环境作用的关系,力争主导环境,而不是被环境所主导。

(资料来源:佚名.杨澜人生的四次转折[J].时代人物,2011(4):32-33.)

参 考 文 献

[1] 王宝平,冯晓明. 大学生职业生涯规划与就业创业指导[M]. 北京：航空工业出版社,2018.

[2] 薛继东. 组织行为学实验实训教程[M]. 北京：中国人民大学出版社,2019.

[3] 孙红刚,罗汝坤. 职业生涯规划与就业创业指导[M]. 北京：高等教育出版社,2018.

[4] 孟秦,梁玲萍,梅超. 新时期大学生就业创业专题研究[M]. 北京：中国商务出版社,2017.

[5] 孙凌云. 大学生就业指导与创新创业教育[M]. 济南：山东人民出版社,2017.

[6] 徐春蕾. 大学生就业指导[M]. 北京：高等教育出版社,2018.

[7] 石笑寒,张艺. 大学生职业生涯发展与规划[M]. 北京：清华大学出版社,2017.

[8] 丁德科. 大学生就业与创业指导[M]. 大连：大连理工大学出版社,2018.

[9] 陈兰云,王东杰,李谭. 大学生就业指导[M]. 北京：科学出版社,2017.

[10] 孙霞,黄真. 大学生就业与创新创业教程(慕课版)[M]. 北京：人民邮电出版社,2017.

[11] 韩丽霞,郑志慧,王妍. 大学生职业生涯规划实用教材(慕课版)[M]. 北京：人民邮电出版社. 2018.

[12] 金树人. 生涯咨询与辅导[M]. 北京：高等教育出版社,2007.

[13] 梁达友,韦仕珍. 大学生职业发展与就业创业指导[M]. 2版. 北京：电子工业出版社,2017.

[14] 叶昇尧,邵阳. 大学生职业生涯规划与人生发展[M]. 北京：科学出版社,2017.

[15] 田蜜,宋绍卫. 大学生职业生涯规划与就业指导案例与实务[M]. 北京：高等教育出版社,2019.

[16] 钟思嘉,金树人. 大学生职业生涯规划：自主与自助手册[M]. 北京：高等教育出版社,2017.

[17] 马天威. 大学生职业生涯发展指导[M]. 沈阳：东北大学出版社,2017.

[18] 陈春花,杨忠,曹州涛. 组织行为学[M]. 3版. 北京：机械工业出版社,2016.

[19] 国家职业分类大典修订工作委员会. 中华人民共和国职业分类大典(2015年版)[M]. 北京：中国劳动社会保障出版社,中国人事出版社,2015.

[20] 许远. 职业教育专业建设与课程教材开发[M]. 北京：中国人民大学出版社,2019.

[21] 毕结礼. 职业素质教育[M]. 北京：高等教育出版社,2019.

[22] 孙红刚,罗汝坤. 职业生涯规划与就业创业指导[M]. 北京：高等教育出版社,2018.